Zu Fuß in das Herz Amerikas, drei Monate lang, 3500 Kilometer von Nord nach Süd: Wolfgang Büscher hat das Abenteuer gewagt. Er läßt sich durch die schneebedeckte Prärie Norddakotas treiben, entdeckt den verlassenen Ort Hartland, der einst Heartland hieß, und freundet sich in den Great Plains mit einem rätselhaften indianischen Cowboy an. Dann folgt er der Route 77 vom Missouri bis zum Rio Grande. Bob Dylan nannte diese historische Straße einmal das eigentliche Herz Amerikas, ihr entlang lasse sich der Geist des Landes einfangen. In Kansas muß Büscher mit gespreizten Armen und Beinen am Wagen des Sheriffs stehen, auf offener Landstraße, er schläft in gespenstischen Motels und viktorianischen Herrenhäusern und flieht aus einem Nachtasyl. Dann Texas. Ranches, groß wie kleine Staaten, die Hitze des Südens. Bei Waco, wo einst die bewaffnete Davidianer-Sekte wochenlang vom FBI belagert wurde, trifft er den heutigen Sektenchef – der Wahn lebt. Büscher läßt sich weitertreiben, immer weiter nach Süden, bis er den Rio Bravo erreicht und in der mexikanischen Wüste verschwindet. So haben wir Amerika noch nie gesehen.

Wolfgang Büscher

HARTLAND

Zu Fuß durch Amerika

Rowohlt Taschenbuch Verlag

Veröffentlicht im Rowohlt Taschenbuch Verlag,
Reinbek bei Hamburg, Dezember 2012
Copyright © 2011 by Rowohlt · Berlin Verlag GmbH, Berlin
Karte Peter Palm, Berlin
Umschlaggestaltung ZERO Werbeagentur, München,
nach einem Entwurf von any.way, Cathrin Günther
(Umschlagfoto: Robert Postma/Getty Images)
Foto des Autors: © Frank Zauritz
Satz aus der Mrs Eaves PostScript bei
hanseatenSatz-bremen, Bremen
Druck und Bindung CPI – Clausen & Bosse, Leck
Printed in Germany
ISBN 978 3 499 62681 4

Für Susanne, Anna und Fedor

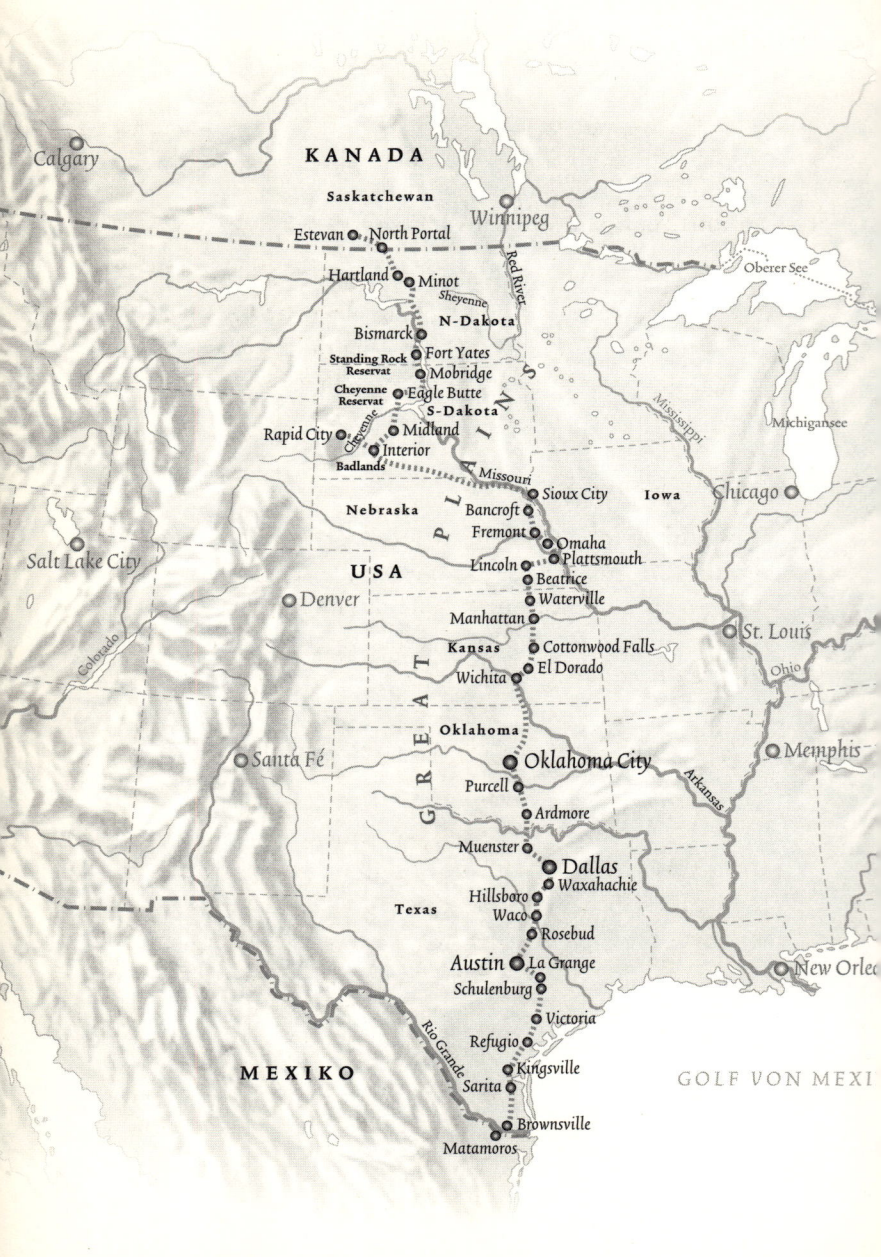

Calgary

KANADA

Saskatchewan

Winnipeg

Estevan North Portal

Hartland Minot

Sheyenne

Red River

Oberer See

Bismarck **N-Dakota**

Standing Rock Fort Yates
Reservat Mobridge

Cheyenne Eagle Butte
Reservat **S-Dakota**

Rapid City Midland
Interior

Badlands Missouri

Cheyenne

Michigansee

Mississippi

Sioux City **Iowa** Chicago

Nebraska Bancroft
Fremont Omaha
Plattsmouth
Lincoln Beatrice

USA Waterville

Denver Manhattan St. Louis

Salt Lake City **Kansas** Cottonwood Falls
Wichita El Dorado

Ohio

0

Colorado **Oklahoma**

Santa Fé Oklahoma City Memphis

Purcell Arkansas

Ardmore

Muenster

Dallas
Waxahachie
Hillsboro
Waco
Rosebud

Austin La Grange
Schulenburg

Victoria

Texas

Rio Grande

Refugio

MEXIKO Kingsville

Sarita

Brownsville
Matamoros

New Orle

GOLF VON MEXI

GREAT PLAINS

Inhalt

Teil 1 Am Missouri, wo alles begann

Der Amerikadepp

Im Jahr, als der Winter nicht enden wollte, ging ich nach Amerika hinunter, ein dunkler Punkt in der weißen Unendlichkeit der nördlichen Great Plains, eine Ameise im Schnee. Manchmal sah ich mich so, wenn der Geist sich löste und aufflog und einen Moment lang über mir flatterte, während die Füße mechanisch weiterstapften. Der einzige Sinneseindruck, der mir versicherte, du bewegst dich, du bist es, der da geht durch die winterliche Prärie, war das Knirschen meiner Schritte im Eis.

War dort nicht etwas — eine geduckte Bewegung im Augenwinkel? Am Morgen hatte mir der letzte Mann, den ich im letzten Ort vor der Grenze sah, nachgerufen, nicht nur vor den Wölfen solle ich mich in acht nehmen, auch vor den Kojoten. Sie hätten sich mit ihnen vermischt und seien selbst halbe Wölfe geworden. Nein, da schlich nichts. Nicht einen Wolf sah ich, nicht einen Kojoten, nur weiße, weiße Wüste.

Ich fand das Tier an eine Schneewehe geschmiegt. Als wolle es nur ein wenig ausruhen, so heil sah es aus — ein Stinktier, ein Skunk. Seine letzte Tat war es gewesen, sich auf die Todeswunde zu wälzen, als sei es ihm unangenehm, so gesehen zu werden, so tot. Dir sollte es unangenehm sein, dachte ich, es so zu sehen, so tot, aber es widerstrebte mir nicht. In seinem starken, dunkel glänzenden Haar spielte der Wind, blies kleine Wirbel und Schneisen hinein. Ich war allein mit dem Skunk, mit ihm und der Prärie und der großen blauen Blässe darüber, die man Himmel nennt.

Die Wintersonne schien, die Straße war ein schwarzes Band, ausgerollt auf die Grenze zu. Von Norden kam ich, von Kanada, von Saskatchewan her, nach Süden wollte ich, nach Dakota und weiter, immer weiter bis Texas und über den Rio Grande. Ich ging schnell, Erlösung war nahe, heute noch würde ich in Amerika sein.

Ich ging nicht allein. Bei mir waren meine treuen Hunde, die Warnungen. Gehen in Amerika sei ein Ding der Unmöglichkeit, hatten mir Kenner versichert, also alle daheim. Alle kannten Amerika, nur ich kannte es schlecht. Unüberwindbare Autobahnlandschaften, Straßenkreuzungslabyrinthe, gnadenlose Sheriffs! Niemand, wirklich niemand gehe zu Fuß in Amerika, nicht einmal in den Städten. Wagte ich es doch, sei ich von Stund an ein Freak, ein Outlaw, jeder Sheriff werde mich an seinen Wagen stellen, Arme vorgestreckt, Beine gespreizt, wie in den Filmen, und mich ins Gefängnis stecken. Man riet mir dringend zu einem Auto, einem Motorrad, ja sogar zu einem Pferd. Ich weiß nicht, sagte ich, ich gehe lieber. Ich war der Amerikadepp.

Das Duell

Ich erreichte die Grenze noch vor der Nacht. Ein verschlafener Truckerübergang war North Portal — das übliche Grenzmobiliar, Sperren, Schleusen, ein Flachbau. Am Mast das Sternenbanner, riesig, als wolle es sich selbst Mut zuwehen an diesem einsamen Posten.

Ich spähte hinüber. Dort drüben, das war Amerika. Einige Häuser konnte ich ausmachen, das mit dem schlichten Holzgeländer mochte der Saloon sein — regte sich etwas darin, oder war er seit langem geschlossen? Und der barackenartige Langbau, Tür neben Tür, war wohl das Motel. Hinter einer davon würde ich, wenn alles gutging, heute nacht schlafen. Die Häuser lagerten dicht um den Grenzposten, wie ein paar Generationen zuvor die Hütten der Pelz- und Schnapshändler um das schützende Fort.

Mir blieb keine Zeit, Portal näher zu betrachten. Der erste Grenzer, der mich sah, erwachte sofort aus seiner Routine, stellte mich und gab mir Befehle: «Halt! Hier stehenbleiben ... Nein, so nicht ... Ja, so.» Er war jung. Er wollte alles richtig machen in diesem außergewöhnlichen Fall. Er nahm mir den Paß ab und begann das Verhör. «Woher? ... Wohin? ... Genaue Reiseroute?» Er beeilte sich, einen harschen Ton anzuschlagen, seine älteren Kameraden waren herausgekommen und umringten uns jetzt, neugierig zu sehen, was für ein Vogel ihnen da ins Netz gegangen war.

Ein Ranghöherer übernahm. Auch er begann mit Befehlen: «Hinein jetzt! Auf den Stuhl da! Taschen leeren, Rucksack leeren. Herüberreichen die Sachen, aber einzeln, Stück für Stück! Nicht aufstehen!» Alles wurde auf die Theke gepackt, die den einen Teil des Raums von dem anderen trennte, der den Grenzern vorbehalten war. Nun das ganze Verhör noch einmal und jetzt richtig. Alles wollten sie wissen, über mich und meine Absichten und über die Reise hierher, von Europa an die amerikanische Nordgrenze, sämtliche Orte und Zeiten.

«Waffen?»

«Keine Waffen.»

Es war weniger eine Durchsuchung meiner paar harmlosen Sachen als meines Hirns. Der neue Vernehmer tastete es auf Widersprüche ab, und ich sah zu, daß keine meiner Aussagen vom ersten Verhör abwich. Auf jedes noch so belanglose Detail würde er sich stürzen, um diesen Kerl zu entlarven, der behauptete, zu Fuß aus der winterlichen Prärie zu kommen, und der vorgab, durch Amerika gehen zu wollen.

Ich wurde in einen anderen Raum geführt. Erstaunlich, wieviel Verhörtechnik, wie viele Türen und Zimmer dieser von außen so unscheinbare Flachbau barg. Etliche lernte ich kennen in den nächsten Stunden. Nahmen sie mir zwei- oder dreimal die Fingerabdrücke ab? Fotografierten sie mich drei- oder viermal in allen Varianten: nah, ganz, amerikanisch? Ich habe nicht mitgezählt, sie wissen es besser als ich. Sie wissen es ganz genau.

Noch hielt meine Contenance. Sicher, ich war in ihrer Hand, aber ich wußte, was sie nicht wußten: Meine Papiere waren in Ordnung und, nun ja, meine Absichten auch. Ich war ihnen ein Rätsel, sie verstanden mich nicht, ich verstand sie gut. Sie taten Dienst auf diesem gottverlorenen Posten, um die Grenze ihres Landes zu schützen, und so, wie ich daherkam, mußte ich Verdacht erregen, auch das sah ich ein. Vermutlich war so einer hier noch nie aufgetaucht.

«Kommen Sie mit!»

Ein neuer Grenzer, ein neuer Raum, ein neuer Fingerabdrucktisch. Der Neue stellte sich breitbeinig auf, bereit einzugreifen, falls es erforderlich würde, ein Riese, der vor sich hingriente, als amüsiere ihn das alles. Endlich was los am Rande der Welt. Der Junge, der mich zuerst verhört hatte, sollte es machen. Er nahm die Sache bluternst. Als ich meine Fingerkuppen in den dafür vorgesehenen Schälchen abrollen wollte, um es hinter mich zu bringen, packte er meine Hand. «Ich mach das.» Und der grinsende Riese sagte: «Entspannen Sie sich, dann geht's leichter.» Sie hatten wohl verschwitzte Verhörfinger erwartet. Als sie merkten, daß meine Kuppen trocken waren, viel zu trocken für die Prozedur, wies der Riese den Jungen an, Alkoholspray aus dem Regal zu holen, um meine Finger anzufeuchten. Dann packte er jeden einzeln und rollte ihn ab, zehn Stück Fleisch, eines nach dem anderen. So gründlich ging er zur Sache, daß er nicht merkte, wie nahe er mir kam — und die Dienstwaffe an seinem Gurt meiner freien Hand. Hätte der Riese meinen Blick auf die Pistole seines unachtsamen Kollegen aufgefangen, er hätte wohl seine Waffe gezogen. Wie schwer es fiel, den

Blick zu lösen — ich mußte meine Augen zwingen, von der Pistole abzulassen. Dann war auch das vorüber.

Alles, was ich bei mir trug, war nun durch ihre Hände gegangen. Neugierig erst, aber bald schon gelangweilt hatten sie meine Stiefelsocken, Schreibhefte und Karten hin- und hergewendet und auf den Haufen persönlicher Dinge gelegt. Täuschte ich mich, oder verließ meine Vernehmer die Lust an der Sache? Die Fragen verloren an Schärfe, die Pausen wurden länger, Nachfragen blieben aus. Trauten sie mir? Ich flocht einen Scherz ein und registrierte die Andeutung eines Lächelns. In diesem beinahe weichen Moment sprang einer mich an, den ich kaum beachtet hatte. Aufgefallen war er mir zwar unter all den Uniformierten, weil er bloß einen grünen Overall trug, als sei er der Gärtner der Grenzstation, aber gerade darum hatte ich ihn bald aus den Augen gelassen. Er mich nicht. So feindselig und bitter ging er mich an, als platze er gleich und habe nun genug von diesem laschen Verhör, wie ein endlich losgelassener Hund. Ein Hund? Nein, er erinnerte mich an etwas anderes, ich kam nicht drauf, so überrumpelt war ich von dem jähen Zorn, der auf mich losfuhr.

Er trug weder ein hoheitliches noch ein Rangabzeichen, nur diese alberne Gärtnerkluft und ein rötliches Oberlippenbärtchen. Keine Uniform, keine Litze, nicht einmal eine Nummer verriet, wer oder was er sein mochte und in wessen Namen er sich einen Ton herausnahm, wie ihn keiner der Grenzer anschlug. Sie hielten Abstand zu ihm. Er gehörte ihrer Truppe nicht an, er gehörte überhaupt keiner regulären Truppe an. Aber er war im Einsatz. Scheinbar wahllos griff er sich dies und das aus dem Haufen meiner privaten Dinge heraus, wie Beweisstücke lagen sie auf der Theke. Als das zu nichts führte, nahm er sich meinen Paß vor, Seite für Seite, neugierig und zugleich angewidert, offenbar erregte es ihn, einen vor sich zu haben, der in all diesen fremden, verdächtigen Ländern gewesen war und nun begehrte, nach Amerika eingelassen zu werden. Was wollte der hier, was hatte er hier zu suchen? Er suchte und suchte den wunden Punkt, bis er zu einem besonders auffälligen Visum kam. Er hielt es hoch und zeigte es herum, als habe er die Tatwaffe entdeckt.

«China! Warum China? Was hatten Sie da zu suchen?»

«Ich war dort, um ein Buch zu schreiben.»

«Ach ja? Und warum fahren Sie nicht nach Taiwan? Ihnen gefällt wohl das politische System in China, wie?»

Mir lag die Antwort auf der Zunge, aber sie kam mir nicht über die Lippen. Was ich von China hielt, was ging es ihn an? Dies war keine Plauderei, es war ein Verhör, er wollte nicht reden, er wollte mich erledigen, einen Feind Amerikas zweifellos. Er blätterte weiter.

«Sie waren in Israel. Wie oft?»

«Einmal, glaube ich, in letzter Zeit.»

«Ha! Im Paß sind zwei Einreisestempel. Sie lügen!»

«Ich dachte, die andere Reise sei länger her und der Stempel in einem älteren Paß.»

Das war die Wahrheit. Aber ich spürte es selbst, sie klang wie eine Lüge. Ich begann, mich mit seinen Ohren zu hören und mit seinen Augen zu sehen. Meine Selbstsicherheit verließ mich. Und er, darauf abgerichtet, solche Dinge zu erschnuppern, spürte es und setzte nach.

«Sie wollen mir sagen, Sie wüßten nicht mehr, wann Sie dort waren? Ich weiß noch ganz genau, was ich vor anderthalb Jahren zum Frühstück gegessen habe, und Sie erzählen mir, Sie wüßten nicht mehr, wann Sie in Israel waren?»

«Und in Jordanien.»

Das war leichtfertig — die Aufforderung zum Tanz auf einem neuen Minenfeld. Aber ich warf ihm hin, was mir gerade einfiel. Vielleicht brachte es ihn aus der Fassung und verschaffte mir eine Atempause. Er schnappte nach dem Köder und wiederholte es, hell empört: «Jordanien!» Und noch einmal, an die Grenzer gewandt, so siegessicher, als habe er mich gleich am Boden: «Er war in Jordanien!»

Es schien zu funktionieren. Jetzt war er es, der leichtfertig wurde. Er hatte wer weiß wie viele Monate untätig in seinem Büro gehockt, während die Grenzer ihre Arbeit taten. Deren Blicke fragten, wozu er eigentlich da sei den lieben langen Tag. Er hatte auf den Moment gewartet, es ihnen zu zeigen. Auf seinen Einsatz. Auf einen wie mich. Jetzt wollte er ihnen demonstrieren, wie man es macht. Die Legende vom harmlosen Hobo entlarven. Rotchina, Jordanien — kommunistische Kontakte, arabische Reisen. Bingo, was für eine Beweiskette! Es bedurfte nur noch ein, zwei gezielter Schläge, und ich läge am Boden.

«Kein jordanischer Stempel im Paß! Sie lügen ja schon wieder.»

«Der Stempel muß drin sein, schauen Sie nach, der

Übergang am Jordan, früher Allenby Bridge, heute King Hussein.»

Er fand den Stempel. «Ach da.» Es focht ihn nicht an – um so schlimmer für mich. Er wandte sich an die Grenzer, den Paß mit dem arabischen Gekrakel verächtlich hin und her schlenkernd: «Ich kann das nicht lesen.»

Ich sah die unbewegten Gesichter der Grenzer. Schwer zu sagen, was sie über ihn und über mich dachten, ob sein Hohn bei ihnen zündete oder nicht. Er ließ mir keine Atempause.

«Sie mögen meine Fragen nicht, was?»

Ich schützte schlechtes Englisch vor und murmelte irgendwas daher. Eine neue Lüge in seinen Augen, war doch unsere Konversation bisher flüssig verlaufen. Keiner mußte aussprechen, was er vom anderen hielt. Ihm stand es im Gesicht, das sah ich, und in meinem stand es wohl auch. Wir haßten uns herzlich.

Was war es bloß mit diesem Gesicht? Etwas Beleidigtes und Empörtes zuckte um den wie zum Abschmecken einer Soße gespitzten Mund. Ja, das war er, ein Feinschmecker, ein *chef* des Verdachts. Und als müsse der ohnehin spitze Zug um seinen Mund ins Komische gesteigert werden, schwebte darüber das Dreieck des rötlich-schütteren Oberlippenbärtchens als Accent circonflexe.

Wir standen uns gegenüber, zwei Schritte entfernt – nein, nur er stand, ich saß. Es war mir verboten aufzustehen. Ihm aufrecht gegenüberzutreten war im Moment mein dringendster Wunsch. Wer war ich? Kein freier Mann, ein Gefangener der Grenzstation. Wer war er? Kein Grenzer, CIA, FBI, Homeland Security, woher sollte ich das wissen, er verbarg es ja, nur soviel wußte ich, daß er ein Eiferer war, ein Moralist an der Nordgrenze, einer von der schwarzmoralischen Sorte, Saint-Just in Amerika. Die Grenzer taten ihre Arbeit, aber in ihm glühte der Haß auf die Untugend. Er befand sich im Krieg, und der Feind war die Lüge. Das war das Spitze an ihm, das Beleidigte und Empörte — daß die Welt nicht so wollte, wie sie sollte, daß sie log und betrog, man mußte ihr auf die Schliche kommen, sie zwingen, die Untugend zu bekennen.

Wie wir auf den Papst kamen, weiß ich nicht mehr. Plötzlich warf er sich darauf. Was der Papst mich anginge, fuhr er mich an. Das geht dich einen Dreck an, dachte ich und begann widerwillig und umständlich: «Nun, er ist Deutscher und ...»

Da schrie er, triumphierend, als führe er den letzten, tödlichen Hieb gegen diesen Schurken zu Fuß und seine Lügen: «Der Papst ist Österreicher!»

Es war klar, er hatte den Papst mit Hitler verwechselt. Er hatte sich auf ein Feld gewagt, das zu groß für ihn war. Kaum hatte er das herausgeschrien, da schrumpfte er. Vielleicht sah nur ich es und sonst keiner im Raum, aber ich sah es deutlich. Er wurde klein und schrumpelig vor meinen Augen.

Irgendwann in diesen Stunden, in denen ich festgehalten wurde, hatte ich mit dem Gang durch Amerika abgeschlossen. Wollt ihr mich nicht, dann will auch ich nicht. Sollten sie mich doch fortjagen von ihrer Grenze, ich würde den Rucksack schultern und die Straße nach Norden gehen, die ich gekommen war, dem toten Skunk zunicken und nie wieder dieses Land bitten, es betreten zu dürfen. Ich hatte die Angriffe meines Widersachers weiter pariert, aber dem Verhör wie ein Beobachter zugeschaut, als ginge es mich nichts mehr an. Dieser Gleichmut war nun weggeblasen. Ich spürte die Waffe in der Hand, er selbst hatte sie mir zugespielt bei seiner letzten übergeschnappten Attacke. Die Grenzer schwiegen. So kühl und so abschließend wie möglich sagte ich in die Stille hinein: «Der Papst ist natürlich Bayer.»

O ja, es war kindisch. Nein, es war bitterernst. Was war es gewesen — ein Duell zwischen amerikanischer Ignoranz und europäischer Arroganz? Vielleicht. Vielleicht auch umgekehrt. Die Grenzer standen im Halbkreis um uns, sie hatten das Verhör bis zuletzt verfolgt. Mancher sah zur Seite, keiner ließ sich anmerken, was er dachte. Das Duell war ausgetragen. Der Papst war Bayer, mein Widersacher besiegt. Fauchend verschwand er. Die Tür fiel hinter ihm zu, mir stand die Tür nach Amerika offen. Ein paar Minuten noch, und ich war frei.

Um die Anspannung zu lösen, fragte ich dies und das über Dakota, der Riese und auch der Junge gingen gleich darauf ein. Dakota sei sicher, sagten sie, aber je weiter südlich man komme, desto unsicherer werde es. Am schlimmsten sei Texas, aber Mexiko noch viel schlimmer. Wie es hier oben denn mit wilden Tieren bestellt sei, fragte ich weiter. Wölfe gebe es und Kojoten, erklärte mir der Riese und, nach einer Pause, um es spannend zu machen:

«Und *cougars*, Berglöwen.»

«Greifen sie Menschen an?»

«Kojoten haben mehr Angst vor Ihnen als umgekehrt», sagte der Junge. «Mit den Berglöwen ist es was anderes.»

«Erst neulich wurde einer gesichtet, zwei Meilen vor der Stadt», sagte der Riese, und es erschien ein breites Grinsen auf seinem Gesicht. «Also, wenn Sie zu Fuß gehen wollen ... Wenn Sie allein sind, und der Löwe ist hungrig ...»

Sie hatten mich angewiesen, Jacke und Stiefel wieder anzuziehen und meine Sachen einzupacken, aber nun ging den Grenzern mein sorgsames Packen auf die Nerven, sie sagten, ich solle das Zeug einfach in den Rucksack stopfen und draußen warten. Nach einer Weile gaben sie mir meinen Paß, darin fand sich das Visum. Ich könne nun nach Amerika gehen, sagten sie. Ich ging in den Saloon.

Norddakota im Morgenlicht

Ich erwachte, machte Licht und fand mich in einem
Dreißig-Dollar-Zimmer. Ich sah es mir genau an. Ich
würde es oft wiedererkennen in den Monaten, die vor
mir lagen, beinah jede Nacht — den Teppichboden von
unklar dunkler Farbe, mit den unübersehbaren Spuren
der Motelgäste; den abgewetzten Sessel, auf dem mein
Rucksack die Nacht verbracht hatte; das Kingsize-Bett,
darin ich; und auch mein Zimmergenosse, der Fernseher, würde mir vertraut werden, mehr als das, ein ver-
läßlicher Reisekamerad.

Er war es, der mir abends als letzter gute Nacht sagte,
und er war es, der mir als erster guten Morgen wünschte,
wenn ich, eben aufgewacht, zur Fernbedienung griff,
um zu hören, wie heute das Wetter würde. Er warnte
mich vor Blizzards, Hagelstürmen, Tornados, vor der
Regierung und berichtete mir knapp, was ich noch wissen mußte. Auch wenn ich einmal nicht schlafen konnte
und Mitternacht lange vorbei war, wußte er Rat; dann
kramte er aus einem seiner Kanäle einen alten Aben-
teuerfilm hervor.

Und noch etwas war im Zimmer, dieser falsche Geruch.
Restschwaden des Gute-Laune-Sprays hatten die Nacht
überlebt, gestern versprüht, um alle anderen Gerüche zu
überdecken, hier wie in allen Motels. Spuren von etwas
Fruchtigem, ein Hauch von Vanille. Ich versuchte, nicht
durch die Nase zu atmen, riß das Fenster auf und die Tür.

Ein Blick auf die Armbanduhr, sechs Uhr früh. Draußen war es noch dunkel, Winterluft wehte herein. Ich schüttete meine Dinge, die ich gestern so hastig in den Rucksack hatte stopfen müssen, aufs Bett, packte neu und ging. In keinem der Zimmer links und rechts brannte Licht. Auch Portal schlief noch, die Häuser hier und da schwach beleuchtet von einem Scheinwerfer, einer einzelnen Lampe.

Als ich am Saloon vorbeikam, fiel mir der gestrige Abend ein. Hungrig war ich gewesen nach dem Ringen, und der Saloon war der einzige Ort in Portal, an dem es etwas zu essen gab. Redneckmusik lief, an den Wänden hingen verstaubte Wagenräder, Cowboyhüte, Revolver und Flinten, es roch nach Bier und Bratfett, aber es war warm und belebt, darum war es gut. An einem der Tische mochte ich nicht sitzen, ich hatte von Tischen und Stühlen erst einmal genug. Ich stellte mich an die Bar, und mit jedem Ausatmen fiel die Grenze von mir ab, Stück für Stück. Er hatte mich nicht besiegt. Ich war hier. Hier in diesem schäbigen Saloon. Und würde durch Amerika gehen, nach Süden, immer nach Süden.

Am großen Tisch hinter mir saß ein spindeldürrer Kerl, er trank und spielte Dart mit den anderen dort. Immer, wenn er aufstand, um seine Pfeile zu werfen, sah ich, wie lang und hager er war. Sogar die engen Röhren seiner Jeans schlackerten ihm um die Beinstöcke, sein Haar hing in Fransen herab, seine Hüfte, so schien es, vermochten zwei kräftige Hände zu umgreifen. Er hatte ein graues, unangenehmes Gesicht und konnte seinen Jähzorn kaum beherrschen, wenn er schlecht warf. Er warf oft schlecht.

Irgendwann ging er in einen Nebenraum, den ich gut einsehen konnte von meinem Platz an der Bar, um den kleinen Jungen zu quälen, der dort Videos schaute. Er fuhr ihn an und packte ihn grob am Nacken, der Kleine rollte sich unter dem harten Griff zusammen wie ein Kätzchen. Sobald der Spindeldürre von ihm abließ und zurück zum Tisch ging, an dem auch die Mutter des Jungen saß, die all das nicht störte, griff der Kleine zur Fernbedienung und kroch zurück in seine Innenwelt mit ihren Helden und Heldentaten.

Was tat er um diese frühe Stunde, schlief er noch? Über dem Saloon war alles dunkel und still. Würde ihn ein gutes Wort wecken oder die harte Hand des Spindeldürren oder das fahle Frühlicht, das sich jetzt in die wenigen Straßen von Portal stahl? Halt durch, roll dich ein, wenige Jahre noch, und du wirst fortgehen, heimlich im Morgengrauen, an einem Morgen wie diesem, solange halt durch.

Weg von hier wollte auch ich, fort aus der Gegend der fanatischen Gärtner und hungrigen Berglöwen. Als ich mich irgendwann umdrehte, war von Portal nur noch der Wasserturm zu sehen, dann verlor auch er sich in der weißen Leere von Dakota. Selten nur kam mir ein Auto entgegen. Einen Menschen außerhalb dieser wenigen Pickups bekam ich nicht zu sehen, und so würde es bleiben. Die einsamen Farmen, an denen ich vorüberging, konnte ich an einer Hand abzählen. Keine Sichtung, geschweige denn Begegnung, nirgendwo ein Mensch. Lag es am Winter, der nicht enden wollte, oder war es immer so? Ich wußte es nicht.

Vor Tagen noch hatte ich so vieles gewußt. Niemals

hatte ich ein Land so wohlinformiert, so bildersatt betreten wie dieses. Über Amerika hatte ich mehr gelesen, aus Amerika mehr Filme und Lieder, mehr Namen und Momente im Kopf als von jedem anderen Land, und das waren nur die altmodischen Verfahren. Die neumodischen hatten mir Geistreisen hierher angeboten, am Bildschirm war ich ausgiebig im Grenzgebiet unterwegs gewesen: die Great Plains aus nächster Nähe und Anschauung, herangezoomt, Straßen, Flüsse und Farmhäuser mit Tonnendach. An Kreuzungen stehend, hatte ich mich in Präriestädtchen umsehen dürfen, in 360-Grad-Schwenks, und gemeint, das Quietschen über mir hängender Ampeln zu hören. Jeden Ort hier kannte ich beim Namen, jeden Teich, jeden Hügel, winzigste Siedlungen waren mir geläufig, sogar solche, die es gar nicht mehr gab, die Geisterstädte von Dakota. Jetzt war ich wirklich hier und sah das alles wirklich, und mein Vorwissen zerging zu nichts. All die Bilder und Informationen, wo waren sie hin? Wie Funde aus uralten Gräbern zerfielen sie an der Luft, sobald sie ihr ausgesetzt wurden. Balsamierte Momente. Gegenwarten aus dritter Hand. Bloße Schatten wirklicher Bilder.

Starr stand die Sonne, als hielte jemand die Erdachse an, starr lag das Land unterm Eis. Nur Skelette des letzten Sommers stachen daraus hervor. Autowracks und Erntegerät, wie in Krämpfen verrenkt, die Stacheldrahtgirlanden der Farmzäune, halb versunken im Schnee. Ein Adler kreiste. Güterzüge sah ich im Winterschlaf liegen, ab und zu eine Ölpumpe – ihr heiseres Nicken und Picken dann. Die schwarzen Drähte einer Oberleitung liefen über mir wie Notenlinien, aber es fehlten die Noten, kein Vogel saß auf dem Draht — ein am Winterhimmel hängendes ungeschriebenes Lied. Ich wollte es hören.

Dieser knisternd gegenwärtige Wintermorgen in Norddakota, die schneidende Kälte, in der ich ging, der leichte Schmerz beim Einatmen, die winterstarre Welt — all das barg die pochende Erwartung von Dingen, die kommen würden, die auf mich warteten an der Biegung der Straße. Immerzu hielt ich Ausschau nach etwas, nach einer Farm, einem Haus, einer Rinderherde, einem Pferd, einem Auto, einem totgefahrenen Hirsch oder Kojoten. Das alles gab es alle paar Meilen, aber es diente nur dazu, die Leere um so vernichtender, um so grandioser zu empfinden, die endlose, baumlose, brettflache Prärie. Wie leer Amerika war! *So* leer war Amerika, *so* amerikanisch die Leere — *so* hatte ich das nicht gewußt. Hätte ich mein reiches, überreiches Vorwissen in einem Beutel bei mir getragen, in diesem Augenblick wäre er in den Schnee geflogen. Nein, ich hatte dieses Land nicht gekannt, zu meinem Glück. Ich sah Amerika zum ersten Mal.

Hartland

Über Nacht war das Wetter umgeschlagen, von Saskatchewan her kam eine schwarze Wand gezogen. Sinnlos, ihr entkommen zu wollen, der Schneesturm flog schnell, bald würde er mich einholen. Noch aber ließ er mir einen Vorsprung. Gestern, in der Abenddämmerung, war ich in einen winzigen Ort gekommen, wo ich zu meiner Überraschung eine Unterkunft fand, eine im Winter offene Lodge, seit dem Morgen war ich weitergelaufen, auf die Stadt Minot zu.

Allmählich veränderte sich das Land. Es wurde karstig, hügelig. Ich zog die Karte zu Rate. Bis Minot würde ich es nicht schaffen an einem Tag. Heute früh in der Lodge hatte man mir gesagt, auf halbem Weg gebe es ein Motel, in einem kleinen Ort namens Berthold, doch Berthold lag abseits der großen Straße nach Minot, eine Nebenstraße führte dorthin. Ihr folgte ich nun schon seit Stunden.

Erst fand ich es nicht ungewöhnlich, niemandem zu begegnen, aber es blieb dabei. Kein einziges Auto überholte mich oder kam mir entgegen, niemand sonst nahm diesen Weg, der sich in die Hügel schlängelte und später durch unbestelltes Ödland. Irgendwann erreichte ich wieder Farmland, eine flache Hochebene, wenn meine Orientierung mir keinen Streich spielte, aber an ihr begann ich zu zweifeln. Ich hatte das Gefühl für die Himmelsrichtungen verloren. Erst als ich entdeckte, daß die Feldwege, die ich kreuzte, Namen trugen, erhielt mein Weltvertrauen neue Nahrung. Avenue oder Street hießen die numerierten Wege. Sonderbar nur, daß meine Karte sie nicht verzeichnete und auch die Straße nicht, auf der ich ging. Ich steckte die Karte weg, sie nutzte mir nichts mehr.

Ich sah mich um. Kein Ort, kein Haus, kein Lebenszeichen. Die schwarze Wand von Kanada her schien verschwunden, aufgelöst, aber das war sie nicht. Sie hatte sich über den ganzen Himmel verteilt. Es begann zu schneien. An asphaltierten Straßen wie dieser lagen gelegentlich Farmen, das war mein einziger Trost. Ich hoffte, auf eine zu stoßen, aber selbst wenn, wußte ich nicht, ob es mir helfen würde. Viele Farmen hier draußen waren aufgegeben oder nur noch Sommerhäuser ihrer alten oder neuen Besitzer und den Winter über unbewohnt.

Ich ging ohne Sorge, ohne Eile. Nichts gleicht dem Frieden, den fallender Schnee übers Gemüt des Wanderers wirft. Peitschender Regen hätte mich aufgebracht und meine Schritte beschleunigt, betäubende Hitze meine Reserven mobilisiert. Wie sanft fiel doch der Schnee, wie leicht wurde mir darin. Im lautlosen Flockengestöber gehen, in einer aufgeschüttelten Schneekugel, ringsum ein Taumeln — alles gleich, oben und unten, nah und fern, nicht mehr auszumachen, wo das Land endete und der Himmel begann. Himmel, wie soll es weitergehen — wohin? Jetzt war nicht mehr bloß meine Karte sinnlos, jetzt schwand auch die letzte Orientierung. Ich sah und hörte die Welt vor lauter Schneeflocken nicht mehr, ich wurde schneetaub und schneeblind. Wäre eine Farm aufgetaucht, gar nicht weit vom Weg, ich wäre an ihr vorübergegangen, ohne sie zu bemerken, so dicht fiel und wehte der Schnee.

Ein sachter Schwindel erfaßte mich. Als ich das nächste Avenue-Schild im Gestöber entdeckte, eine unverhoffte Senkrechte in der wirbelnden Welt, ließ ich mich an ihr herabsinken, riß den Rucksack auf, zerrte die Rettungshaut hervor, außen silbern, innen rot, und hüllte mich ganz hinein. Da blieb ich hocken, ein atmendes Silberhäuflein in der großen Gleichgültigkeit, und schneite langsam ein. Um nicht wegzudämmern, summte ich ein Lied, das russische Lied vom Tod. Wald, öde Heide, kein Haus weit und breit. Kamst wohl, mein Bäuerlein, aus der Schenke. Trankst dir ein Räuschlein an, ich denke. Komm, leg ein wenig zur Rast dich nieder, schütt du, Schneesturm, ihm auf das Bette! Auf, rüst ihm sorglich die Ruhestätte.

Mein Geist ging ein und aus mit jedem Atemzug, jetzt sah ich den betrunkenen Bauern sich durch den Schnee schleppen, jetzt sah ich mich selbst unter meiner Silberdecke hervorblinzeln, jetzt sah ich, was da aufgeschüttelt wurde, das Taigatotenbett für ihn, das Prärietotenbett für mich. Nicht mehr lange, und ich würde mich unter meine Plane strecken, ins sorglich aufgeschüttete Bett. Aber der Bettenmacher wollte mich noch nicht — das Gestöber ließ nach. Es legte sich schließlich ganz und gab den Blick frei auf etwas, das wie ein Haus aussah, und das war es, ein Haus, eine kleine Farm.

Ich fand keine Schelle und klopfte. Niemand öffnete, aber es gab eine frische Spur im Schnee, das Haus war nicht unbewohnt. Ich pochte noch einmal. Endlich hörte ich drinnen Schritte, jemand schlurfte herbei. In der Tür erschien ein hochgewachsener Mann, von der Hüfte abwärts in ein buntgestreiftes Handtuch gewikkelt, seine dürren Knie schauten heraus. Obgleich er grau war und eingefallen, mußte er einmal eine stattliche Figur abgegeben haben. An ihm vorbei sprangen zwei Hunde heraus, das ganze Gegenteil ihres Herrn, klein und schwer.

«Kann ich helfen?» fragte er jetzt. «Wo ist denn Ihr Auto liegengeblieben?»

«Kein Auto, ich bin zu Fuß unterwegs.»

«Zu Fuß?» Er hatte etwas Militärisches an sich, trotz des bunten Handtuchs. Er musterte mich wie ein Ausbilder, der schon vieles gesehen hat und sich nichts daraus macht, wie idiotisch einer daherkommt, er würde ihn schon zurechtschleifen. «Entschuldigen Sie», sagte er, auf das Handtuch deutend, «ich habe Krebs, ich habe niemanden erwartet und konnte nicht so schnell zur Tür kommen. Sie haben also kein Auto.»

«Ich glaube, ich habe mich verlaufen.»

«Sie haben sich verlaufen? Sie wollen mir sagen, Sie laufen im Schneesturm zu Fuß in der Prärie herum?»

Gern wäre ich sang- und klanglos verschwunden, es war mir unangenehm, ihn aus seiner Winterruhe aufzustören. Das ging nun nicht mehr. Er hatte mir geöffnet und mir eine Frage gestellt, ich mußte etwas vorbringen. Ich wühlte die Karte wieder heraus und zeigte ihm die Stelle, an der ich glaubte, von der großen Straße abgebogen zu sein.

Er sah meine Verlegenheit und deutete sie auf seine Weise: «Warum sagen Sie nicht geradeheraus, daß Sie *darum* hier sind?» Er machte eine unwirsche Handbewegung ins Land hinaus.

«Darum — was meinen Sie damit?»

«Halten Sie mich nicht zum Narren. Sie sind nicht der erste, der vor dieser Tür steht und danach fragt. Allerdings ist noch keiner im tiefsten Winter gekommen, das muß ich zugeben.»

«Ich fürchte, ich verstehe immer noch nicht.»

«Jetzt hören Sie mal! Sie klopfen im Schneesturm an meine Tür. Laufen in einer Jahreszeit hier draußen herum, in der niemand seinen Hund vors Haus jagt. Jäger sind Sie jedenfalls nicht, Sie haben ja nicht mal ein Gewehr. Was ist — wollen Sie einen heißen Kaffee oder nicht?»

Wir gingen hinein. Er ließ sich in einen schweren Sessel fallen, der so ans Fenster gerückt war, daß er freien Blick ins Land bot. Viel war allerdings nicht zu erkennen, der Schnee fiel wieder dichter. Was der Mann nötig hatte, lag und stand in Reichweite. Ein Zehnerpack plastikverschweißter Wasserflaschen, aufgerissen, eine billige weiße Thermoskanne. Ein zerkratzter Armeefeldstecher lag auf der Armlehne, sein Jagdgewehr lehnte daran. Auf dem Boden stapelten sich Wolldecken, auf einem Tisch Militärzeitschriften und Medikamente. Auch seine Hunde froren, sie watschelten zu ihren Decken auf beiden Seiten des Sessels.

«Ich bin nicht von hier», begann er, während er mir eine Tasse Kaffee eingoß. «Ich hab das Haus vor ein paar Jahren gekauft, als ich die Diagnose kriegte. Ich sitze hier, nehme meine Pillen und schaue hinaus, so vergehen die Tage. Man sorgt für mich, jemand bringt

mir, was ich brauche. Manchmal kommt Wild in Schuß-
weite, ich jage vom Sessel aus, die beiden» – die Hunde
sprangen auf, bereit, seinem Befehl zu folgen – «holen vom Feld, was ich schieße. Dann feiern wir ein Trut-
hahnfest.» Er unterbrach sich. «Das interessiert Sie
nicht, stimmt's? Sie sind hinter diesen alten Schauer-
geschichten her. Ich sag's Ihnen gleich, ich weiß nichts
darüber. Es wird manches geredet, ich glaube, das mei-
ste ist Phantasie. Da draußen vermodern ein paar alte
Häuser, keine zwei Meilen von hier. Wollen Sie mir immer noch weismachen, Sie hätten sich verlaufen und
keine Ahnung, wovon ich rede?»

«Schon gut, schon gut.» Ich lenkte ein, ohne zu wissen,
wohin. Keine zwei Meilen von hier – meine Karte kannte
in dieser Gegend nur einen Ort. Er war verlassen, eine
Geisterstadt, soviel ich wußte. «Meinen Sie Hartland?»

«Was denn sonst?»

«Wissen Sie etwas darüber?»

Er lachte heiser. «Na also, ich kenne euch doch. So
haben die anderen auch an der Tür gestanden. Sie kommen mit einem alten Foto, einem alten Zeitungsausriß,
einer kam sogar aus New York, er wollte einen Film drehen. Ich frage mich, über was. Ich weiß nicht, was in die
Leute gefahren ist, sie sind verrückt nach alten Indianergeschichten, nach Geisterstädten und all dem Zeug.
Als ich jung war, hat sich niemand dafür interessiert,
wir wollten hinaus ins Leben und nicht auf dem Dach-
boden in halbvermoderten Sachen herumwühlen.» Er
nahm das Jagdgewehr, legte an, zielte durchs geschlos-
sene Fenster auf einen Punkt in der Winterprärie, setzte
es wieder ab. «Wie heißen Sie?»

Ich nannte meinen Namen.

«Können mich Big nennen. Bei der Armee kannten mich alle nur als Big. Na und, sagen Sie, irgend so ein Spitzname. Aber es ist mein Name, und glauben Sie mir, ich hab ihn mir verdient. Als ich die Diagnose bekam, sagte ich mir, geh in die Prärie, kauf dir da draußen ein Haus, verschwinde.» Er grinste. «Heute ist es leicht zu verschwinden und doch da zu sein.» Er fischte einen Laptop unter dem Sessel hervor, klappte ihn auf und wischte das eingebaute Kameraauge blank. «Klick — der alte Big in Camouflage, Gewehr in der einen Hand, in der andern den erlegten Truthahn. Klick — ein Gruß an die Kameraden, der gute alte Big auf allen Bildschirmen.» Er lehnte sich zurück. «Ich tu's nicht für mich, ich tu's für die Jungs. Ich will, daß alles so bleibt für sie. Sie sollen mich nicht so sehen — nicht so.» Er raffte sein Handtuch zusammen, es drohte herabzurutschen, und warf einen verzweifelten, angewiderten Blick auf die Schmerzmittel. «Wissen Sie, Big und ich, wir beide machen uns nichts vor. Wenn einer von uns die Chance hat, etwas länger den Kopf oben zu halten, dann ist es nicht der alte Mann, den Sie hier sehen, dann ist es Kamerad Big. Ich tu's für ihn.»

«Für einen Namen?» sagte ich.

Er sah mich scharf an. «Ja, für einen Namen. Wie lange sind Sie im Land?»

«Seit vorgestern.»

«Nehmen Sie's mir nicht übel, aber Sie müssen noch eine ganze Menge lernen. Namen sind — nein, sie sind nicht wichtig, sie sind manchmal alles.» Sein Blick glitt über das Altmännerchaos um ihn her. «Alles, was man noch hat.» Er grinste herausfordernd. «Mir ist, als hättet ihr Deutschen das mal gewußt. Sie sind doch Deutscher, was? Ich erkenne den Akzent, kannte ihn mal ganz gut.»

Wir schwiegen und schlürften unsere Kaffeetassen leer. Dann nahm er den Faden wieder auf. «Sie müssen lernen, die Fährten zu lesen, jeder Name ist eine. Auch Hartland, das ursprünglich Heartland hieß. Als in der Prärie erste Städte entstanden, waren große Träume im Spiel. Wer einen Haufen Bretter und Balken im Nirgendwo ablud, das erste Haus zusammennagelte, drum herum eine Stadt gründete und sie Heartland nannte, Herzland, der hoffte, sie würde eines Tages das Herz einer blühenden Gegend sein und ihn reich machen. Platzte der Traum, ließ er alles stehen und liegen und zog weiter. Wir haben so viele Geisterstädte, weil wir so viele Träume haben — und so viele geplatzte. Wir ziehen immer weiter, so ist es bis heute.» Er erhob sich, er wirkte müde. «Entschuldigen Sie, wenn ich Sie nicht zur Tür bringe, es strengt mich zu sehr an.»

Ich bat ihn sitzenzubleiben. «Und danke für den Kaffee und für das Gespräch.»

«Es liegt da drüben.» Er ließ sich in den Sessel zurückfallen und zeigte mir die Richtung durchs Fenster.

Ich ging in die Richtung, die er mir gewiesen hatte, mit dem deutlichen Gefühl, beobachtet zu werden, es war mehr als ein Gefühl, ein leichter Druckpunkt im Kreuz, ich war mir sicher, er zielte auf mich, vielleicht mit dem Feldstecher, vielleicht mit dem Gewehr.

Nach einer knappen Stunde schälte sich ein hoher, massiver Körper aus dem Schneegestöber. Ein *grain ele-*

vator. Jeder Prärieort hatte so ein Wahrzeichen, daran erkannte man sie, ihre Holzkirchen waren unscheinbar dagegen. Die Kornspeicher waren die höchsten Erhebungen in der Prärie und, wenn nicht gerade Schnee fiel, weithin zu sehen — der Speicher von Hartland aber war dramatisch: Gotisch stand er da, abseits der Häuser auf freiem Feld, eine Kornkathedrale mit Seitenschiffen und Kapellen, dem Sturm trotzend und dem Verfall. Irgendwo scheuerte sich ein loses Eisen wund, es schrie wie ein verlassenes Maultier. Ein halbes Dutzend Häuser, das war Hartland, gezimmert aus Brettern, die ihre Farbe verloren hatten, bleich wie Schwemmholz am Meer stand es in der Prärie und moderte der Erde entgegen. Eine Holzscheune neigte sich schon zur Seite, Wind und Regen hatten Löcher in ihr Dach gerissen. Schnee trieb mir ins Gesicht und ließ mich blinzeln, ich sah nicht mehr viel. Heute noch Berthold zu erreichen, war unmöglich.

Eine Tür unverschlossen zu finden, hatte ich nicht gehofft. Ich war noch nicht lange genug hier, um zu wissen, daß auch die Türen bewohnter Häuser selten verriegelt wurden. Gleich die erste Haustür gab nach. Ich durchsuchte das verlassene Haus, es würde meines sein für diese Nacht, und legte meine Vorräte auf den staubigen Küchentisch, einen Rest Schokolade und zwei Zigarillos. Die würde ich mir einteilen müssen, der Abend brach eben erst an.

Dem Schneesturm entronnen und sicher zu sein vor der eiskalten Nacht und ihren Gefahren, war ein Geschenk, aber auch hier drinnen war es schneidend kalt. Ich zog über, was ich hatte, verzichtete auf das Sofa, hustend vom auffliegenden Staub, verkantete zwei Stühle, klemmte sie gegen die Tür, kroch in die Rettungshaut und suchte mir einen Platz auf dem Boden. Dann lag ich wach und lauschte dem Sturm — kein markerschütterndes Brausen, eher ein unheimliches Wehen und Treiben ums Haus. Wo er eine Ritze fand, blies er Schneepulver herein. Dem Anwachsen dieser harmlosen Verwehungen an Türen und Fenstern zuzuschauen, bereitete ein gewisses Behagen, nach und nach fand ich mich in meine Lage. Der Sturm erreichte mich nicht, das Haus hatte viele solcher Nächte überstanden, seitdem seine Bewohner es aufgegeben hatten, und würde auch diese Nacht überstehen. Dieser Gedanke und die Erschöpfung gewährten mir einen immer wieder von seltsamen Geräuschen und Wachbildern unterbrochenen Schlaf.

Einmal saß der Alte in seinem Sessel am Fenster der Küche, auf deren Boden ich lag. Er stieß das Fenster auf, Schnee wehte in Mengen herein, er legte sein Gewehr an, zielte und schoß in die Nacht. Ich fuhr hoch, der Knall hallte nach, ja, es hatte geknallt, ganz deutlich, aber wo sollte ich nach der Ursache suchen, im Haus oder im Traum? Ich gab es auf, kroch wieder in meine Silberhaut und lag wach. Wo ich war, wußte ich immer noch nicht. Big hatte viel geredet, mir aber nichts über Hartland gesagt. Das mußte er auch nicht. Er hatte mir geraten, die Wortfährte zu lesen, und sie war deutlich genug. Die Spur im Schnee, die von Herzland nach Hartland führte, war die der zerbrochenen amerikanischen Träume. Vielleicht waren es deutsche Einwanderer gewesen, die hier gescheitert waren, dafür sprach das deutsche *hart*, aber das tat nichts zur Sache, gescheitert waren viele. Verhungert, verdurstet, erschossen, verschollen. Irgendwann schrieb er nicht mehr nach Hause, der Sohn, der Vater, der Verlobte, der Mann, im letzten Brief hatte gestanden, er schließe sich nun einer Truppe von Goldgräbern an. Ganze Trecks waren nie angekommen und nie wieder heimgekehrt. Heartland, das Herz. Hartland, der Schmerz. Die beiden Enden der amerikanischen Parabel.

Der Morgen war ein graues Gebet. Ich stand auf, aß den restlichen Brocken Schokolade, dankte dem Haus und warf einen letzten Blick auf den gotischen Kornspeicher. Dann ging ich nach Berthold, nach Süden.

Rotes, rotes Auto

Als ich in die erste Stadt kam, Minot, fielen mir die
Warnungen vor dem Gehen durch Amerika wieder ein.
Draußen im offenen Land hatte die Straße befestigte
Ränder, die mir zwar nicht zugedacht waren, auf de-
nen es sich aber laufen ließ, mal leichter, mal schwe-
rer. Hatte ich Pech, war der Rand aus grobem Schotter,
hatte ich Glück, lief ich auf einem Teppich aus feinem
Split. Wo die Stadt begann, endete derlei Luxus.

Minot betreten hieß, hin und her zu springen, links,
rechts — rechts, links, einen Fuß im Autoverkehr, den
anderen in Vorgärten, an Böschungen, in einer Einfahrt. Noch schwerer passierbar waren Straßenkreuzun-
gen und Überführungen. Wer zu Fuß hinübermußte,
nahm sich besser am Hasen ein Beispiel. Hakenschla-
gend kam ich voran, Stück für Stück in die Stadt hinein. Sie empfing mich mit einem Strauß konsternierter
Blicke durch Windschutzscheiben und mit einer neuen
Warnung: Ein Blizzard zog heran, es stand auf Tafeln an
der Straße geschrieben, er wurde noch heute erwartet.

Gewohnt, in einem fremden Ort das Zentrum zu suchen, dort würde sich alles finden, lief ich immer weiter durchs Spalier der Autohäuser, Läden und Tankstellen; eine europäische Dummheit, ich hing ihr an, bis
ich merkte, daß die eine, große Straße, die durch die
Stadt führte, ausdünnte und wieder zur Landstraße
wurde. Ich warf einen Blick auf die Karte. Ich war da-

39

bei, Minot in Richtung des Luftwaffenstützpunktes zu verlassen. Minot war eine der größten Raketenbasen des Kalten Krieges gewesen, der Stützpunkt lag wenige Meilen vor der Stadt, seine Straßen hießen Missile Avenue, Bomber Boulevard, Rocket Road. Hier, nahe der Nordgrenze, hatte Amerika den sowjetischen Atomangriff erwartet, von hier aus hatte es ihn parieren wollen und seine eigenen Interkontinentalraketen auf Moskau gerichtet, auf dem kürzesten Weg über den Nordpol.

Ich wollte nicht wieder nach Norden, ich wollte nach Süden und kehrte um. Sturmböen rasten mir entgegen, Schnee trieb, heftiger als draußen in Hartland, der Blizzard machte Ernst. Wenige Minuten, und Minot war keine Stadt mehr — ein milchiggraues, aufgelöstes Etwas, das an mir zerrte und meine Augen verklebte. Das Spalier der Autohäuser und Tankstellen war alles, woran ich mich halten konnte. Hinaus ins Land zu laufen, wäre Selbstmord gewesen, und ein Motel war mir nicht untergekommen, also hin und her, hin und her, die Verzweiflung hielt sich bereit, das Kommando zu übernehmen.

Da leuchtete ein Rot auf irgendwo im wüsten Gewirbel. So klar, so rein, so rot stand er da — ein Pickup oder auch Truck, ein Dodge Dakota Bighorn mit vollem Namen. Und hinter der Scheibe der Aushang: Fahrer nach Rapid City gesucht. Ein paar Minuten später hielt ich den Schlüssel in der Hand, warf den Rucksack auf die Rückbank, startete den Motor und fuhr los. Drei Tage hatte ich Zeit, dann war das Auto in Rapid City zu übergeben, einer Stadt jenseits des Missouri, am Rande der Black Mountains. Ich ließ Minot hinter mir. Es stürmte nun heftiger, ich spürte, wie der Wind gegen den Pickup drückte, wie er an den Seitenteilen der Ladefläche riß, und versuchte, mich von der Straße zu schieben, in Schnee und Morast. Doch ich fuhr und fuhr.

Bismarck erreichte ich bei Nacht. Ich blieb in einem Motel draußen am Highway. Erst am anderen Morgen sah ich das Hochhaus, eines im alten, steinernen Stil. Weithin sichtbar überragte das Capitol von Bismarck die flache Stadt. Ich fuhr hin, betrat seine feierlich dunklen Art-déco-Flure und befand mich auf einmal vor den Räumen des Gouverneurs. Die Tür zu seinem Vorzimmer stand offen. Drinnen sah ich drei niedliche Hunde hängen, in Öl gemalt, und einen prachtvollen Häuptlingsschmuck aus Adlerfedern. Ich nahm den Fahrstuhl nach ganz oben, um aus dem neunzehnten Stock einen Blick ins Land zu werfen. Vor einem gerahmten Luftbild blieb ich stehen, es zeigte eine Ansicht, die es nicht mehr gab: das Capitol des Jahres 1925. Sandwege liefen auf das hohe Haus zu, dahinter meinte ich den Missouri zu erkennen, ein helles Band. Fünf Jahre darauf brannte das erste Capitol nieder und war durch das jetzige Hochhaus ersetzt worden.

Was für eine fitzcarraldohafte Kühnheit, der Wolkenkratzer wie auch der Name der Stadt! Natürlich war Otto von Bismarck nie hier gewesen, er stand in keiner Beziehung zu dieser Siedlung in der Prärie, die, wie andere junge Städte der Epoche, zuerst den Namen eines Eisenbahnpioniers getragen hatte. Dann aber, auf dem Zenit der Popularität des deutschen Reichskanzlers, kurz nach dem Sieg über Frankreich, nahm sie dessen

Namen an. Warum? Weil sie sich davon einen Reklame-
effekt versprach, deutsche Investoren anziehen wollte.

Man konnte die provinzielle List der Siedler von
Norddakota belächeln oder bewundern. Aus diesem
Geist heraus hatten sie auch ihr erstes Capitol errichtet, die Behauptung eines Staates mitten in der Prärie,
die damals, in den achtziger Jahren des 19. Jahrhun-
derts, Grasland und eben noch Siouxland gewesen war,
Bisonland — ein Meer aus Gras. Immer wieder verfie-
len die Schreibenden unter den Weißen auf dieses Bild,
wenn sie der Prärie ansichtig wurden, ihrer ungemes-
senen, Mensch und Tier desorientierenden Gleichförmigkeit.

«Grüngelb und unermeßlich wie ein Meer lag die
Prärie da. Kein Haus war zu sehen außer unseren eigenen Ställen und Schlafschuppen mitten in der Prärie. Kein Baum, kein Busch wuchs dort, nur Weizen
und Gras, soweit das Auge reichte. Da waren auch keine
Blumen, nur hin und wieder traf man mitten im Weizen die gelben Quasten des wilden Senfs an, der einzigen Blume der Prärie.»

Vom Sommer 1887 ist hier die Rede, und der ihn
mit so wenigen Strichen hinwarf, ein junger Auswan-
derer nach Amerika, Hausierer und Hungerleider daheim in Norwegen und nun Saisonarbeiter auf einer
Farm in Norddakota, war der künftige Dichter Knut
Hamsun. Er hatte versucht, sich in Amerikas Städten
durchzuschlagen, als Straßenbauarbeiter und Schaff-
ner in Chicago, als Festtagsredner bei einer der vielen
Sekten der Neuen Welt, als Verkäufer bei einem Kauf-
mann namens Hart. Nachts schrieb er, hoffend, fie-

bernd, seine Sprache möge zu ihm kommen, er wußte, sie würde kommen. Im Sommer 1887 schuftete er sechzehn Stunden täglich auf den Weizenfeldern der nördlichen Great Plains, auf die ich von der höchsten Etage des Capitols gerade hinausschaute, zwanzig, dreißig Meilen ins Land. Einige der Ruhelosen seiner späteren Werke würde Hamsun durch diese Prärie geistern lassen, hungrig, gierig, von Farm zu Farm, von Flucht zu Flucht. Er kannte das gut.

«Und dann hatten wir gepflügt und gesät, Heu gemäht und eingefahren, Weizen gemäht und gedroschen — und nun waren wir fertig und sollten Abrechnung haben. Frohen Herzens und Geld in der Tasche wanderten wir, zwanzig Mann stark, nach der nächsten Präriestadt, um einen Zug zu finden, der uns nach dem Osten hinabführen sollte. Der Aufseher begleitete uns, er wollte ein Abschiedsglas mit uns leeren. Wer nie einem solchen Abschied zwischen einer Schicht Präriearbeiter beigewohnt hat, kann sich kaum einen Begriff davon machen, wie mannhaft dabei getrunken wird. Jeder spendiert gleich eine Runde — das macht zwanzig Glas auf den Mann. Glaubt man aber, daß es hiermit zu Ende ist, so irrt man sehr, denn unter uns sind, weiß Gott, Gentlemen, die ihrerseits gleich fünf Runden auf einmal stiften wollen. Und Gott gnade dem Wirt, der einmal versuchen wollte, Einspruch gegen eine solche Unvernunft zu erheben. Er würde sofort von seinem eigenen Schanktisch vertrieben werden. Eine solche Bande von Sommerarbeitern schlägt alles nieder, was ihr in den Weg kommt. Sie reißt schon beim fünften Glas die Herrschaft über die Stadt an sich, und von dem Augenblick an regiert sie ohne den geringsten Einspruch. Die Ortspolizei ist machtlos, sie macht gemeinsame Sache mit der Bande, sie trinkt mit ihr. Und es wird mindestens zwei Tage getrunken, zwei Nächte gespielt und geprügelt und gejuchheit.»

Was wäre aus Hamsun geworden, wäre er Amerikaner geworden — ein Landstreicher und Gelegenheitsarbeiter? Oder hätte er eine Farmertochter geheiratet und sein langes Leben als Maisbauer in Dakota beschlossen? Oder hätte es ihn doch als Prediger oder Verkäufer in die Stadt gezogen? Er blieb nicht in Amerika. Er kehrte heim und wurde Dichter und schrieb ein Buch, in dem er hart mit Amerika ins Gericht ging.

Mir ging es gerade umgekehrt, ich wollte tiefer hinein. Je weiter ich nach Süden vorankam, desto löchriger wurde die Schneedecke. Das Land war nicht mehr weiß, es war tarnfarben gefleckt. Ich war jetzt so gut wie allein unterwegs, mein roter, roter Dodge die einzige Farbe hier draußen. Wieder traf mich die Wucht des leeren Landes, der großen Einsamkeit, die es gewährte. Die Weite, in die ich fuhr, erregte eine allzu bekannte Stimmung, jene melancholische Lust, sich treiben zu lassen, die die Filme beschworen, denen ich aber misstraute, weil jeder Film ein Propagandafilm ist, gerade in den Dingen, die er nicht ausspricht. Aber jetzt war es kein Film, jetzt war es ein Lied. Ein Mann und sein Truck, unterwegs durch Dakota: «Where you headin'? — South, man, south of the border, down Mexico way.» Ich wollte in dieses Lied fallen, ganz, ich wollte diese einsame Fahrt zu einem mystischen Ort namens Rapid City, der Stadt des Plötzlichen, der rapiden Erlösung. Ich wollte ihn, meinen amerikanischen Mist. Ich bekam ihn. Der Sturm ließ nach, *mist* kam auf, Nebel. Ich fuhr sie nun, wahrlich und wahrhaftig, die *misty road.*

Ich fuhr über den Missouri, und nichts daran war ungewöhnlich, eine Brücke wie hundert andere, ein Fluß,
überquert in einer Minute, aber der Eindruck, eine
Grenze zu überschreiten, ließ sich nicht abweisen. Hart
am Westufer des Missouri lagen die Reservate, tief nach
Süddakota hineinreichend das der Sioux und das kaum
weniger große der Cheyenne. Was wie eine natürliche
Flußgrenze aussah, war alles andere als das. Es war der
Vorhang am Ende eines Dramas in vielen blutigen Auf-
zügen, gegeben das ganze 19. Jahrhundert hindurch.

Erst hatte der Mississippi den Drang der Siedler nach
Westen eine Zeitlang aufgehalten. An seinem Ufer
stockte der Zug der Planwagen und Handkarren, Och-
sen und Milchkühe, der Reiter und armen Schlucker
zu Fuß. Westlich des Mississippi begann Feindesland —
endlos eintönige Prärie, beherrscht von kriegerischen
Stämmen auf der Suche nach Beute. Aber der Strom
der Glückssucher aus Europa hielt an, und die Sage von
Land und Gold im fernen Westen betäubte die Angst
vor Indianerüberfällen, wilden Tieren, Hunger und
Durst, so beglaubigt das alles auch war durch Erzählungen derer, die es gewagt hatten. Der große Treck zog
weiter, und die *frontier*, die Grenze, zog nach. Die einen gingen unterwegs zugrunde, andere kamen durch —
nach Oregon, nach Kalifornien. Mit der Zeit wurden
aus vagen Treckrouten feste Pfade durch die Prärie, und

die westwärts wandernde Grenze verharrte eine Weile am Missouri. Er war nun die Barriere, hinter die die Indianerstämme der Great Plains getrieben wurden wie Jahrzehnte zuvor die Stämme des Ostens hinter den Mississippi.

Zugleich war der Missouri eine Straße. Wem die Wildnis nicht eine schreckliche Prüfung war, die ihm der Herrgott auf den Weg ins Land von Milch und Honig gelegt hatte, wer in die Wildnis selbst wollte, der fuhr den Missouri hinauf. Abenteurer, Pelzhändler, Jäger, Fallensteller, Männer, die es jahrelang unter Indianer verschlug — und frühe Forscher. Einer von ihnen war ein deutscher Aristokrat, Maximilian Prinz zu Wied und Neuwied. Im Frühjahr 1833 fuhr er mit seinem Zeichner Carl Bodmer und seinem Hofjäger David Dreidoppel im Dampfschiff «Assiniboin», benannt nach einem Stamm des Nordwestens, den Missouri hinauf, um das «innere Nordamerika» zu erforschen. Sein Bericht steckte in meinem Rucksack.

Den Heart River, der darin eine Rolle spielt, hätte ich fast unbemerkt passiert, so beiläufig huscht dieser Nebenfluß aus den westlichen Bergen unter der Straße hindurch, dem nahen Missouri zu. Am 16. Juni 1833, frühmorgens um sechs Uhr, waren Wied und seine Gefährten an der Mündung des Heart River an Land gegangen. Ungestümes Wetter hatte die «Assiniboin» ans Waldufer geworfen und nötigte die Reisenden, einen ganzen Tag zu bleiben. Hier war Indianerland, Bisonland, Wolfland. Die Welt, die der deutsche Prinz betrat, zeigte sich ihm noch so, wie sie seit Jahrhunderten, vielleicht Jahrtausenden gewesen war, mit dem einzigen

Unterschied, daß ihre Bewohner nun Feuerwaffen und Pferde besaßen. An ihrer Lebensweise und ihren Ansichten über das Leben hatte sich wenig geändert.

Wieds Schiff dampfte durch eine reiche Tierwelt. Antilopen, Hirsche, Elche und anderes jagdbare Wild erschienen in großer Zahl am Ufer, auch Wolfsrudel, oftmals ohne Scheu. «Überall führten Bison- und Elchpfade durch den Wald», notierte er, «und an den Baumstämmen hing die Wolle der ersten, wo sie sich an dem Holz gerieben hatten.» Eine Schlangenart mit orangefarbener Rückenzeichnung und ein auffallend schöner, buntgefiederter Vogel fanden seine Bewunderung, dazu die Rosen, die ganze Waldufer bedeckten.

Vor allem anderen erstaunte die Deutschen der Bison. Millionen dieser urtümlichen Tiere zogen durchs Grasland, sogar am waldigen Westufer des Missouri traf man sie an. Unweit der Stelle, an der ich stand, beobachtete Wied einen «überaus stolzen Bison» auf der Uferweide, «nach welchem man vom Schiff aus vergebens schoß, und bald sahen wir in der Prärie ein paar andere sehr große Tiere dieser Art, deren langer Bart weit herabhing, während der Wind das lange Stirnhaar bewegte».

Nicht mehr lange, und der Bison würde von der Erde getilgt sein. Die große Bisonherde der nördlichen Plains, zur Zeit von Wieds Reise 1833 und danach auf vier Millionen Tiere geschätzt, verschwand binnen weniger Jahre. Ihre letzten Reste wurden 1883 erlegt. Nicht länger gejagt wurde der Bison, sondern abgeknallt zum Spaß und Ruhm von Bisontötern und Sonntagsschützen aus den Städten des Ostens – nicht etwa, um den Bedarf an Fleisch, Haut und Knochen zu decken. Denn nicht nur sein Fleisch hatte die Indianer erhalten, sie lebten vom Bison in fast allen Dingen. Sie kleideten sich in seine Haut, schnitten Werkzeuge aus seinen Knochen und nutzten seine Sehnen als Seile, der Bison war ihre Lebensgrundlage seit den dunklen Jahrtausenden, aus denen sie kamen. Schiere Lust am Töten löschte den Bison aus, sein Fleisch ließ man in der Prärie verrotten. Das mitanzusehen, mußte den Indianern als Apokalypse erscheinen, und das war es auch: der Untergang ihrer Welt und schließlich ihrer selbst. Aus stolzen Jägern wurden Hungerleider, die bei den Indianeragenten des weißen Mannes um Fleisch bettelten.

Das alles war undenkbar, als Wied hier reiste. Er sah das Land in einer kaum berührten Schönheit und Härte. Und ich? Ich sah eine Kolonie blecherner Sommerhäuschen am Heart River, Spuren von Hunden, vielleicht auch Kojoten, im Uferschnee und hörte den Schrei der Wildgänse vom Missouri her und ein erregtes Kläffen, ganz nahe. Drei kleine weiße Hunde hatten mich entdeckt, sie sahen denen in Öl im Vorzimmer des Gouverneurs ähnlich, gehörten aber einem Paar, das eben aus seinem Sommerhaus in den Wintertag trat. Man warf mir mißtrauische Blicke zu, und nun fiel mir das Warnschild auf: «We immediately report all suspicious people or activities to the police department.» Wir melden jede verdächtige Person oder Aktivität sofort der Polizei. Dies war der Ort, an dem, ging es nach den Indianern, Gott den Menschen erschaffen hatte. Der Heart River hatte seinen Namen daher.

Als Wied flußaufwärts zog, begann hier das Land der Mandan, ein bedeutender Stamm damals, längst vergessen wie andere Stämme. Nátka hieß Herz in der Sprache der Mandan, den Herzfluß nannten sie Nátka-pássahä, so notierte es Wied. Ihn interessierte die geistige Welt der Indianer, er lernte ihre Sprachen, fertigte Wörterbücher und Grammatiken an und ließ sich an langen Winterabenden ihre rituellen Feste erklären und ihre Religion. Die Schöpfungsgeschichte der Mandan steckte voller überraschender, seltsamer, mitunter auch komischer Wendungen, sie war nicht logisch wie unsere Genesis — oder nur im räumlichen Sinn. Ihre Schöpfung spielte in ihrem Lebensraum, an vertrauten Orten wie dem Herzfluß, die jedes Kind des Stammes kannte.

Nachdem ein Streit zwischen dem Schöpfergott — dem «Herrn des Lebens», wie die Indianer ihn nannten — und dem ersten Menschen über die Frage, wer von ihnen der Vater sei und wer der Sohn, zugunsten des Herrn entschieden ist, beginnt Gott einen neuen Wettstreit mit seinem Geschöpf: Er will die geschaffene, aber noch öde Erde fruchtbar machen. Er heißt den Nerz ins Wasser zu tauchen und Holz und Gras heraufzubringen, die Hälfte gibt er dem ersten Menschen. «Dies geschah an der Mündung des Heart River. Der Herr des Lebens trug hierauf dem ersten Menschen auf, das nördliche Missouri-Ufer zu machen; er selbst bildete das schön mit Hügeln, kleinen Tälern, Holz und Gebüschen abwechselnde südwestliche Ufer.»

Über das Schöpfertalent des Menschen kann der Herr nur den Kopf schütteln — die flache, baumlose Prärie hat er gemacht. Dort könnten künftige Menschen weder Tiere jagen noch überhaupt vernünftig leben, hält er ihm vor und lädt die Menschen an sein wirtliches

Westufer ein. Nachdem er auch diesen Schöpfungswettkampf gewonnen hat, setzen sich Gott und der erste Mensch nieder, um Medizinpfeifen anzufertigen und einen Bund zu schließen, auf indianische Art. Sein Zeichen ist nicht der Regenbogen, sondern die Medizinpfeife. «Sie setzten die Pfeifen ineinander, und der Herr sprach: ‹Dies soll das Herz, der Mittelpunkt der Welt sein. Und dieser Fluß soll der Herzfluß heißen.›»

Ihm folgte ich seit einer Weile zu Fuß. Es taute, die Sonne gewann an Kraft, ich watete halb im Schnee, halb im Morast und kam nur langsam voran. Dämme und andere Hindernisse waren zu überwinden, um die Mündung des Heart River zu erreichen. Als ich endlich am Missouri stand, wartete jene Enttäuschung auf mich, die stets den erwartet, der es nicht lassen kann, Wesen aus der Literatur draußen in der Wirklichkeit nachzustellen. Das Wasser fahl, die Ufer kahl, so strömte der Mythos dahin, ein grauer Fluß im flachen Land. Ich bereute die kleine Wanderung, kehrte um und entfloh in Wieds Bericht.

Überwintert hatte er flußaufwärts, in Fort Clark. Er nutzte die Gelegenheit, um die Sprachen, religiösen Ideen und die Lebensweise der Indianer zu studieren. Daß er nicht der erste war, der hier reiste und forschte, war ihm bewußt, er kannte die Literatur der Pioniere vor ihm. Auch mit der folgenreichsten dieser frühen Reisen war er vertraut, mit der der beiden amerikanischen Offiziere Meriwether Lewis und William Clark. Letzteren suchte Wied in St. Louis am Beginn seiner Reise auf. Bei Clark, inzwischen General und Inspektor für Indianische Angelegenheiten, also Chef aller Indianeragenturen, mußte Wied einen Paß beantragen, der ihm erlaubte, den Missouri hinaufzureisen. Clark war es, der dem Prinzen «höchst zuvorkommend» die ersten nordamerikanischen Indianer vorstellte, deren er ansichtig wurde, einige von ihnen waren Gefangene des Generals.

Clark war ein berühmter Mann. Präsident Thomas Jefferson hatte ihn und Meriwether Lewis 1804 beauftragt, den noch unbekannten amerikanischen Nordwesten zu erforschen und namentlich einen Wasserweg zum Pazifik zu suchen. Im Herbst 1804 fuhren sie in ihrem Kielboot den Missouri hinauf, mit rund dreißig Soldaten, den Winter verbrachten sie, wie später Wied und seine Gefährten, in der Gegend der heutigen Stadt Bismarck. Lewis und Clark, den beiden würde ich noch oft begegnen auf meinem Weg durch Dakota. Wo sie gewesen waren, hatte man ihnen Gedenktafeln, Stelen, kleine Museen errichtet; bis in die Gegenwart wurden sie als Begründer eines Amerikas verehrt, das vom Atlantik bis zum Pazifik reicht.

Was Wied als Jäger und Forscher tat, glich der Unternehmung der beiden Amerikaner nur auf den ersten Blick. Die Reisen von 1804 und von 1833 unterschieden sich stark. Hier zwei Offiziere an der Spitze eines Expeditionskorps, ausgesandt vom Präsidenten ihres expandierenden Staates mit dem Auftrag, einen Wasserweg zum Pazifik zu suchen, Ansprüche auf die freien Territorien des Nordwestens anzumelden und die Indianerstämme für den jungen Staat zu gewinnen. Lewis und Clark kamen in politischer Mission. Sitzungen mit Häuptlingen waren ihr Geschäft, sie hielten Reden und verteilten blinkende Medaillen des Weißen Vaters in Washington.

Und nun Wied, unterwegs in niemandes Auftrag, in keiner Mission, ein Forscher auf eigene Rechnung und Gefahr. Die Gewinne, die er sich erhoffte, waren von geistiger Art. Zeichnungen und Aufzeichnungen, dazu Felle und indianische Artefakte. Und zwei lebende Bären. Es gelang ihm, enormen Schwierigkeiten zum Trotz, sie quer durch Amerika und über den Ozean heimzubringen — man ist versucht zu sagen, heim in die Villa Shatterhand, zu Silberbüchse und Henrystutzen. Denn noch etwas brachte der Prinz zu Wied von seiner Reise in das innere Nordamerika mit — das ideelle Stiftungskapital der seltsamen, treuen, allen Zeiten und Ideologien trotzenden deutschen Liebe zu den Indianern.

Die Vermutung, Karl May habe Wied gelesen, sei es im Original oder in den Schriften anderer Autoren, die ihrerseits bei Wied abgeschrieben hatten, und seinen deutschen Westmann Old Shatterhand dem Prinzen nachgebildet, hin oder her — Wieds Bericht bietet den Rohstoff für eine solche Schöpfung, wenn er edle Indianer schildert, denen er in jenem Winterquartier begegnete und mit denen er sich anfreundete. Besonders ein Häuptlingssohn gefiel ihm. Mit ihm schloß der deutsche Prinz eine offenbar ebenbürtige Freundschaft.

Wied war kein sentimentaler Reisender, auch kein berechnender. Die Indianer romantisch zu verklären oder sie den Deutschen vorzuhalten wie einst Tacitus den Römern die Germanen, dergleichen lag ihm fern. Der lange Winter in Fort Clark gab ihm Gelegenheit, sie kennenzulernen, bei gemeinsamen Jagdzügen in der verschneiten Prärie, bei nächtelangen indianischen Festen und Zeremonien, bei Besuchen im Mandandorf Mih-Tutta-Hangkusch und in Winterdörfern anderer Stämme. Oder wenn seine indianischen Freunde ihn in der Blockhütte besuchten, die man ihm provisorisch im Fort errichtet hatte und in der er mit seinen Gefährten hauste, alle in einem Raum. Die bittere Kälte, die durch die Ritzen drang, trieb sie ans Feuer, wo sie vorn halb verbrannten und hinten vereisten. Seinem Zeichner gefroren die Farben, dem Prinzen selbst die Tinte, und als sein Koch eines Tages zum Fluß ging, um Wasser zu holen, kam er mit erfrorenen Ohren zur Hütte zurück.

Wied beschönigte nichts. Er beschrieb die Grausamkeit, mit der die Indianer ihre eigenen Frauen behandelten, was manche in den Selbstmord trieb, oder die gefühllose Härte gegen ihre Lasttiere, die Hunde. Er schilderte das zudringliche Benehmen und die Diebeslust indianischer Besucher, die Faulheit der Männer, wenn sie ihren liebsten Beschäftigungen, der Jagd und dem Krieg, gerade nicht nachgingen. Das alles hinderte ihn aber nicht, das Edle und Schöne zu erkennen, wo es sich zeigte.

Andere Reiseschriftsteller seiner Zeit behaupteten die geistige Unterlegenheit der Indianer gegenüber den Weißen. Wied focht das nicht an: «Wenn der Mensch nicht in allen seinen Varietäten vom Schöpfer gleich vollkommene Fähigkeiten erhielt, so bin ich doch wenigstens überzeugt, daß die Indianer in dieser Hinsicht den Weißen nicht nachstehen.» Manche unter den

Mandan fand er sehr begierig, etwas Neues über «höhere Gegenstände» zu lernen, andererseits hingen sie sehr an den Vorurteilen ihrer Vorväter. «Die schlechten Beispiele, welche sie so oft von den in ihrem Land lebenden und nach Geldgewinn umherstreifenden Weißen beobachten, sind eben nicht geeignet, ihnen viel Achtung für unsere Rasse einzuflößen und ihre Moral zu verbessern, und wenn sie der christlichen Religion nicht geneigt gefunden werden, so ist dies zum Teil gewiß Folge der schlechten Beispiele, welche sie von den Weißen sehen, die sich Christen nennen und häufig unmoralischer sind als die rohesten Indianer.»

Was nun jenen Häuptlingssohn angeht, mit dem der deutsche Reisende Freundschaft schloß — kann, wer je mit glühenden Wangen die Abenteuer der Blutsbrüder Old Shatterhand und Winnetou las, Wieds Bericht folgen, ohne an diese frühe Lektüre und ihre Helden erinnert zu werden? «Sih-chi-dä, ein großer, starker junger Mann, der Sohn des berühmten, jetzt verstorbenen Chefs Tóhp-ka-sing-kä (die vier Männer), war ein zuverlässiger Indianer, von sehr gutem Charakter, der einer unserer besten Freunde wurde und uns beinahe alle Tage besuchte. Er hatte vollkommen anständige Manieren und mehr feines Gefühl als die meisten übrigen seiner Landsleute. Nie wurde er durch Bitten lästig, sobald das Essen aufgetragen wurde, entfernte er sich, um nicht unbescheiden zu sein, obgleich er nicht wohlhabend war und nicht einmal ein Pferd besaß.»

Was immer Karl May daraus machte oder auch nicht — am Beginn der indianischen Faszination standen Realien, lebende Personen und Ereignisse, stand eine wirkliche Freundschaft. Und ein wacher Sinn für Phänomene. Das ehrfürchtige Staunen über manche Reden von Indianerhäuptlingen, das die Jugend der weißen Welt erst sehr viel später ergriff — Reden, in denen diese Häuptlinge das Los ihres Volkes nicht nur beklagen, sondern es zu begreifen versuchen, um an der Unbegreiflichkeit des eigenen Untergangs so überaus poetisch zu scheitern, in großen Bildern und einer prophetischen Sprache — dieses in der Tat erstaunliche Phänomen bemerkte Wied schon 1833. «In allen Werken, welche über diese merkwürdigen Völker handeln», schrieb er, «findet man die zum Teil sehr kräftigen und wohldurchdachten Reden ihrer Anführer aufgezeichnet. Sie reden häufig in passenden Bildern und sagten ihren weißen Unterdrückern oft bittere Wahrheiten.» Er führte es auf Eigenschaften zurück, die er an den Mandan und anderen Stämmen beobachtet hatte. «Energie des Charakters ist bei diesen Menschen häufig in hohem Grad zu finden.» Wied fiel das ausgeprägte Ehrgefühl auf, und er bewunderte das starke Gedächtnis der Indianer. «Viele von ihnen erzählen die ganze Geschichte ihres Volkes in ununterbrochener Folge.»

Die Geschichten verschwanden wie die Völker selbst, die sie weiter und weiter erzählt hatten durch die Jahrhunderte, rascher noch als der Bison. Manche Stämme verschwanden bald, nachdem Wied sie besucht hatte. Ein Jahr nach seinem Winteraufenthalt kam ein Reisegefährte vom Missouri zu ihm nach Deutschland, er berichtete von Überfällen der Dakota-Indianer auf indianische Dörfer, die er kannte. Die meisten Bewohner wurden getötet. «Vier Jahre später erhielt ich die

Nachricht, daß alle unsere indianischen Freunde vom Stamme der Mandan tot seien. Folgendes war geschehen: Im Sommer das Jahres 1838 kam ein Pelzhändlerschiff aus St. Louis nach Mih-Tutta-Hangkusch, dem mir so vertrauten Dorf der Mandan, in dem ich meine völkerkundlichen Studien betrieben hatte. Obwohl sich auf dem Schiff mehrere Pockenkranke befanden, durften die Indianer an Bord kommen. Sie infizierten sich sogleich.»

Ein anderer amerikanischer Bekannter, der Maler George Catlin, beschrieb dem Prinzen den Untergang der Mandan. «Die Krankheit wurde in wenigen Tagen so furchtbar, daß die Menschen innerhalb kürzester Zeit starben. Die Hoffnungslosigkeit war so groß, daß fast die Hälfte der Erkrankten sich mit dem Messer, der Flinte oder durch einen Sturz von Felsabhängen selbst den Tod gaben.» Was für ein Ende nicht nur eines Stammes, vielmehr einer ganzen Welt: Ebendies war eine Art der Indianer gewesen, den Bison zu jagen — ihn auf Felsabhänge zu hetzen, von denen er zu Tode stürzte.

Catlin schloß mit dem Bericht «über den edlen Mato-Tope». Ihn hatte Wied gut gekannt. «Jener ausgezeichnete Chef», wie er ihn genannt hatte, hatte ihn oft besucht mit seinem kleinen Sohn. «Nachdem Mato-Tope selbst von der Krankheit genesen war», so Catlin, «saß er in seinem Wigwam und sah, wie seine Frau und die Kinder nach und nach erkrankten und starben. Als alle die Seinigen dem Tod zur Beute geworden waren, ging er durchs Dorf und weinte über den Untergang seines Stammes. Alle tapferen Krieger, von denen allein die Erhaltung des Stammes abhing, waren nicht mehr unter den Lebenden. Er kehrte in seine Hütte zurück, legte seine tote Frau und seine toten Kinder auf einen Haufen, bedeckte sie mit einigen Büffelhäuten, hüllte sich ebenfalls in eine Haut und ging nach einem in der Nähe befindlichen Hügel, wo er trotz aller Bitten der Pelzhändler mehrere Tage liegenblieb und den Hungertod zu sterben beschloß. Am sechsten Tage hatte er eben noch soviel Kraft, nach dem Dorf zurückzukehren. Er begab sich in seinen Wigwam, legte sich neben die Leichen seiner Frau und seiner Kinder, zog die Büffelhaut über sich und starb am neunten Tage, nachdem er das Dorf verlassen hatte. Dies sind die Nachrichten über das Aussterben der Mandan-Indianer. Es ist möglich, daß noch einzelne von ihnen leben, obwohl ich es nicht für wahrscheinlich halte. Doch selbst wenn dies der Fall wäre, so haben sie als Nation aufgehört zu existieren.»

Später an diesem grüblerischen Tag, viele Meilen stromabwärts, sah ich einen Mann am Missouri stehen. Er beobachtete den Strom mit zusammengekniffenen Augen wie einen, den man genau kennt. Ob denn die Sandbänke noch wanderten, fragte ich. Wied und seine Bootsleute hatten damit ihre liebe Not gehabt. «Der Fluß, der jede Nacht in einem anderen Bett schläft» hatten die frühen Siedler den Missouri genannt. Ja, sagte der Mann, das mit den Sandbänken sei immer noch so, man müsse sich auskennen auf dem Strom, sonst laufe man schnell auf Grund. Er fahre oft im Boot hinaus, um zu fischen.

Von sich aus begann er von den Indianern, ohne erkennbaren Grund. «Manche Stämme haben ihren

Stolz», sagte er, «sie tun was und bringen es zu Wohlstand. Andere lassen sich vom Staat füttern.» Nach so langer Zeit seien sie immer noch unwillig, sich in das amerikanische Gesetz einzufügen: durch harte Arbeit zu Geld und Erfolg. «Und nehmen sie mal eine Arbeit an», fuhr er fort, «bleiben sie nach dem ersten Lohn weg. Ab ins Reservat, alles vertrinken.» Er zitierte ein Sprichwort: «Du kannst ein Pferd zum Wasser führen, aber saufen muß es schon selbst.»

Er sprach weiter, aber das Bild, das er gebraucht hatte, lenkte mich ab. Pferde am Missouri. Wied hatte es beschrieben. Indianer, urplötzlich am Ufer auftauchend mit ihren Pferden und Waffen, mit ihrer Jagdbeute auf Lastpferden oder in schwarz-roter Kriegsbemalung, und manchmal geisterhaft in ihren weißen Bisonhäuten bei Nacht. Nie hatte man sich sicher sein dürfen über die Absicht, in der ein solcher Trupp unterwegs war, und lieber respektvoll Abstand gewahrt. «Ich weiß nicht, was mit ihnen los ist», hörte ich den Mann noch sagen, bevor er in sein Auto stieg und davonfuhr, «vielleicht macht es sie immer noch verrückt, daß wir ihnen das Land weggenommen haben.»

Längst war ich im Reservat der Sioux, ich merkte es an einem wunderlichen Detail, der Agitation gegen den Straßenmüll. Das weiße Amerika drohte demjenigen Geldstrafen an, der seinen Abfall auf die Straße warf, das Reservat beschwor die Achtung für «mother earth». Es schien aber nicht zu fruchten, nach meinem Eindruck waren die Schrotthalden im Indianergebiet noch größer als die im Land der Weißen.

Von den Spielcasinos in den Reservaten hatte ich gehört, aber bis jetzt noch keins gesehen. Nun tauchte eines in der Einöde auf — wie eben gelandet, stand das moderne Monstrum im welken Gras. Es kam mir gerade recht, ich war hungrig und brauchte eine Rast. Ich trat ein und staunte. Zum ersten Mal, seit ich Amerika betreten hatte, sah ich derart viele Menschen. So öde und leer es draußen gewesen war, so laut und voll war es hier, als habe sich das Land in diesen Glücksbunker zurückgezogen, in den Fortunaberg. Sein Zentrum war eine riesige, hohe Halle, gehalten von vier steinernen Totempfählen, die Wände waren mit indianischen Motiven bemalt. Dazu gab es weitere Säle. Einen halbherzigen Versuch, die Menschen zu zählen und die Automaten, vor denen sie saßen und spielten, Reihe um Reihe, Saal um Saal, brach ich ab. Es mußten Hunderte Automaten sein und Tausende Spieler, längst nicht alle fanden Platz an den Geräten. Wo kamen sie her und wie? Nicht nur das Land war menschenleer seit Stunden, die Straße war ebenso einsam.

Fast alle Glücksspieler waren alt. Dick und alt. Drahtig und alt. Welk und alt. Jung und alt. Mit und ohne Dauerwelle. Mit und ohne Ohrringe. Mit und ohne Zigarette. Still und gefaßt saßen sie vor ihren Automaten, manche im Rollstuhl, und spielten und spielten. Manchmal machten sie eine Pause und holten sich einen Burger und eine Cola, das Essen war spottbillig oder umsonst, auf Kantinengewinne kam es dem Casino nicht an, ein Zeichen dafür, wie gut die Geschäfte liefen. Indianische Croupiers gingen umher, einer lächelnd, ein langer Dünner, sein Zopf hing ihm schwarz den Rücken herab, ein anderer ließ seine goldene Uhr-kette so lang wie möglich heraushängen. Wachen Au-ges streiften sie durch die Reihen der spielenden alten Weißen, die unter der indianischen Aufsicht wie eine greise Kinderschar wirkten. Wied hatte die Geschick-lichkeit schon der Mandankinder beim Anfertigen von Fallen beschrieben, etwa von Schlingen aus Pferdehaar, mit denen sie Vögel und andere Tiere in der Prärie fin-gen. Das Casino kam mir vor wie die phantastische Stei-gerung dessen — die Erfindung eines alten Siouxtüft-lers, ein rächender Transformator, der alle Weißen aus Dakota heraussaugt, an die Glücksmaschine anschließt und dabei vor sich hinsummt: «Pursuit of happiness, happi-, happi-, happiness.»

Höllisch war an diesem Spielhimmel nur eines, er machte einen infernalischen Krach. Jede Glücksma-schine im Saal hatte einen anderen Namen, den ein co-michaftes Bild auf dem Gerät illustrierte: *John Wayne. Helen of Troy. Thai Treasurer. Wolf Run. Lucky Lemmings.* Und jede Maschine machte ein Geräusch. Hunderte von Erken-nungsfanfaren lärmten zugleich. Kein Ton wollte zum anderen passen. Es ratterte, jaulte, schnarrte, häm-merte, klingelte, dudelte, kreischte, quasselte, sägte, al-les durcheinander, ohne Ende.

Da war wieder der lächelnde Croupier, unsere Pfade kreuzten sich. «Mögen Sie das hier?» fragte ich ihn.

«Als Job oder wie?»

«Als Mensch, als Mann.»

Er sah mich an, lachte laut auf, faßte sich, mußte wie-der lachen. «Ich denke, es ist in Ordnung.»

Ich wollte gehen. Am Tor traf ich auf einen älteren Indianer, auch er wollte gehen, ein großer, ernster Kerl. Ich stellte auch ihm die Frage: «Mögen Sie das hier?»

«Ich nehme an, es ist ein guter Ort.» Er war nicht in Redelaune, er war woanders.

«Ein guter Ort?»

«Yeah, ich reise viel, wissen Sie. So long.»

Der Junge mit dem Revolver

Es ging auf den Abend zu, ich fuhr nach Westen, in die sinkende Sonne hinein, bei freier Sicht in alle Himmelsrichtungen, es mögen vierzig, sechzig oder auch hundert Meilen gewesen sein, die ich ins Land hinaussah, und es blieb gleich, wohin ich auch schaute. Die immergleichen graugelben Wellen und Falten, hier und dort ein «butte», ein freistehender Hügel, Altären gleich. Den östlichen wie den westlichen Horizont rahmten, so schien es, Bergketten, aber das täuschte, wie mir meine Karte versicherte.

Die Sonne führte ihr Abendschauspiel auf. Wolken filterten einzelne Höhen, Hänge und Niederungen heraus und stellten andere in den Schatten. Ein Altarberg erstrahlte im Licht, unscheinbare Wasserlöcher wurden zu Silberseen, öde Hänge zu goldbraunen Matten. Und es hörte nicht auf, es ging immer so weiter. Keine Folge wechselnder Landschaften, zu Bildern gerahmt von Bergen oder von einer Flußbiegung wie in Europa, denen dann, als beträte man einen neuen Museumssaal, andere Bilder folgten. Dieses Amerika ist keine Landschaft, es ist Land, Land, Land. Licht und Land. Keine Ausstellung, nur ein einziges maßloses, sich gegen unendlich reproduzierendes Bild. Ich fuhr in eine Senke und dachte, einmal muß es doch enden, aber auf dem nächsten Kamm ging es weiter, immer fort und fort.

Im weißen Dakota hatte ab und zu ein Fasan an der Straße gestanden, als warte er auf eine Mitfahrgelegenheit. Jetzt, im roten Dakota, im Reservat, lagen sie tot an der Piste, ein Fasan nach dem anderen. Bei einem hielt ich an. Auf der Seite lag er, die grauen Füße langgestreckt, seinen Bauchflaum bauschte der Wind auf, die lange Schweiffeder stach kühn in die Luft, seine Flügel waren leicht angehoben, als sei der Tod nur Verstellung und als fliege er gleich auf. Ich meinte einen leisen Ton zu hören und beugte mich herunter, aber die dunkle Stelle im Auge blieb dunkel. Der Fasan war tot.

Als das Licht schwand und das Land den Nachtschleier nahm, blieb ein einziges Phänomen deutlich und scharf, es leuchtete jetzt erst richtig auf — die Schwärze der Straße. Die Straße war das, was die Weißen dem Land gegeben hatten, und das Land hatte sie angenommen, als habe es sie erwartet. Sie paßte zu ihm, sie war wie das meeresgleich rollende Land. Fahr, fahr, nur zu, es gibt keine Kurven. Kurven sind etwas für Schöngeister, für die empfindsamen Landschaftsbetrachter der Alten Welt. Fahr! Weiter, weiter. Diese Straße endet nicht, du bist unsterblich, solange du sie fährst.

In einem Motel in Mobridge blieb ich hängen, hier traf ich wieder auf den Missouri. Er hatte sich verändert, aber nicht in seinem Wesen. Mächtiger war er in seinem Lauf nach Süden geworden, kein grauer Fluß mehr im grauen Land — ein silbergleißender Strom. Ich verbrachte den Abend in einem Diner an der Straße und hörte der Musik zu, die abwechselnd aus dem Radio und aus der Box kam. Sie handelte von der Straße. Jemand kommt, jemand geht, jemand geht mit, jemand wartet. «No matter what you've done, I'll stand by you», sang eine Frau. Eines Tages kam ein Auto gefahren, eines Tages kam er geritten, eines Tages ging er die Straße hinunter und kam nicht wieder. So waren alle Lieder an diesem Abend.

Der Morgen war weiß vom Nachtfrost, die Lieder blieben die gleichen. Am Nebentisch saß nun eine zarte, ältere Dame. Sie zählte ihrer Freundin, einer robusten Latina, die Namen der Schlachten auf, in die ihr Sohn gezogen war. Desert Storm. Desert Freedom. Die dritte Wüstenmission schluckte das Geräusch eines vorbeifahrenden Trucks. Sie trug einen leuchtend blauen Pullover, eine leuchtend blaue Hose und goldene Ohrringe, und sie war perfekt frisiert. «Ich möchte, daß er wiederkommt, aber er will es nicht. Er ist fort.» Sie hatte es zu ihrer Freundin gesagt, aber die antwortete nicht. Jemand kommt, jemand geht, jemand geht mit, jemand wartet. Nur eine neue Zeile im alten Lied.

Mein letzter Tag am Missouri war sehr kalt, sehr blau, sehr still. Vom hohen Westufer aus hatte ich einen weiten Blick nach Osten. Nur der helle Schrei der Wildgänse über dem Fluß drang herauf. Hier oben hat man Sitting Bull ein Denkmal gesetzt, und wie die meisten gutgemeinten Werke ist es nicht schön. Eine klobige Sandsteinbüste auf einem Sockel aus rotem Granit. Bemerkenswert, daß der berühmte Krieger über den Missouri nach Osten schaut. In einem Land, in dem lange alles nach Westen schaute, nach vorn, wirft er einen Blick in die Himmelsrichtung, aus der die Eroberer kamen, auf das Verlorene, auf seinen eigenen Ursprung. Dort drüben am Ostufer des Missouri wurde er 1831 geboren und 1890 in Gefangenschaft erschossen. Sein Leichnam verschwand spurlos, nur wenige Eingeweihte kannten sein Grab.

Tief im Reservat, in der Gegend von Wakpala, hielt ich an einem Indianerfriedhof. Gräber, ins hohe Präriegras gestreut, manche mit Kreuzen geschmückt, manche mit indianischen Zeichen, hohen, dünnen Stangen. Auf vielen wehte, zerzaust vom Präriewind, das amerikanische Banner. Der Soldatenberuf war eine Hauptbeschäftigung dieser toten Sioux gewesen, sie waren Krieger geblieben. Marines lagen hier in der Erde, Infanteristen, Purple-Heart-Träger. Sie hießen Iron Cloud, Little Chief, Two Bears — und mit Vornamen Patrick, Philip, Eugene. In allen Kriegen sind sie gefallen, die Amerika in neuerer Zeit führte. Erster Weltkrieg. Zweiter Weltkrieg. Korea. Vietnam. Irak.

Der Junge stand plötzlich da. Er wollte mir etwas zeigen. Ein alter Revolver, in ein schmutziges Tuch gewickelt. Er schlug es auf und nannte den Preis. Als er mich zögern sah, legte er etwas Munition dazu. Er war aus dem Reservat und brauchte Geld, wofür, ging mich nichts an. Ich dachte an die Wölfe und Berglöwen, durch deren Revier ich bald wieder zu Fuß gehen würde, und daß es nicht schaden könnte, etwas gegen sie in der Hand zu haben. In einer Minute war der Handel abgeschlossen. Ich legte das kleine Bündel auf den Beifahrersitz und fuhr weiter.

In die Prärie gestreut waren auch die Siedlungen der Indianer, darin glichen sie den Friedhöfen. Normhäuser und *trailer homes*, umgeben von Autos, Autowracks, Spielzeug und allen möglichen anderen Dingen. Ich fand eine Bar, sie trug einen pompösen Namen, etwas mit «Great Sioux», aber sie war nur eine Saufkneipe in einem elenden, staubigen Reservatskaff. Ich bestellte einen Kaffee und trank ihn vor einem alten Foto an der Wand, einem Gruppenbild, aufgenommen in New York City am 15. Oktober 1888.

Die Regierung lud hin und wieder Häuptlinge aufsässiger Stämme ein, damit diese sich von der Überlegenheit des weißen Mannes und seiner Werke ein Bild machen und von der Vergeblichkeit ihres Widerstandes überzeugen konnten. Bei einer solchen Exkursion in die Zukunft war das Foto aufgenommen worden, dessen soundsovielte, jedesmal gröbere Kopie hier an der Wand der Reservatsbar hing. Da standen sie nun, Krieger, Häuptlinge, Medizinmänner, mitten in der Wall Street in Manhattan. Bear's Rib und Thunder Hawk, High Eagle und Mad Bear, Walking Eagle und Fire Heart, allesamt Sioux aus dem Standing-Rock-Reservat, von hier also, wo ich jetzt ihre verbleichenden Bildschatten betrachtete, meinen Kaffeebecher in der Hand. Und dicht bei ihnen standen White Ghost und Little No-Heart, beide aus dem Reservat der Cheyenne. Und Ugly White Horse, Pretty Eagle und Sky Bull, Oglala-Sioux aus dem Rosebud-Reservat, das ich morgen erreichen würde, vielleicht schon heute. Nur einer erlaubte sich eine Extravaganz. Als einziger Indianer auf dem Bild ging er wie die Weißen gekleidet. Ein Sakko trug er, seine Beine steckten statt in Leder in Bügelfalten, und in der Hand hielt Mister Sitting Bull einen hohen, hellen Hut, wie ein Gentleman auf Reisen. Alle anderen standen wie hingestellt, und das waren sie auch,

Mann an Mann, kerzengerade, starr. Aber nicht so sehr der Anblick dieser vorgeführten Männer, dieser Strecke Wild auf der Wall Street, faßte mich an. Es waren die Namen!

Feuerherz. Klein-Kein-Herz. Himmelsstier.

Der Hohe, der Schöne, der Schreitende Adler.

Häßlicher Schimmel.

Weißer Geist.

Allein ihre Namen, konnte man das begreifen, ließen eine wilde Trauer auflodern, welche die Truppen der Vernunft, die gleich herbeieilen in solchen Momenten, nicht sofort und restlos niederzuschlagen vermochten. O ja, das Neue hatte gesiegt, das um so vieles leichtere, uns erleichternde Neue, auch für mich hatte es gesiegt mit meiner Kreditkarte und in meinem roten Pickup, ich wußte es wohl und kannte die Einwände: O nein, sprach die Frau Vernunft, das Alte ist nicht das Bessere gewesen, nur Machos und sentimentale Idioten glauben das. Aber vielleicht das Schönere, sagte ich. Was hat es geholfen, fragte sie sanft. Nichts, sagte ich, und sie: Sich gegen das Neue zu stemmen, ist trotzig und dumm. Sei kein dummer Junge, sei gescheit. Schon gut, sagte ich, es klang müde. Aber die Verluste sind groß, auch wenn du das nicht verstehst.

Aus der Finsternis der Bar löste sich jetzt ein betrunkener Indianer, und was er redete, war das Schnorrerzeug, das er immer redete, wenn er Beute witterte, einen wie mich. So effektvoll, wie es ihm noch möglich war, stellte er sich mit seinem Lakota-Namen vor. «Weißt du, was das heißt?» Ich wußte es nicht, es war mir egal. Nun wollte er meinen Namen, ich warf ihn hin, er schnappte ihn auf, wiederholte ihn lallend, sagte, das sei ein guter, im Grunde ein Indianername und schlug vor, mich zu ihm und seinen biertrinkenden Kumpanen zu gesellen. Nein, er schlug es nicht vor, er forderte es. Wie es weitergehen würde, war klar. Als nächstes würde er verlangen, daß dieser zugelaufene Weiße einen ausgab und dann noch einen und noch einen und so fort. Siehst du, sprach die Frau Vernunft und wollte ihre kühle weiße Hand auf mich legen. Ich schob sie weg, schob den betrunkenen Sioux weg und ging hinaus ins grelle Märzlicht.

Ich fuhr und fuhr und trank die Farben der Prärie. Meist war sie gelb und braun und grau wie der Pelz des trickreichen alten Gauners, des Kojoten, dann wieder schneegefleckt wie das Kleid einer Eule. Manchmal weich wie Antilopenfell, dann wieder struppig wie ein nasser Wolf, und wenn es Abend wurde und die Spätwintersonne tief stand, war sie tabakbraun.

Bei einer Rast in Timberlake saßen sie in ihrer engen Dinerbucht, vier verwitterte Farmer vor ihren unförmigen Kaffeetassen, mit ihren unförmigen Brillen unter den Schildkappen. Vier alte Rothäute, das waren sie nicht, aber so saßen sie da und murmelten, über die Zeiten, die alten, die neuen, rollten ihre Zeitmurmeln über den abgewetzten Tisch. Die weißen Siedler, so war es gewöhnlich zu hören, hatten die Welt, die sie vorfanden, unter ihren Pflug und unter ihr Gesetz genommen und sie ganz und gar verwandelt und unkenntlich gemacht.

Schon wahr, aber nur halb. Die ältere Welt, die sie vorfanden, war kein schwächliches Etwas gewesen. Sie hatte ihrerseits die Siedler unter ihr Gesetz genommen, sie sich anverwandelt und ihr Herkommen in kurzer Zeit unkenntlich gemacht. Die Siedler hatten nicht nur das Land — das Land hatte auch sie erobert. Güterzüge zogen durch die Prärie, erinnerten sie nicht an die Jagdzüge der Stämme in der Bisonsaison? Schwer beladen mit Beute zogen sie am Horizont hin in langer, langsamer Reihe. Und die notdürftige Hütte, die so ein armer Schlucker, den die Versprechungen der Einwandererwerbung von Land und Glück aus seinem Dorf irgendwo in Europa hierher ins Grasland gelockt hatten, errichten mußte, um seinen Anspruch auf die geschenkte Erde nicht wieder zu verlieren — all diese ersten Hütten, waren sie nicht so leicht, so zugig in den Präriewind gebaut wie die Tipis der indianischen Sommerlager, die noch kurz zuvor hier gestanden hatten? Bis heute sind die Häuser der Weißen so.

Mit dem Wirt von Timberlake kam ich ins Gespräch, und schon bald nach dem ersten Wohin und Woher servierte er mir seine Siedlergeschichte. Er stamme aus der Gegend von Bismarck, beide Eltern seien Deutsche. «Beide wurden weggegeben.» Das heißt: Sie wurden als Kinder weggegeben, weit weg von daheim im eben arbeitsfähigen Alter. Außerstande, sie alle zu füttern, gingen die ärmsten der Siedler dazu über, ihre hungrigen Mäuler auszusiedeln, dorthin, wo man ein paar kindliche Knechte ernähren konnte. «Meine Mutter», fuhr der Wirt fort, «hat neulich ihre Schwester wiedergefunden. Sie ist jetzt fünfundachtzig, und sie hat siebzig Jahre lang vierzig Meilen entfernt von ihr gelebt, ohne es zu wissen.» Ich dachte, wer über die Härte des amerikanischen Fegefeuers nicht reden will, sollte von den bunten Freuden des *melting pot* schweigen.

Als in der Ferne der Berg Eagle Butte auftauchte, wußte ich, daß das Siouxland hinter mir lag und ich mich schon tief im Reservat der Cheyenne befand. Die Kadaver am Straßenrand wechselten, statt Fasanen lagen jetzt totgefahrene Weißschwänze und Maultierhirsche da, die einen erkennbar eben an ihren weißen Schwänzen, die ihnen nachwippten, wenn sie davonstoben, die anderen an ihren großen pelzigen Eselsohren. Ich überquerte den Bad River und sah die ersten wilden Kakteen. Dort lag Midland. Sein Hotel pries heilsame Bäder an, und am Abend wurde ein Comedian erwartet, aber ich hatte kein Verlangen nach einem Komiker in einem Kleinstadtsaal am Bad River. So kam es, daß ich keine lebende Seele traf, bis ich den Cheyennefluß erreichte. An seinem Ufer endete das Reservat, das Tal war überschwemmt, der schüttere Auwald stand im Wasser. Am anderen Ufer lag eine Ranch.

Als ich in deren Richtung fuhr, kam mir der Rancher entgegen. Wir grüßten uns, hielten unsere Pickups an und wechselten ein paar Worte, ohne auszusteigen. Der Stil der Ranch deutete darauf hin, daß sie aus der Vorkriegszeit stammte, das Tonnendach der Scheune, das rotgestrichene Haupthaus samt Vorbau. Er war ein kräftiger Mann von vielleicht fünfzig Jahren, seine Rede wie seine Gesten flossen langsam dahin. Früher, sagte er, sei er oft in die großen Städte gefahren, nun habe er genug davon. Ich fragte ihn nach seinem Leben als Rancher. «Rancher.» Er grinste. «Sie wissen ja, was man sagt: viel Land, kein Geld.»

Sein Blick fiel auf das Bündel auf dem Sitz neben mir, das Tuch war halb herabgerutscht, der Lauf schaute hervor. Er sagte nichts. Ich sagte: «Es ist wegen der großen Katzen, die Sie hier haben. Ich gehe viel zu Fuß.» Auch dazu sagte er nichts, aber ich sah ihm an, daß er es merkwürdig fand. «Was die Katzen angeht» — er wies zum Cheyennefluß —, «die kommen bis hierher aus den Bergen von Montana, sie folgen dem Fluß. Sie mögen Maultierhirsche, Pferde, auch kleine Kinder, wenn sie eins kriegen.»

«Auch Männer?»

«Ja. Keine gute Idee, sie da draußen zu treffen ohne eine Waffe. Passen Sie auf sich auf.» Nun nickte er doch noch zu meinem Bündel hin. «Das Ding ist ganz schön alt, was? Und jetzt entschuldigen Sie mich, ich muß los.» Er tippte an seinen weißen Hut und fuhr los.

Das tat ich auch und beschloß, das Ding bald auszuprobieren und meine Schießübungen, die ich vernachlässigt hatte, wiederaufzunehmen.

Ein paar Bier mit dem Geist von Crazy Horse

Mitch saß am Tresen der «Wagon Wheel Bar», als ich eintrat, um die Wirtin nach einem Bett für die Nacht zu fragen. Sie hatte keines. Auch sonst gab es keine Herberge in dem winzigen Ort. Ich hätte weiterfahren können, noch war die Sonne nicht untergegangen, aber der nächste erreichbare Ort war eine Siedlung im Reservat der Oglala-Sioux und die Chance, dort ein Bett zu finden, noch geringer.

Außerdem gefiel es mir hier. Das spanische Licht dieses Abends gefiel mir, die schummrige Bar und ihre gutherzige Wirtin – und der Name des Ortes: Interior in den Badlands. Am meisten aber gefiel mir, daß Interior mit seinen fünfzig Einwohnern und seiner «Wagon Wheel Bar» mit den wenigen schweigsamen Gästen auf dem Grund eines präkolumbianischen Meeres lag. Nach tagelanger Fahrt durch Prärie und nichts als Prärie war ich heute an deren jähes Ende gelangt. Die Erde riß auf, das ebene Grasland brach ab, schroff, unerwartet. Ich hielt an der Bruchkante, und was sich dort unten erstreckte, waren die Badlands. Felsufer, Klippen, scharf aufragende Riffe umrahmten ein weißes, sandiges Tiefland – einen Meeresgrund, nur das Meer war verschwunden. Da hinunterzufahren, war eine Tauchfahrt. Ich war auf dem Grunde Amerikas angekommen und hatte sein Innerstes gefunden, sein Interior.

Ein junger, schlaksiger Mann betrat die «Wagon Wheel Bar». In seinen Cowboystiefeln, mit seinem weißen Cowboyhut stand er unschlüssig da, und ich fragte mich, von welcher Plattenhülle ich diese leicht gebogene Silhouette kannte. Er bat die Wirtin, den Ton des Fernsehers abzustellen. «Ich will Musik, kein Baseball. Cowboymusik.» Sie reichte ihm die Fernbedienung über den Tresen. Er kam damit nicht zurecht. Sie half ihm. Dann stand der Cowboy vor der Musikbox, eine ganze Weile, ohne eine Taste zu drücken, und wandte sich schließlich an Mitch: «Hilf mir, mach schon. Ich will diese verdammte Musik hören, aber ich weiß einfach nicht, in welcher Stimmung ich bin.»

Mitch sagte «Oh boy» und nahm einen Schluck aus seinem Glas. Er trank immer das gleiche, die Wirtin rührte es extra für ihn an, dazu stellte sie ihm ein neues kleines Wasserglas hin, sobald das vorige leer war. Mitchs Getränk hatte die Farbe der Badlands, ein sandiges Blaßgelb. Auch er war wie ein Cowboy gekleidet, aber ganz in Schwarz. Stiefel, Hose, Jacke, alles war schwarz, auch der Cowboyhut mit der Adlerfeder im Band. Mitch war nicht weiß. Seine Augen und seine Haut waren dunkel und seine Schultern doppelt so breit wie die des weißen Jungen an der Musikbox, der sich immer noch nicht entschließen konnte, in welcher Stimmung er war und welches Lied dazu paßte.

Mich ignorierte Mitch, obwohl ich die ganze Zeit neben ihm an der Bar stand. Gäste kamen und gingen, mit dem einen oder anderen trank er etwas und riß derbe Witze. So schaukelte der Abend dahin, langsam wie eine

74

Ballade. Ein neuer Gast kam herein, ein hagerer Mann, der von der Wirtin als Pat begrüßt wurde und in seiner ölverschmierten Latzhose als Mechaniker zu erkennen war. Er schien ein Freund von Mitch zu sein, denn der erzählte ihm gleich zur Begrüßung einen dreckigen Witz. «Hör auf», schrie Pat, «ich bin gerade Junggeselle.»

Kurz darauf sah ich, daß Mitch einfach nur höflich gewesen war und mich, den Fremden, nicht hatte stören wollen. Er hatte gewartet, bis mir die Wirtin mein Essen gebracht und ich mein Steak aufgegessen und meinen Kaffee getrunken hatte. Als ich den Teller zurückschob, fragte er: «Wo willst du hin?»

Ich sagte ihm, ich sei unterwegs nach Süden.

Er nickte, es interessierte ihn anscheinend nicht. «Fährst du nach Wounded Knee?»

«Kann sein, ich weiß noch nicht.»

«Hast du nun was für die Nacht?»

«Noch nicht.»

«Kannst bei mir schlafen, ich hab da draußen ein Haus.»

Wounded Knee. Der Ort des bekanntesten Kavalleriemassakers an den Sioux lag südlich von hier, am anderen Ende der Badlands. Ob ich dort hinfuhr, war alles, was er von mir wissen wollte. Ich war nicht sicher gewesen, nun stand es fest, der schwarze Cowboy neben mir an der Bar war Indianer. Von Indianern, die Cowboys geworden waren, hatte ich gehört. Auf diese Weise hatten sie versucht, ihr altes freies Leben fortzuführen und dem Zwang eines weißen Arbeitslebens zu entrinnen, in geschlossenen Räumen, ohne Himmel über dem Kopf, ohne Pferd, ohne Waffen. So einer war Mitch, ein indianischer Cowboy.

Pat hatte unser kurzes Gespräch verfolgt und mein Zögern bemerkt, auf Mitchs Angebot einzugehen. Ich hatte keine Ahnung, wo ich die Nacht verbringen würde, draußen nicht, draußen lag immer noch Schnee. Ich blieb einfach im «Wagon Wheel» und hoffte, die Wirtin werde sich auf eine freie Couch besinnen, auf der ein Fremder nächtigen konnte. Als Mitch gerade abgelenkt war, flüsterte Pat mir zu: «Der tut keiner Fliege was zuleide. Wirklich, ich hab's selbst gesehen, wenn eine Fliege auf seinem Arm sitzt, dann wischt er sie weg. Er schlägt sie nicht tot! Ich kenn ihn schon lange, ein feiner Kerl ist das, glaub mir, mit dem kannst du ruhig mitgehen, sein Trailer steht gleich neben meinem.»

Das mit der Fliege überzeugte mich. Ich sagte Mitch, ich nähme sein Angebot gern an. «Wie sieht's mit einem Bier aus?» fragte er. Pat zwinkerte mir zu. «Früher hat er Pferde geritten, Rodeos, sage ich dir.» Er sagte es laut genug, damit sein Freund Mitch es hören konnte. «Jetzt reitet er Girls.» Es schien etwas dran zu sein, denn alle an der Bar grinsten, und die Wirtin schüttelte den Kopf wie eine Mutter über die Streiche ihrer sieben Söhne und stellte mir eine Flasche Bier hin und Mitch einen neuen Badland-Drink.

Nun wußte ich noch etwas über ihn. Sein Haus, in das er mich eingeladen hatte, war ein Trailer.

Trailer homes kannte ich, ich hatte oft genug gesehen, wie sie an den Ausfallstraßen der Städte zum Kauf angeboten wurden — transportable Wohncontainer mit Strom- und Wasseranschlüssen, Küche und Bad. Man besorgte sich ein Stückchen Land, dann kam ein Tieflader und lud den bestellten Trailertyp darauf ab, fertig war das Heim. Meist stand es nach Jahren noch so da, wie es geliefert worden war: abgeladen im Nirgendwo. Kein Garten, kein Rasen, kein Busch, nur Schrott und Gerümpel ringsum, und unten hingen Schläuche und Rohre heraus, denn ein Trailer stand nicht auf der Erde, sondern auf einem flachen Gerüst aus Holz oder Beton. *Trailer home trash* nannten gutsituierte Amerikaner diejenigen, die in solchen Containern lebten, am Rande so gut wie jeder Siedlung.

Mitch stand jetzt auf. «Komm mit», sagte er zu mir, «die Kuh soll heute nacht kalben, ich muß jede Stunde nach ihr sehen.» Es war längst Nacht. Wir gingen zu seinem Pickup, er kam mir doppelt so breit und lang vor wie meiner und war voller Kram und Waffen. Ich klemmte mich hinein. Mitch fuhr aus Interior hinaus, bog dann in eine holprige Ranchzufahrt ein, seine Jagdgewehre scheuerten an mir. Bald erreichten wir einen Stall, davor stand in einem engen Korral die trächtige Kuh. Mitch blendete die Scheinwerfer auf, die Kuh erschrak und tat einen Satz.

«Deine Kuh?»

«Nein, ich arbeite für einen Millionär.»

«Woher hat er sein Geld?»

«Viehzucht. Ich erledige die Drecksarbeit für ihn. Macht nichts, der Job ist in Ordnung.»

«Von welchem Stamm bist du?»

«Oglala-Sioux.»

«Du sprachst von Wounded Knee. Denkst du noch daran, oder sind das tote alte Geschichten?»

«O nein, das sind keine toten Geschichten. Meine Familie ist verwandt mit Crazy Horse, wir waren dabei am Little Bighorn, wir waren dabei in Wounded Knee. Dreh dich, verfluchtes Biest!»

Mitch stieg nicht aus. Er blieb der Cowboy auf seinem Pferd, und das da war nur eine Kuh. Er würde sie schon dazu bringen, sich so zu drehen, daß er sie von hinten sehen und erkennen konnte, ob sie diese Nacht gebären würde oder noch nicht — auch ohne Lasso. Die vom grellen Licht geblendete, vom Aufheulen des Motors verängstigte Kuh drehte sich aber nicht herum, sie drängte sich an den Zaun. Mitch drosch auf die Hupe, einmal, mehrmals, er blendete auf, ließ den Motor noch wüster aufheulen, fuhr scharf an, als ob er die Kuh umfahren wollte, und brüllte sie durchs offene Seitenfenster an: «Dreh dich! Dreh dich, verflucht noch mal!» Und endlich drehte sie sich. Mitch beugte sich vor. «Nichts zu sehen, es hängt noch nichts raus.»

Auf einmal, von einem Moment zum andern, sprach er ruhig zu der Kuh, ganz sanft. «Gut siehst du aus, gut. Legst dich noch nicht hin, wie. Hast dich aber schon mal hingelegt, kurz, ich hab die Matschkruste an deiner Flanke gesehen. Du willst noch nicht gebären. Denkst drüber nach, ein Baby zu gebären, hm?» Dann, nüchtern, zu sich selbst: «Könnte sein, daß wir die Hand in sie stecken müssen heut nacht.»

Wir fuhren zurück. Der Weg rüttelte den Wagen durch, und Mitchs Waffen scheuerten wieder an mir. Ich hörte ihn murmeln am Steuer, es klang wie ein Singsang. «Wounded Knee. Wounded Knee.»

Später kamen ein paar Sioux ins «Wagon Wheel». Alle anderen waren gegangen, auch Pat. Außer der Wirtin und mir waren jetzt nur Indianer in der Bar. Ich verstand Mitchs Witze nicht mehr, er riß sie in der Siouxsprache, Worte flogen hin und her, und alle lachten, nur die Wirtin und ich nicht. Dann sagte Mitch, es sei nun Zeit zu gehen.

Ich fuhr ihm nach und fragte mich, ob es in seinem Leben eine Frau gab. Sein Trailer gab die Antwort, er war das Nachtasyl eines alleinstehenden Mannes. Der Trailer verriet mir auch, daß das nicht immer so gewesen war. Irgendwann einmal war er von einer liebenden Hand eingerichtet worden, mit Teppichen, mit Vorhängen, von Schlaufen gehalten, mit Möbeln und Bildern. Das war lange her. Die Teppiche waren verfilzt, die Vorhänge offenbar dauerhaft zugezogen, ihre Schlaufen hingen welk herab, die Bilder standen abgehängt in einer Ecke. Mitch bewohnte nur noch den vorderen Raum. Dort lief der Fernseher Tag und Nacht, egal, ob Mitch kurz hier war oder lange fort. Auf der zerwühlten Couch gegenüber dem Gerät schlief er oder lag wach.

Nur ein paar Cowboyszenen hingen noch an der Wand und das Foto eines Marine. Unter der Uniformmütze schaute ein glattes Jungengesicht hervor, der junge Rekrut war Mitch — der jetzt hier in seiner Trailerhöhle hauste. Er rief mich, um mir meinen Schlafplatz zu zeigen, ein bis auf die nackte Matratze abgezogenes Kingsize-Bett in einem Schlafraum in der Tiefe des Trailers.

Ich schlief unruhig, die Nacht war kalt. Mir fiel die

Rettungshaut ein, in die ich zuletzt in Hartland ge-
krochen war. Ich ertastete das brieftaschengroße Päck-
chen, zog es auseinander und schob mich in den Sack.
Nun fror ich nicht mehr, ich schwitzte. Ich kroch wieder heraus, stülpte die silbrige, nasse Innenseite nach
außen und die signalrote, noch trockene Außenseite
nach innen. Bald war auch sie so feucht, daß die obere
und die untere Haut aneinanderklebten und ich dazwischen. Immer wieder wachte ich auf, fiel zurück in meinen dünnen Schlaf, wachte wieder auf, sah auf die Uhr,
sah mich um. Das große, selten benutzte Bett, auf dem
ich lag. Das Schränkchen, darauf allerlei Arznei, Kräu-
tertropfen, Deos, Kondome. Etwas kratzte am Trailer,
ein Tier da draußen, ein Stinktier vielleicht oder ein
Gürteltier.

Ich streifte die klatschnasse, stinkende Rettungshaut
ab, es war jetzt stickig im Trailer und an Schlaf nicht zu
denken, wühlte im Rucksack, suchte das Buch und fand
es nicht, suchte mich zu besinnen, wo ich es verloren
haben könnte, suchte vergebens, nur die ersten Sätze
fielen mir ein, ich wußte sie auswendig: « The evening
before it happened, I went to Pine Ridge and heard
these things.» — «Am Abend, bevor es geschah, ging
ich nach Pine Ridge und hörte von alldem.»

Pine Ridge — das war nicht weit von hier, ein Ort im
Reservat der Oglala-Sioux. Mitchs Trailer, in dem ich
schlaflos lag und versuchte, mich an die Erinnerung eines anderen zu erinnern, stand am Rande des Reser-
vats. «Before it happened» — das war das Massaker vom
Wounded Knee Creek, Hunderte Sioux, zusammengeschossen vom 7. Kavallerieregiment am 29. Dezember

1890. Und der, der dabei gewesen war und sich erinnerte, war der Sioux-Schamane Black Elk.

1930, mitten in der Großen Depression, erzählte er einem Weißen sein Leben, einem Dichter aus Bancroft, Nebraska, und der hatte es aufgeschrieben. In seinem Volk war Black Elk ein bekannter heiliger Mann. Auch mit ihm war Mitch wohl verwandt, denn sie beide waren blutsverwandt mit Crazy Horse. Black Elk war ein Cousin des Häuptlings gewesen. Und noch etwas hatten sie gemein, die Wunde: Wounded Knee. Massaker an Männern, Frauen und Kindern hatte es immer wieder gegeben, begangen von beiden Seiten. Wounded Knee war mehr als das – der letzte Aufruhr, die letzte, die tödliche Wunde. Die Tragödie, die das Jahrhundert der Indianerkriege beendete. Nach Wounded Knee war der Widerstand gebrochen, ließ auch der letzte Krieger die Waffe sinken; die Hoffnung, den Lauf der Dinge doch noch wenden, den Untergang der indianischen Welt abwenden zu können, war endgültig verloren.

Mitch hütete die Herden seines Bosses, saß im «Wagon Wheel», lag wach und sah fern, und ganz selten zuckte die verlorene alte Sache in ihm auf wie Wetterleuchten in der Nacht. Als Black Elk 1950 starb, mußte er immer noch erfüllt gewesen sein von alldem. Sein langes Leben umspannte nahezu ein Jahrhundert. Als junger Mann hatte er noch die Büffel ziehen sehen und die harte, freie Lebensweise der Plainsstämme geteilt, die ihnen nachzogen – in seinen letzten Jahren fuhren die ersten Beatniks kreuz und quer durch Amerika, Jack Kerouac auf dem Beifahrersitz, der Herumtreiber Neal

Cassady am Steuer, möglich, daß sie auch durch die Badlands kamen.

Black Elk hatte alles gesehen und alle gekannt, alles zwischen dem großen Sieg der Sioux über General Custer am Little Bighorn und dem blutigen Wintertag von Wounded Knee. «Am Abend, bevor es geschah, ging ich nach Pine Ridge und hörte von alldem. Als ich dort war, rückten Soldaten aus. Ich sah sie aufbrechen und fühlte, etwas Schreckliches würde geschehen. In dieser Nacht schlief ich kaum. Ich lief umher, fast die ganze Nacht. Am Morgen ging ich hinaus, meine Pferde zu versorgen, da hörte ich Schüsse von Osten her, und so, wie es klang, wußte ich, es war Kanonenfeuer. Es ging mir durch Mark und Bein, und ich fühlte, etwas Schreckliches geschah.» So begann Black Elks Erzählung davon.

Es herrschte tiefer Winter, die Not war groß, die Sioux hungerten, Kinder starben, die Great Sioux Reservation war zerschlagen, aufgelöst in lauter kleine Reservate um die Indianeragenturen herum. Die Landnahme schritt unerbittlich voran. Alle Aufstände der letzten Jahre, alle Versuche, dem unbegreiflich übermächtigen Rad in die Speichen zu fallen, waren gescheitert – dem Rad des weißen Mannes, das sie nun schon ein ganzes Jahrhundert lang vor sich hertrieb, von Vertrag zu Vertrag, Vertragsbruch zu Vertragsbruch, Reservat zu Reservat, und die Welt, die sie kannten, zermalmte.

Crazy Horse war vor dreizehn Jahren in Fort Robinson von einem Soldaten mit dem Bajonett erstochen worden. Jetzt kam die Nachricht: Sitting Bull tot, der andere Große, in Gefangenschaft erschossen, drüben im Standing-Rock-Reservat, am Ufer des Missouri, wo heute seine klobige Büste steht und die Casinos blühen. Alles schien verloren, der Untergang unaufhaltsam.

Da breitete sich von Südwesten her der «Ghost Dance» unter den Stämmen aus wie ein Präriefeuer. Tausende tanzten den Geistertanz schon, tanzten den Messias herbei, er würde wiederkommen als roter Mann, die lebenden mit den toten Indianern vereinen und sie alle auf einer weißen Wolke hinwegführen in ein neues Land, in ihr altes herrliches Leben, der Bison würde wieder durchs hohe Gras ziehen, erzittern würde die freie Prärie unter Zehntausenden Hufen, nie mehr würden sie darben und Hunger leiden. Die Weißen aber würden auf der alten Erde zurückbleiben, diese weißlichen Wesen, welche die ersten Sioux, die ihrer ansichtig wurden, *wasichu* genannt hatten – Geister.

Black Elk war skeptisch gegen die neue Lehre. Als Junge von neun Jahren war ihm etwas zuteil geworden, das er Große Vision nannte, eine Geistreise durch den indianischen Kosmos. Von ihr hatte er heilerische, aber auch kriegerische Gaben mitgebracht, Fähigkeiten, die ihn belasteten und niederdrückten, bis er sie offenbarte. Von da an war er ein gesuchter heiliger Mann und Heiler bei den Oglala-Sioux. Männern wie ihm traute man eine besondere Verbindung zum Göttlichen zu, die es ihnen ermöglichten, vorauszusagen, ob eine Jagd gelänge oder ein Kriegszug. Hatte nicht Sitting Bull vor seinem großen Sieg am Little Bighorn eine solche Vision gehabt, hatte er nicht viele weiße Soldaten vom Himmel stürzen sehen? So war es gekommen.

Black Elk war hin- und hergerissen. In manchen endzeitlichen Bildern der Geistertanz-Propheten erkannte er seine eigene Vision wieder. Schließlich gab er sein Zögern auf, nun tanzte er mit, freudig begrüßt — ein großer heiliger Mann schließt sich an, die Bewegung wuchs. Der Regierung bereitete das Sorge, sie fürchtete einen neuen Indianeraufstand; sie ging daran, den Geistertanz zu verbieten und eine Gruppe von Sioux, die ins Reservat kam, zu entwaffnen. Black Elk verfolgte es voll innerer Unruhe. Jetzt rückte die Kavallerie an. Soldaten waren in Pine Ridge. Jetzt fielen die ersten Schüsse.

Black Elk handelte. Er zog sein Geistertanz-Hemd an, etliche hatte er gemacht, mit heiligen Zeichen bemalt und verschenkt. Dieses eine Hemd behielt er sich selbst vor. «Auf dem Rücken hatte es einen Adler mit ausgestreckten Flügeln und auf der rechten Schulter den Morgenstern. Über der Brust den flammenden Regenbogen, von der linken Schulter zur rechten Hüfte, und noch einen Regenbogen um den Hals, wie ein Halsband, mit einem Stern darunter. An jeder Schulter, jedem Ellbogen und jedem Handgelenk steckte eine Adlerfeder, und über das ganze Hemd liefen rote Blitze. Ich malte mein Gesicht rot, und in mein Haar steckte ich eine Adlerfeder für Ihn dort oben. Ich brauchte nicht lange dafür, denn immer noch hörte ich das Schießen dort drüben.»

Er sei losgeritten, fuhr Black Elk fort, allein und unbewaffnet, nur den heiligen Bogen seiner Großen Vision in der Hand. Bald habe er einen Hügelkamm erreicht, vor ihm spielten sich furchtbare Szenen ab. Vom Hügel gegenüber feuerten vier Kavalleriekanonen auf seine Leute, meist Frauen und Kinder. Sie flohen in eine Schlucht und versuchten, ihr nacktes Leben zu retten, Schreie erfüllten die Luft. Kavallerie ritt an der Schlucht entlang und schoß hinein, auf die Frauen und Kinder, die dort hinter verkrüppelten Kiefern Schutz suchten. Einige hatten sich unter eine Lehmbank gekauert. Soldaten zielten auf sie. Inzwischen war eine Gruppe junger Sioux zu Black Elk gestoßen. «Ich sagte zu den anderen: ‹Faßt Mut! Das sind unsere Verwandten. Wir wollen versuchen, sie herauszuholen.› Dann sangen wir alle ein Lied, es ging so:

Ein Volk des Donners bin ich, sage ich.
Ein Volk des Donners bin ich, sage ich.
Wir werden leben.
Wir werden leben.
Wir werden leben.
Wir werden leben.»

Nun, berichtete Black Elk, hätten sie angegriffen. Die Soldaten hätten auf die heranstürmenden Sioux gefeuert, sich aber zurückgezogen — die Angehörigen seien gerettet worden. «Ich hatte keine Waffe, und als wir angriffen, hielt ich nur den heiligen Bogen in der ausgestreckten Rechten vor mich. Die Kugeln trafen keinen von uns.» Die Soldaten seien zu ihrer Truppe gerannt, die Kavalleristen von ihren Pferden gesprungen, um sich Positionen am Boden zu suchen. «Ich befahl meinen Leuten zurückzubleiben und griff sie an, den heiligen Bogen in der Rechten, ritt ich auf sie los. Alle feuerten auf mich, ich hörte die Kugeln um mich her, aber ich trieb mein Pferd nahe an sie heran. Dann machte ich kehrt. Auch von der Schlucht her feuerten Soldaten auf mich, aber ich kehrte zu meinen Leuten zurück, völlig unverletzt.»

Die wilde Schießerei war weithin zu hören. Reiter erreichten das Lager der Sioux und berichteten, was drüben in Wounded Knee geschah. Nun sammelten sich viele Krieger und griffen die Soldaten an. Als Black Elk und seine Leute in die Schlucht hinabritten, sahen sie das Entsetzliche von nahem. «Tote und verwundete Frauen, Kinder und Kleinkinder, überall verstreut, wo sie versucht hatten zu entkommen. Die Soldaten hatten sie in die Schlucht verfolgt, als sie fortrannten, und sie dort umgebracht. Manchmal lagen sie in Haufen, wenn sich mehrere zusammengekauert hatten, andere lagen einzeln, von den Kanonen getroffen und in Stücke gerissen.» Und da waren zwei Jungen, sie hatten Gewehre und hatten Soldaten getötet. «Wir sahen die Soldaten, die sie getötet hatten. Die Jungen waren ganz allein und unverletzt. Es waren sehr tapfere Jungen.»

Später wurden die Ereignisse von Wounded Knee untersucht, Zeugen wurden gehört, Berichte verfaßt. Ein Mißverständnis soll es gewesen sein — die Soldaten seien darangegangen, die Sioux zu entwaffnen, ein alter Mann habe sein Gewehr nicht hergeben wollen, Indianer hätten den Soldaten zugerufen, der Mann verstehe nicht, was sie von ihm wollten, er sei taub, daraus habe sich eine Schießerei entwickelt und aus ihr das große, chaotische Gemetzel mit vielen Toten. So war es gewesen oder so ähnlich oder ganz anders, was änderte das schon — es war das Ende.

Das unbegreiflich mächtige Rad war westwärts gerollt,

lange bereits und unaufhaltsam, es hatte die Stämme vor sich hergetrieben und sie aufgerieben durch Umsiedlungen, Hungerwinter, Krankheiten, Kämpfe. Selten einmal waren die Scharmützel und Schlachten, die einige Häuptlinge gewagt hatten, siegreich gewesen. Der Geistertanz war ein letztes Aufbäumen. Das alles war nun zusammengeschossen, die letzte große Vision enthauptet. Es war Zeit, im Schnee ein Massengrab auszuheben.

Ich nahm meine Sachen und arbeitete mich durch Mitchs Höhle zum Ausgang. Der Fernseher lief, die Couch war zerwühlt. Mitch war nicht da. Ich trat hinaus in den frühen Morgen, ging ein paar Schritte um seinen Trailer herum und sah nun, wo er lebte. Die Nacht war zu finster gewesen, um zu erkennen, wie verloren Mitchs Heim und die paar anderen Trailer dastanden, ein Haufen Lebenskisten, hingewürfelt in den Staub, ohne irgendein Zeichen, das auf Bewohner oder gar auf deren Gewohnheiten oder Eigenarten gedeutet hätte.

Erst als ich um die Ecke von Mitchs Trailer bog, entdeckte ich einen bleichen Büffelschädel mit mächtigen Hörnern. Er mochte seit Urzeiten hier verwittern, die frühen Reisenden in die Great Plains hatten diese als übersät von Skeletten und Schädeln teils längst ausgestorbener Tiere geschildert. Nur daß der Büffelschädel so akkurat vor die Mitte der Ostwand gelegt worden war, ließ vermuten, daß hier einer lebte, in dem sich mitunter noch der Wille regte, seine Behausung zu schmükken. Das erste Sonnenlicht traf jetzt die Trailer. Es vergoldete und heilte alles, das Vergangene und das Gegenwärtige, einen Augenblick lang.

Als ich losfahren wollte, kam Mitch mit seinem Pickup zurück. Wir stiegen beide aus.

«Morgen, Mitch. Hat die Kuh gekalbt?»

«Ja, sie hat ihr Baby.» Eine Zeitung klemmte unter seinem Arm, in der Hand hielt er einen Pappbecher. «Erst war ich bei der Kuh, dann bei einem Freund. Ich schlafe schlecht.»

Er bot mir an, zum Frühstück zu bleiben. Ich konnte das nicht annehmen, ich war schon nicht mehr hier. Er nickte. Ein mattes Lächeln huschte über sein Gesicht, kein Tresengrinsen wie letzte Nacht, als er seine Zoten gerissen hatte. Es gab nicht mehr viel zu sagen.

«Weiter, wie?»

«Ja, muß nach Rapid City, das Auto abliefern. Mach's gut, Mitch, und danke für die Nacht.»

So nahmen wir Abschied. Er ging die kleine Rampe hinauf in seinen Trailer, und ich gab Gas. Als ich aus Interior hinausfuhr, war es sechs Uhr früh, und die Sonne stand über den Badlands. Sie entzündete die Klippen und Tafelberge des Tieflandes, sie brachte sogar die schmale schwarze Straße zum Leuchten, auf der ich nach Westen fuhr. Auf den Weiden standen die Herden. Dort hatten sie gestern abend auch gestanden, aber jetzt sah ich, daß sie Kälber hatten, viele Kälber, als seien sie alle zur Welt gekommen in dieser Nacht. Ich bereute den abrupten Abschied. Einen Moment lang dachte ich daran, auf meine Verabredung in Rapid City zu pfeifen, umzukehren und ein paar Tage mit Mitch zu verbringen, vielleicht würden wir auf die Jagd gehen oder in der Wüste auf leere Flaschen schießen.

Ich ließ es bleiben. Ich war schon zu weit fort, und

Mitch war schon wieder ganz dort — bei seinen Dingen, den Kühen, den Freunden und, wer weiß, bei den Girls. Ich war nur ein ortsfremdes Gespenst gewesen, das eines Abends in der «Wagon Wheel Bar» aufgetaucht war. Ein paar Scherze darüber an ein paar Abenden noch, dann würde sich die Erinnerung verlieren. Es war gut, wozu daran rühren?

Teil 2 **Vom Gehen im Wind**

Das Unleid

Ich zog ein frisches Hemd an für Rapid City und ging hinunter in die Halle. Unter der wuchtigen Holzdecke des Jagdhotels aus den zwanziger Jahren warteten Männer mit geschulterten Gewehren in waidgrünen Futteralen auf ihre Frauen, die etwas länger brauchten, um sich abreisefein zu machen. Ich suchte mir einen der schweren Sessel aus und tat so, als hätte ich nur Augen für die indianischen Zeichen im Ziegelboden der Halle und den Kronleuchter aus indianischen Speeren hoch über mir. Als der kleine Abreisetumult verklungen und die Jäger und ihre Frauen fort waren, trat ich hinaus in den schläfrigen Sonntag.

In der St. Joseph Street döste ein roter Löschwasserhydrant in der Sonne, die Läden für Sioux-Kunst an der Sixth Street hielten ihre Lider geschlossen, die Jalousien. Aus «Billy's Café» rieselten Klaviertöne auf den leeren Bürgersteig. Selten glitt ein Auto vorbei. Im Kino lief den ganzen Tag über der neue Film mit Sandra Bullock. «Thanks to our veterans!» hatte die Tankstelle an der Omaha Street, «Billy's Blend. Carl's Car Care Centre», in holprig gereihten Buchstaben auf ihre Werbetafel geschrieben. Ich dachte über den amerikanischen Hang zum Stabreim nach. Still, so still war dieser cheesecakesüße Sonntag in der kleinen Stadt am Fuße der Black Hills.

Am nächsten Morgen lief ich hinaus zur Interstate

nach Sioux Falls. Ein Mann hielt, und ich hätte nicht das Autokennzeichen lesen müssen, um zu wissen, daß er aus dem tiefen Süden war. Seine Rede kreiste um einen einzigen Laut, und er redete viel; nicht mit mir zu meinem Glück, die Freude, ihm zuzuhören, wurde nicht durch allzuviel Konversation getrübt. Er telefonierte. Das tat er in immer kürzeren Abständen, je näher er seinem geliebten Louisiana kam, was erst einmal eine Illusion war — wir würden den ganzen Tag durch Süddakota fahren, auf der Interstate ostwärts fürs erste, nach Louisiana war es noch weit.

Der Laut, der meinen neuen Bekannten als Prachtexemplar eines Südstaatlers verriet, war das unablässig gejaulte, gejauchzte, gejodelte «au». Anlaß, in diesen Laut auszubrechen, bot ihm die amerikanische Sprache in Fülle, enthält sie doch zahllose Wörter mit einem «ow» wie in *howl* oder einem «ou» wie in *sound*. Aber auch jedes schlichte «o», egal ob offen oder geschlossen, kaute und dehnte der Mann aus Louisiana so lange weich, bis daraus ein louisianisches «au» wurde. *Morning* klang bei ihm wie *mourning*, *home* wie *howm*.

Die Interstate nach Sioux Falls und weiter nach Sioux City ist die Lebensader Süddakotas. Das Land blieb zwar so leer, wie ich es kennengelernt hatte, aber jede Ausfahrt bot feil, was für Geld zu haben ist. Essen und Trinken, Rührung und Seelenheil. Ausfahrt 101 pries den Besuch eines Museums an: «Die Geschichte von Wounded Knee wird dein Herz anrühren.» Ich aber hatte Musik aus dem Süden in der Limousine, ich hörte zu, wie der Mann aus Louisiana seine Sehnsucht ins Telefon sang:

I've been ridin' about sixteen hours,
Ridin' through wide open country.
How about workin' a lil'?
Gotta get some dollars in my wallet.
Got a lot o'work to be done down in Louisiana.
Try to get me a fourty-five, boy.
Ya know that girl next door?
You're damn lucky.
You're damn wrong, man, damn wrong.
I'll come 'round in thirteen hours.

Er schnaufte. Seinen dicken Bauch trug er, wenn er ging, wie eine Pauke vor sich her. Lachte er, hüpfte die Pauke, er rieb und streichelte sie, wenn er sprach, und sei es ins Telefon. Das Gastspiel in Rapid City lag hinter ihm, nun fuhr er die Pauke heim. In der manchmal rohen, ungeschlachten, manchmal unfaßbar feinfühligen Sprache meiner Kindheit gab es für solche wie ihn ein herrliches Wort: Unleid. Das war er, ein Unleid, das traf es genau. Er keuchte und jaulte und schob seinen dicken Bauch durch die Welt und genierte sich nicht die Bohne, ein solch keuchendes, jaulendes Unleid zu sein.

Zwischen zwei Telefonaten nach Louisiana fand er Zeit, mir zuzurufen, daß er in Rapid City seinen Sohn besucht habe. Er sei Vater von elf Kindern. «Elf Kinder! Elf!» Und dieser eine Bengel sei unbegreiflicherweise nach Rapid City gezogen, weit fort von Louisiana, und, schlimmer noch, ausgerechnet er sei der einzige, der ihm Enkel geschenkt habe. Diesen Sohn habe er ausgiebig besucht, aber es sei nicht gutgegangen, nur Streit und Krach. Jetzt habe er genug davon, jetzt trete er den

Rückzug nach Louisiana an. Ein tiefer Schnaufer entlud sich seiner Brust: «He's such a disrespectful person!» So ein mißratener, so ein Lausejunge von einem Sohn, der nicht wisse, was sich dem Vater gegenüber gehöre. Er fiel wieder in sein Lied, es spendete ihm Trost.

> I make tenthousand dollars a month.
> Gotta lot of work to do down there.
> Gotta go down, gotta go home.
> Down to Louisiana.
> Home to Louisiana.

Seine Telefonate wurden drängender, lauter, und die Botschaften an der Interstate wurden es auch, als lade die Atmosphäre sich auf, je näher wir Sioux Falls kamen, dem großen Kreuz, an dem die Weststraße und die Straße nach dem Süden aufeinandertreffen. «Ye must be born again!» schrie es von einem Werbemast, «Prepare to meet thy God!» vom nächsten. Wir hielten an einer Tankstelle, um einen Kaffee zu trinken, vor uns in der Reihe stand ein Amish-Paar in der altertümlichen Kleidung dieser Sekte. Die zwei waren nicht mehr jung, das verrieten Körper und Haltung, aber ihre Gesichter waren nicht gealtert. Nicht nur der Louisianamann starrte sie an. Es war ein Schauspiel, diese kindlich glatten, von keiner Qual, keiner Leidenschaft gefurchten Wangen und Stirnen zu sehen, diese blanken Augen, wir alle in der Tankstelle wuchsen zusammen zur gaffenden Meute, und keiner hätte sicher zu sagen gewußt, ob er ein junges Paar von dreißig Jahren vor sich hatte oder Eheleute um die Sechzig.

«Wie im Kino», knurrte der Mann aus Louisiana, und er hatte recht. Die blitzsaubere Tracht der beiden, die Frau in ihrem fußlangen schwarzen Kleid, mit ihrer Haube, ihr Gemahl in schwarzem Anzug, schwarzer Weste und blütenweißem Hemd, mit makellos schwarzen Schnürstiefeln und einem schwarzen, breitkrempigen Hut, der sein weißes Gesicht rahmte — eine Gloriole heller, ernster Frömmigkeit.

An diesem Tag sah ich den Missouri wieder, dem ich auf dem Hochufer am Sitting-Bull-Denkmal den Rücken gekehrt hatte. Es blieb ein flüchtiges Wiedersehen, mein Wohltäter aus dem Süden raste über ihn hinweg. Heute noch wollte er in Louisiana sein, und wenn es darüber Nacht würde. Er mied jede Pause und setzte mich — wir hatten mit dem Missouri die Grenze nach Iowa überquert — drüben am Ostufer ab, in einem jener Kreuzungslabyrinthe, die meine Freunde daheim gemeint hatten, als sie mich vor Amerika warnten. Aber ich konnte Amerika keinen Vorwurf machen, alles, was nun schiefging, war allein meine Schuld.

Sioux City

So gehwütig war ich aus dem louisianischen Cadillac gesprungen und ohne groß nachzudenken südwärts los-
gelaufen, daß ich prompt in die Irre ging. Als ich vor
einer Böschung stand, mochte ich nicht umkehren. Ich
kletterte hinauf, betrat eine weit geschwungene Auto-
bahnbrücke und drückte mich an der Fahrbahn entlang,
haarscharf neben den entgegenkommenden Autos; die
Brücke würde schon irgendwann enden, die Straße wieder begehbare Ränder haben. Es kam anders. Der Streifen, auf dem ich mehr balancierte als lief, wurde schmaler und schmaler und verschwand schließlich ganz hinter
dem Bretterzaun einer Baustelle. Ich wollte nicht kehrt-
machen und drückte mich gegen den Zaun, um den
entgegenrasenden Autos zu entgehen, immer noch hoffend, die Brücke sei bald geschafft. Aber als sie endete
und ich endlich die freie Autobahn erreichte, wurde es
nicht besser, auch sie hatte keinen Seitenstreifen.

Es ging einfach nicht. Jetzt hieß es, zurückzulaufen,
den ganzen heiklen Weg, die dicht an mir vorbeischie-
ßenden Autos und Lastwagen hatte ich nun im Kreuz.
Mir blieb nichts übrig, als blind darauf zu vertrauen, daß
jeder Fahrer sich möglichst links in seiner Spur hielt
und mir die paar Zentimeter gewährte, die ich brauchte,
um nicht unter die Räder zu kommen. Alle taten es.
Und nicht einer hupte oder beschimpfte mich aus dem
Seitenfenster, obwohl sie alle Grund gehabt hätten, es

zu tun, forderte ich doch Unfälle geradezu heraus; ich gestand es mir ein, und ich wußte, an ihrer Stelle wäre ich nicht so gelassen geblieben.

Erleichtert sprang ich den Autobahnhang wieder hinab, dessen Besteigung vor zwei Stunden meinen Irrweg eingeleitet hatte. Ich hatte wertvolle Zeit vergeudet und gab es auf, weiterzugehen, fügte mich darein, in dieser Stadt zu übernachten. Aber Sioux City blieb seltsam.

Was das Essen anging, hielt ich mich für anspruchslos, jedenfalls war ich es geworden, hatte ich mich doch von Saskatchewan bis hierher durchgeschlagen, ohne zu murren. Die Sache war einfach. Kaffee und Eier am Morgen. Huhn oder *catfish*, in zwei Toastlappen geschlagen, am Mittag, dazu *French fries* und *taco salad* oder, mit etwas mehr Glück, frisch zubereitetes *coleslaw*. Und abends ungefähr das gleiche, dazu eine Cola oder, wieder mit etwas Glück, eine Dose *Bud light*.

Solange ich in der Prärie unterwegs gewesen war, in den Reservaten, hatte ich ignoriert, wie arm und gleich das alles war, von Siedlertagen her. Das Essen war wie die Straße, nicht wichtig, wie — sie sollte nur da sein. War ich hungrig oder durstig, hielt ich Ausschau nach einer Tankstelle, war zufrieden mit dem, was ihr Kühlfach bot, ihre Mikrowelle, ihre Friteuse, das hätte noch lange so gehen können. Aber Sioux City störte mich aus diesem Gleichmut auf und erinnerte mich daran, was möglich war. Richtige Restaurants, nicht bloß Plains-Diner, die von ferne aussahen wie aufgegebene Farmhäuser, und von nahem auch.

Ich lief durch die kurze Straße der Speiselokale von

Sioux City und wählte das italienische, obgleich ich ahnte, daß eine solche Bezeichnung nicht wörtlich zu nehmen war. «Italian» bedeutet bei einem Restaurant, was «Dressing» bei einer Speise heißt – das Anklicken einer Geschmacksrichtung unter drei möglichen. Ich wollte vorsichtig sein und bestellte, weil ich den Nudelsoßen mißtraute, eine Pizza. Das war Unfug, ich hätte ein Steak bestellen sollen, sonst nichts.

Als die Pizza kam, erkannte ich sie nicht, aber meinen Fehler. Noch in der Küche war sie einem Anschlag zum Opfer gefallen. Der Koch hatte mein Abendessen unter einer Lawine aus geschmolzenem Käse begraben. Er fand nichts dabei, er hielt es immer so und gab seinen Gästen nur, was sie wünschten. Du hättest es wissen können, sagte ich mir. Hast du dich nicht schon in der Prärie über die Liebe der Amerikaner zum Käse gewundert, über den fingerdicken Käseschmelz auf den Tellern der Diner-Gäste? Sie schienen ganz närrisch danach zu sein. Es war schwer, ein Gericht ohne dicke Käseschwarte zu finden. Ich begann, sie abzulösen, mit dem Messer, darin erwarb ich mir bald die Geschicklichkeit eines Jägers.

Mein Kamerad, der Motelfernseher, ließ mich auch in dieser Sache nicht im unklaren. Er zeigte mir immer wieder in Nahaufnahme, worum es ging. Wurde für ein Fertiggericht geworben, von denen sich hier viele zu ernähren schienen, ging die Kamera im entscheidenden Moment ganz nahe an den glücklichen Zubeißer heran und zeigte die Orgie aus Glücksfäden, Käsefäden, wie sie sich aufreizend lang und langsam von der überschmolzenen Speise zum Munde zogen – ein Anblick, der europäischen Werbefilmern unvorteilhaft, wenn nicht abschreckend erschienen wäre. Hier war er Inbegriff der Essenslust und des Wohlgeschmacks.

Ich verließ den Ort des Käseattentats und versuchte im Wirtshaus gegenüber mein Glück. Ein Song von Neil Young lief, und weil das Wirtshaus so weiträumig und nicht sehr hell beleuchtet war, entdeckte ich das große Wandbild erst nach einer Weile: Bomber über Feldern. Die Bomber waren vom Typ B-17, und die Felder erkannte ich intuitiv auch, aber es dauerte ein wenig, bis ich im ganzen begriff, was ich da sah, über die volle Wand gemalt – diese kleinteilig gegliederte Feldflur, vom Himmel her betrachtet. Es waren deutsche, es waren unsere Felder, aus der Pilotenkanzel eines Bombers gesehen. Und an den anderen Wänden hingen dicht an dicht kleine, gerahmte Fotografien aus dem Luftkrieg gegen Deutschland, es mußten Hunderte sein.

Immer wieder B-17 – sie hatten die großen Bombenangriffe ausgeführt, Fliegende Festungen, meist mit weiblichem Kosenamen auf dem Flugzeugrumpf und im Stil von Filmplakaten gemalten langbeinigen, halbnackt posierenden Mädchen dazu. Vor den Maschinen, sofern sie am Boden waren, posierten eng beieinander die Besatzungen in Bomberjacken und Fliegermontur. Piloten mit ihren Bordschützen und Navigatoren und anderen Kameraden, in die Kamera lachend. Ich vergaß, daß ich Hunger hatte und auf der Suche nach Essen hereingekommen war. Statt dessen lief ich durch das Lokal wie durch eine Ausstellung. Nach und nach erkannte ich Gesichter wieder, sah immer wieder die gleiche Crew. Keine anonymen Kriegsfotos hingen hier, man schien die Geschichte eines bestimmten Fliegers, seiner Freunde und seiner Einsätze zu zeigen.

Ich fragte eine Kellnerin, und sie gab mir freundlich Auskunft: Ja, ganz recht, auf vielen Fotos sei der Vater des jetzigen Wirtes zu sehen als Bordschütze einer B-17 damals im Krieg. «Dies ist ein Themenlokal, das Thema ist der Zweite Weltkrieg.» Der alte Herr habe vor vielen Jahren begonnen, seine Gaststätte so zu dekorieren, nun führe sein Sohn, bei der Luftwaffe auch er, die väterliche Idee fort.

Sie fragte, was sie mir bringen solle. Ich dankte ihr und entfernte mich. Die Siegesfeier dauerte an in diesem Gasthaus, auch wenn keiner der Gäste so wirkte, als nähme er daran teil. Gut möglich, daß ich als einziger an diesem Abend die Feier überhaupt noch bemerkte und die Fotos ansah. Für die meisten war das alles vermutlich nur eine etwas ungewöhnliche Kneipendekoration. Ich hatte Hunger und hätte gern ein Bier getrunken, aber mein Blick schweifte immer wieder von der Karte, die mir die Kellnerin in die Hand gedrückt hatte, zu der allzu vertrauten Landschaft unter der Bomberflotte. Die Feier dauerte an, und es war nicht meine. Ich war hier der falsche Gast.

Der Morgen danach zog wolkenverhangen herauf. Ich legte den zerknitterten Regenmantel nach ganz oben im Rucksack und brach auf, um Sioux City in südlicher Richtung zu verlassen, doch die Stadt wollte nicht enden. Jedesmal, wenn ich glaubte, sie läge nun hinter mir, alle Tankstellen, Autohändler, Truck- und Trailerhändler, alle Kirchen und Konfessionen, Konfessionen, die ich nicht einmal dem Namen nach kannte, tauchte noch ein Autohaus auf, noch eine Kirche.

Hier, in Iowa, wehte ein schärferer Wind als in Dakota, er trieb die Wolken fort, der Regen blieb aus. An einer Tankstelle fand ich eine Bank, saß in der Sonne, schaute jedem Dodge nach, der vorbeifuhr, schloß die Augen, sie brannten vom Staub. Staub verhieß Sommer, die Macht des Winters schien endlich gebrochen. Dessen Spuren waren gut lesbar im plattgedrückten Gras — ein ausgedehntes Labyrinth von Mauspfaden, angelegt in der langen Zeit unterm Eis. Jetzt, nach der Schneeschmelze, lag das Maussystem unnütz und offen da. Ich mußte an das Wandbild in der Siegerkneipe denken — unnütz und offen hatte das Land dagelegen, das deutsche Maussystem mit seiner Verdunklungsteerpappe in den Fenstern und den himmelwärts offenen Häusern — und die Feldflur, nicht einmal wert, bombardiert zu werden.

Ein Gruß riß mich aus meinen Gedanken, ich beeilte mich, ihn zu erwidern. Hier war Grüßland. Man grüßte einander, ganz und gar Fremde eingeschlossen. Wer auf dem Weg vom Kiosk zum Auto meine Bank passierte, nickte, tippte sich an den Hut, rief mir ein Grußwort zu. Gestern noch ein Hobo im Gegenverkehr, war ich über Nacht zu einer grüßenswerten Person geworden, die man nahm wie einen alten Bekannten, sogar auf der Landstraße wurde ich gegrüßt, aus jedem schnell fahrenden Auto heraus. Daß diese Liebenswürdigkeit in kleiner Münze gespendet wird, setzt sie nicht herab, zieht vielmehr den Fremden in den vertrauten Kreis, dem eine so lakonische Geste genügt. Es spielte keine Rolle, ob ich auf dem Bürgersteig einer kleinen Stadt herumlungerte oder auf dem Schotterrand einer Landstraße marschierte, viele Meilen entfernt vom nächsten bewohnten Ort – ein leichtes Heben der Hand oder auch nur des Zeigefingers am Lenkrad war mir sicher, und ich erwiderte die Geste. Es fiel mir leicht, sie war antrainiert, es war ein Ritual vom Land, aus der Provinz, ich hatte es nur lange vergessen.

Manchmal, wenn es mir lästig wurde, jedes, wahrhaftig jedes Auto zu grüßen und jeden Truck, heftete ich den Blick auf den Weg und sah eine Weile nicht auf – ein Versuch, ein kleines Experiment. Würde das Grüßen aufhören, wenn ich mich ihm entzog, wenn ich nicht zuerst grüßte? Die Versuchsreihen zeitigten immer das gleiche Ergebnis: Die Geste kam, egal, was ich tat. Schaute ich wieder auf, lief ich in den nächsten Gruß hinein. So war die Provinz, egal wo, so hatte ich sie in Erinnerung, so war sie geblieben bis zu diesem Tag in Nebraska – ich gehörte dem nicht mehr an, aber ich sah es gern.

Der Medizinmann mit dem Rosenkranz

Endlich auf der 77! Die alte Nord-Süd-Straße sollte von nun an mein Pfad sein, von Sioux City bis hinunter zum Rio Grande. Einmal nicht den Westweg nehmen, den Siedlerweg, einmal alle Trecks und Westwege schneiden, alle Schußfäden des losen Gewebes namens Amerika. Durch Nebraska gehen, durch Kansas, durch Oklahoma bis in den äußersten Süden von Texas. Erst an der mexikanischen Grenze endete die Route 77, in Brownsville, am Ufer des Rio Grande. Die Enttäuschung war groß, als ich meine Straße erreichte — sie begann als autobahnartig geteilter Highway, ihn zu Fuß zu gehen war verboten.

Ein paar Minuten stand ich unschlüssig am Straßenrand, da hielt schon ein Auto, und der Fahrer rief: «Need a ride?» Es war das erste Mal, daß ich diese Frage hörte, das zu zwei Silben verknappte Zauberwort. In den Monaten, die vor mir lagen, würde ich es noch oft hören, ein paarmal erlöste es mich aus übler Lage. Der es mir jetzt aus dem heruntergelassenen Seitenfenster zurief, fuhr allein, ein Mann von Ende Dreißig mit gekräuseltem Haar, dunkelhäutig, aber nicht schwarz. Ich stieg ein.

«Hi, I'm Harvey.» Er sei unterwegs nach Pender, erklärte er mir, auf der Suche nach Arbeit und einem neuen Leben. «In Pender brauchen sie einen Trucker, mein alter Job, danach war ich lange Krankenpfleger.

Aber immer Krankheit und Tod, ich bin es leid, ich will wieder auf die Straße, wieder fahren.» Denn die Straße, sie ist das Leben — diesen letzten Satz sagte er nicht, er stand aber da, an den Horizont geschrieben.

Ich fragte, was ihn so lange von der Straße ferngehalten habe.

«Mein Sohn. Er wurde geboren, und seine Mutter sagte, das sei nichts für sie. Sie wollte lieber weiterfeiern, trinken, Gras rauchen. Schön, sagte ich, dann zieh ich ihn groß. Die ersten Jahre waren hart, aber jetzt ist er zwölf. Ich muß ihm den Kühlschrank füllen und abends heimkommen, das ist es.»

Am Rückspiegel baumelte eine Kette aus kleinen bunten Steinen.

«Ein Geschenk?»

«Ich mach sie selbst.»

Ich sah ihn von der Seite an, er merkte es und kicherte.

«Du wirst nicht schlau aus mir, wie?»

«Ehrlich gesagt, nein.»

«Es ist eine indianische Kette. Mein Großvater war schwarz, meine Großmutter eine Omaha. Ich lebe nicht im Reservat, zuviel Suff, zuviel Gewalt, ich mag das nicht. Ich mag auch nicht von der Wohlfahrt leben. Aber sollte ich mal betrunken am Steuer erwischt werden, will ich lieber vors Stammesgericht, da komm ich billiger weg als beim weißen Richter.»

Wir erreichten Pender — ein unauffälliger Ort, die Adresse war schnell gefunden. Er sagte, es werde nicht lange dauern, und kam nach wenigen Minuten aus dem Spediteurbüro zurück. «Das wird hier nichts, eine kleine Firma, die wollen nichts riskieren, ich bin denen zu lange aus dem Job raus.» Er wolle es bei größeren Unternehmen versuchen. Aber nun habe er ja Zeit, für mich einen Umweg zu fahren, ob Bancroft mir recht sei, ein Städtchen etwas südlich von Pender. Es war mir recht, sehr sogar. Als wir dort waren, nahm er die Kette vom Rückspiegel und gab sie mir: «Für dich. Take care!»

Bancroft — ich hatte gehofft, es würde mich dorthin verschlagen. Es gab noch etwas zu erledigen, zu Ende zu bringen, es ging um Black Elk. Aus Bancroft stammte der Mann, dem der Schamane der Oglala-Sioux sein Leben erzählt hatte, und dieses Leben war mit Wounded Knee nicht in sich zusammengesackt, in gewisser Weise begann es einige Zeit später neu. Black Elk wurde Katholik. Er ließ sich am Nikolaustag 1904 taufen, mit einundvierzig Jahren, und wurde als Nicholas Black Elk zum bekanntesten indianischen Missionar.

Kurz vor Wounded Knee, in den späten 1880er Jahren, war er, ein junger Mann von Mitte Zwanzig, mit Buffalo Bills Wildwestshow nach Europa gereist — nicht ungewöhnlich damals, mancher reiselustige Sioux oder Cherokee oder Mohawk schloß sich einer solchen Showtruppe an und verdiente sich ein paar Dollar in London, Berlin, Paris. Und nicht nur in den europäischen Großstädten traten Jahr für Jahr echte Indianer, Westmänner und tollkühne Reiter auf, die ausgiebigen Tourneen schlossen auch viele Kleinstädte ein, zumal deutsche. Cottbus, Gera, Zwickau, Weimar, Fulda, Mainz oder Koblenz drängten zu den Zelten, um

Häuptlinge im vollen Adlerfederschmuck zu bestaunen und der Darstellung von Kriegstänzen, Postkutschenüberfällen und Schlachten aus den Indianerkriegen beizuwohnen, die erst wenige Jahre zurücklagen.

Nur einen gab es, der diese Shows ganz und gar nicht mochte: Karl May. Auf einmal traten echte Indianer und Westleute auf, sogar vor seiner Haustür, in Dresden — Wirklichkeit und Fiktion stießen hart aufeinander, eine Kollision, die nur darum entstehen konnte, weil May seine Fiktion als real ausgab und sich selbst als deren lebenden Helden, mit Silberbüchse und Henrystutzen an der Wand seiner Villa in Radebeul. Wer war nun echt, Sitting Bull oder Winnetou? Wer erzählte die wahre Geschichte, Buffalo Bill oder Old Shatterhand? Karl May sah sich von der Realität bedrängt und polemisierte heftig. Würdelose Zurschaustellungen seien das, dargeboten von abgehalfterten, von ihren Stämmen verstoßenen Leuten. Kein Indianer von Ehre täte dergleichen für Geld.

Aber noch etwas anderes wurde hier ausgefochten, das über Mays gekränkte Autoreneitelkeit weit hinausreichte — mit diesen Wildwestshows erhob Amerika zum ersten Mal abendfüllend und weltweit den Alleinerzählungsanspruch auf den amerikanischen Stoff. Ein rasanter Coup: die Verwandlung des Büffeljägers Buffalo Bill, bürgerlich Oberst William F. Cody, in den international erfolgreichen Impresario und Vermarkter dieser Erzählung, während an ihr noch geschrieben wurde in der Wirklichkeit der Great Plains und westlich davon, die Kämpfe, von denen die Show handelte, noch geführt, die gezeigten Abenteuer noch erlebt wurden —

Cody selbst und seine Krieger und Häuptlinge waren eben noch aktiv an den Indianerkriegen beteiligt gewesen. Und mancher würde es wieder sein, kaum daß die Tournee vorüber und er in die Heimat zurückgekehrt war. Amerika, so lautete Codys Botschaft, nicht an Karl May, sondern an die Welt, Amerika ist die große Erzählung, die größte unserer Zeit. Und nur einer erzählt Amerika – Amerika selbst. So ist es geblieben, bis heute.

Cody hatte seine Truppe in den Badlands angeworben, im Pine-Ridge-Reservat, wo Black Elk lebte. Zuerst tourte die Sioux-Show durch die USA, im Winter 1886/87 traten Black Elk und seine Stammesgenossen im Madison Square Garden in New York auf. Im Frühjahr ging es über den Ozean nach England, das Goldene Kronjubiläum von Königin Victoria stand an. Noch als alter Mann würde Black Elk sich voller Stolz daran erinnern, vor «Grandmother England» persönlich gastiert zu haben.

Bis hierher, bis zu diesem Aufenthalt in London, teilte Black Elk seine europäische Erfahrung mehr oder minder mit den anderen Showleuten. Das änderte sich an dem Morgen, an dem das Schiff, das sie heim nach Amerika bringen sollte, in Liverpool auslief. Mit drei anderen Sioux hatte Black Elk im Hafenviertel fast die ganze Nacht durchgemacht. Als sie erwachten, war es viel zu spät: Ihr Schiff war fort, ohne sie. Irgendwie gelang es den vier gestrandeten Indianern, sich nicht nur nach London durchzuschlagen, sondern sogar Arbeit in einer anderen Show zu bekommen. Sie heuerten bei der Truppe von Mexican Joe an, längst nicht so groß und berühmt wie «Buffalo Bill's Wild West». Mit ihr setzten die vier über den Kanal und tourten quer durch Europa. Dort kam dem Schamanen der Gedanke, die Truppe zu verlassen, um auf eigene Faust weiterzureisen – nein, nicht erst dort, sicher hatte er daran schon länger gedacht. Nicht die nächste Show beschäftigte ihn, die nächste Gage, der Fortgang der Tournee, er wollte weg davon, allein weiterreisen, übers Mittelmeer nach Osten, nicht mehr als Showsioux, sondern als Pilger oder besser als Suchender. Black Elk wollte nach Jerusalem.

Es wühlte in ihm. Einer wie er konnte die weiße Übermacht und Überlegenheit, das Ende der Zeit der Indianer, ihrer Ideen von Leben, Welt und Gott, nicht einfach hinnehmen. Er wollte den Untergang, den er nicht aufhalten konnte, wenigstens verstehen. Er war Schamane, ein durch und durch geistlicher Mann, den Visionen heimsuchten seit seinem neunten Lebensjahr. Nicht Gewehre und Eisenbahnen schienen ihm kriegsentscheidend zu sein, der Geist war es, die Medizin, die Große Vision der Weißen – ihr Messias. Und der hatte in Jerusalem gelebt, da wollte er hin. Jerusalem war der heiligste Ort der Weißen. Wo, wenn nicht dort, würde er, Black Elk, die Chance haben zu begreifen, warum alles so gekommen war?

Was für eine Idee, was für eine innere Kraft. Der Showindianer fern der Heimat tritt aus der Arena, schüttelt den Hokuspokus ab, schaut dem weißen Mann in die Augen und sagt: Zeig mir deinen Gott. Ich will ihn sehen, ich gehe hin, jetzt. Die Entdeckung beider Amerikas, der spanische Goldraub im Süden, die Landnahme im Norden, die Eroberung eines ganzen Kontinents für das Abendland — für einen Moment kehrt sich die Richtung der Welt um. Millionen waren nach Amerika gegangen, um es zu besitzen. Jetzt brach einer von dort, ein Sioux aus den Badlands, in die Gegenrichtung auf. Er hatte eine Frage: Was sehe ich, wenn ich die Quelle des Abendlands sehe, seine Wiege, seine Krippe, seine Passion? Verstehe ich dann? Löst sich das Rätsel dort?

Er kam nicht bis Jerusalem. «Mexican Joe brachte uns nach Paris, dort gastierten wir lange. Es gab ein weißes Mädchen, das oft in unsere Show kam. Sie mochte mich und nahm mich mit nach Hause, um mich ihren Eltern vorzustellen. Die mochten mich auch und waren gut zu mir. Von Paris gingen wir nach Deutschland und von dort an einen Ort, wo die Erde brannte. Es gab einen hohen Berg, geformt wie die Spitze eines Tipis, der rauchte oben. Ich hörte, daß hier vor langer Zeit eine große Stadt und viele Menschen in der Erde verschwunden waren.» In Neapel brach Black Elk seine Reise nach Jerusalem ab. Das Geld reichte nicht für die Überfahrt und einen Aufenthalt dort. Er sah sich gezwungen, den Plan aufzugeben, und kehrte zurück nach Paris, wo gerade Buffalo Bills Truppe gastierte. Cody bot Black Elk an, wieder einzusteigen, doch der war voller Unruhe. Eine Traumvision versetzte ihn in große Sorge um das Schicksal seines Stammes, er zog es vor heimzukehren und bat Cody um das Geld für die Überfahrt nach Amerika. Der war großzügig genug, es ihm zu geben. Im Herbst 1889, nach bald drei Jahren unterwegs in Europa, traf Black Elk wieder in Pine Ridge ein, im Reservat. Ein Jahr später kam es zum Massaker am Wounded Knee Creek.

Ich hatte mich in Bancroft nach dem Haus durchgefragt, das ich suchte — das von John G. Neihardt. Er war der Mann, dem Black Elk sein Leben erzählt hatte. Ich fand ein kleines Museum und dahinter weiß und bescheiden das Gartenhäuschen, in dem er seine Werke geschrieben hatte. Der Schriftsteller aus Nebraska stammte von eingewanderten Deutschen ab, von Siedlern und Pionieren. Das G. in der Namensmitte sah amerikanisch aus, stand aber für Gneisenau. Dieser Jonathan Gneisenau Neihardt war angetreten, der Homer des Wilden Westens zu werden, der Sänger der Great Plains.

In seinen Augen bot der amerikanische Westen alles, was ein Großepos brauchte: junge und alte Helden, ihre Schlachten, ihre Frauen. Freunde, die zu Feinden wurden. Aufstiege, Untergänge — all die Dramen einer rohdiamantenen Zeit. Ein Reimwerk in fünf Bänden, von antiker Wucht und Ambition, daran schrieb er. «Songs» nannte er sie, auch darin homerisch: Gesänge. Nun saß er am fünften Epos, «The Song of the Messiah». Es handelte vom letzten indianischen Aufbäumen, dem «Ghost Dance», und dessen Ende in Wounded Knee. Und weil er das Gefühl hatte, mehr authentisches Kolorit zu brauchen, wandte sich Neihardt an Black Elk, einen der letzten noch lebenden Zeugen der Tragödie.

Als er ihn aufsuchte, 1930, waren vierzig Jahre seit dem blutigen Tag vergangen. Black Elk war alt geworden. Er war nicht nur Katholik, er warb eifrig für seinen Glauben, als Missionar. So standen die Dinge, als Neihardt in seiner Tür erschien, auf der Suche nach etwas Farbe für sein Epos. Es kam anders. Nicht er benutzte den alten Sioux, dieser benutzte ihn. Andere weiße Autoren hatten Black Elk schon gedrängt, ihnen sein reiches Leben und Wissen anzuvertrauen, er hatte sie alle abgewiesen. Neihardt bat er herein. Er sah etwas in diesem Weißen, und ihn selbst bedrückte etwas. Dem alten Schamanen kam ein Gedanke.

Er war verzweifelt nach Wounded Knee. Er hatte seiner Großen Vision, die ihn auszeichnete vor seinem Volk, ihm aber auch Pflichten auferlegte — es zu führen, ihm beizustehen in dieser Stunde höchster Gefahr —, nicht gerecht werden können. Nichts hatte er tun können, beinahe nichts. Gut, er hatte an jenem blutigen Tag einige Verwandte vor den Soldaten gerettet, und dann war er todesmutig ins feindliche Feuer geritten. Nur mit seinem heiligen Bogen bewaffnet, gab er vor aller Augen eine Probe seiner Auserwähltheit als heiliger Mann — und? Seine Aufgabe erschöpfte sich nicht darin, mit persönlichem Mut ein paar junge Krieger zu beeindrucken, sie forderte ihn auf, das Schicksal seines Volkes zum Guten zu wenden. Wo war die Inspiration, wo war die Kraft, was konnte er tun? Nichts. Er hatte die Sioux nicht retten können.

Seit über fünfundzwanzig Jahren war er ein treuer Katholik und würde es bleiben bis an sein Ende. Er hatte geheiratet nach Wounded Knee und eine Tochter bekommen, es gab ein Foto, auf dem er ihr den Rosenkranz erklärte. Mit diesem Foto warb die Jesuitenmission unter den Sioux. Und Nicholas Black Elk hatte selbst viele seiner Leute zur Kirche geführt. Zu den Protestanten hielten die Sioux Abstand, trugen sie nicht die Staatskirche ihrer Eroberer? Ihre Missionare und ihre Soldaten kämpften in den Augen der Indianer denselben Kampf gegen sie. Die Katholiken hingegen standen dem puritanischen Siedlerstaat distanzierter gegenüber. Ihre Holy Rosary Mission hatte mitten im Kampfgebiet gelegen während des Massakers, und ein katholischer Priester war fast umgekommen bei dem Versuch, zwischen den Fronten zu vermitteln.

Dennoch — wo war Nicholas Black Elks erstes Leben geblieben? Hatte er den Schamanen, der er so inständig gewesen war, abgestreift wie eine Schlangenhaut? Die komplexe Welt seiner Visionen und Traumgesichte, in welchem Seelenwinkel hatte er sie verborgen? Das alles hatte doch gelebt, es war nicht nichts, es war er selbst gewesen. Er hatte sich gehäutet, aber er verbarg seine jungen Jahre nicht vollends. Manchmal holte er sie hervor, die Pfeife oder andere Ritualgegenstände, manchmal benutzte er sie und erklärte sie seinen Kindern. Träumte er noch?

Als Neihardt vor ihm stand, wußte Black Elk, was zu tun war. Das Erbe war zu kostbar, um es in einer dunklen Ecke verrotten zu lassen. Andererseits, es war vorbei, die uralte Erbfolge zerschnitten, die Welt, in der seine Visionen ihre Bedeutung gehabt hatten, untergegangen. Er war vielleicht der letzte Sioux, der diese Welt noch in ihrer ganzen Fülle in sich trug. Was tun? Starb er stumm, starb die Siouxwelt mit ihm, unwiederbringlich. Er würde nicht stumm sterben, er würde sprechen. Ein einziges, ein letztes Mal. Er würde sein Leben, seine Große Vision, alles, was er wußte und gewesen war, diesem Weißen dort schenken, der aus Bancroft, Nebraska, angereist war, um ihn ein wenig zu interviewen für sein eigenes Buch, das ihn, Black Elk, nicht interessierte. Er sagte Neihardt, ja, wir reden, aber es wird ein anderes Buch. «Ich bin ein Lakota vom Oglala-Verband», so hob er an. «Meines Vaters Name war Black Elk, und schon sein Vater trug den Namen, so wie der Vater seines Vaters ihn getragen hatte – ich bin der vierte, der diesen Namen trägt. Mein Vater war ein Medizinmann, wie mehrere seiner Brüder. Er und der Vater des großen Crazy Horse waren Cousins. Ich wurde geboren im Mond der Berstenden Bäume (Dezember), am Little Powder River, im Winter-als-die-vier-Bisonkühe-getötet-wurden (1863).» Dann erinnert sich Black Elk an seine frühe Kindheit. Eine gewonnene Schlacht gegen die US-Armee hallte lange nach unter den Lakota: das Heldenepos von den hundert erschlagenen Weißen in der Erinnerung der Indianer, ein von den Indianern verübtes Massaker in der Erzählung der Weißen. Als Junge erlebte Black Elk den Goldrausch. «Oben am Madison Fork fanden die Wasichus (die Weißen) das gelbe Metall, das sie anbeten und das sie verrückt macht, in großer Menge, und nun forderten sie Wegerecht durch unser Land zum Ort des gelben Metalls; aber mein Volk wollte den Weg nicht. Er würde den Bison verschrecken und vertreiben und immer mehr Wasichus herbeischwemmen wie ein Fluß. Sie sagten uns, sie wollten nur einen schmalen Weg, nicht mehr, als zwischen zwei Wagenräder passe; aber unsere Leute wußten es besser. Und jetzt, wenn du dich umschaust, dann siehst du, was sie wirklich wollten.»

Dann erzählte er Neihardt von der Großen Vision, die ihm in jungen Jahren zuteil geworden war, angekündigt von einer unerklärlichen Schwäche und Lähmung, die ihn plötzlich befallen hatte, von seiner Entrückung in die jenseitige Welt, seinem Flug dorthin, den Wesen, die er dort traf, von seiner Einweihung und seiner Rückkehr als neuer Heiliger Mann der Lakota, wieder im Fluge.

Soviel vom alten Schamanen war noch in ihm, daß er spürte, dieser Weiße ist ein Bruder. Später erzählte er, er habe einen Geist hinter Neihardt gesehen, der den weißen Dichter zwang, zu ihm zu kommen. In der Tat gab es etwas Zwingendes, ein Band zwischen den beiden Männern, die sonst nichts verband — ein Traumgesicht annähernd im gleichen Alter.

Mit elf Jahren lag John Neihardt im Fieber. Ihm träumte, er flöge über die Welt, und er fühlte, einer flog neben ihm, ein brüderlicher oder väterlicher Begleiter. Bald darauf begann er zu schreiben. Es muß ihn elektrisiert haben, nun, fünfzig Jahre danach, eine nicht unähnliche Vision von diesem alten Sioux erzählt zu bekommen, dem sie als Neunjährigem zugeflogen war und dessen spiritueller Sohn er nun wurde. Denn Black Elk adoptierte Neihardt. Was er ihm anzuvertrauen gedachte, durfte er der Tradition nach nur einem Sohn schenken.

Black Elk erinnerte sich und sprach, er sprach lange, und Neihardt schrieb, was ihm der Alte in seiner Sioux-Sprache anvertraute, in seiner Dichtersprache auf. Er schmückte hier ein Detail aus, fügte dort einen Passus hinzu, so war er mit seinen anderen Stoffen auch verfahren — doch dieses Buch unterschied sich radikal von seinen homerisierenden Epen. Durch den weißen Dichter hindurch sprach Black Elk.

Man konnte ihn nun hören, in Amerika, in Europa, wenn man wollte, sogar bis Jerusalem. Er hatte die Lösung des Problems gefunden, das ihn bedrückte: ein guter Katholik zu sein, aber zugleich der letzte Sioux in voller Bedeutung. Er war seine Schlangenhaut losgeworden – an die ganze Welt, und Jonathan Gneisenau Neihardt war sein Bote. Wenn dessen amerikanische Ilias fast vergessen wäre, würde « Black Elk Speaks » immer noch gehört werden. Und so kam es auch.

Ich trat aus Neihardts Haus und ging in den Garten. Ein Vorgefühl von Frühling lag in der Luft. Zum ersten Mal fielen mir die Robins auf, mit großem Eifer zogen die erzamerikanischen Vorgartenvögel Regenwürmer aus der Erde. Neihardts Garten war gar keiner, er war ein Symbol. Ein Kreis, in dem zwei Wege sich kreuzten, der schwarze von Ost nach West, der rote von Süd nach Nord – die kosmische Ordnung, der Kern von Black Elks Großer Vision. Der schwarze Weg ist der Pfad der Mühsal und der Härten des menschlichen Lebens. Den roten, den spirituellen Weg zu gehen, ist das Ziel, die Erlösung. Wo beide Wege sich kreuzen, wächst der Baum des Lebens.

Es gibt ein amerikanisches Märchen, *das* Märchen des weißen Amerika, « The Wizard of Oz ». Ein Mädchen aus Kansas wird von einem Tornado ins Land hinterm Regenbogen getragen, in dem eine Hexe herrscht, und der einzig sichere Ausweg aus dem verhexten Land ist die Yellow Brick Road – nur wenn sie ihr folgt, findet sie heraus und heim. Mein Weg, dachte ich, hat von all diesen Wegen etwas. Ich ging den roten Süd-Nord-Weg – wenn auch in die entgegengesetzte Richtung, das mußte ich zugeben. Und kreuzte dabei alle paar Meilen den schwarzen Weg, all die schwarzen Wege westwärts, die Trecks der Mühsal, der Härten, der Eroberung, aus ihnen war Amerika gemacht. Und auch der Yellow Brick Road erwies ich eine kleine Reverenz, lief ich doch auf einem schmalen Pfad zwischen den Trucks und den Drahtzäunen der Rancher und Farmer, inmitten von Warnungen vor Amerika, vor Texas, vor Berglöwen.

Die guten Leute von Nebraska

Der Wind trieb Sonnenkörner über die Straße, den Mais des vergangenen Sommers. Teerfüllungen hatten ihre Fugen im Beton verlassen und krochen als schwarze Schlangen umher. Hier war Farmland, soweit der Blick reichte. Felder, Weiden, Zäune, es roch nach Erde und Benzin. Ein grauer Tag, aber da war ein Leuchten jenseits der Wolken, ich ging leicht.

Ich näherte mich einem Farmhaus. Viele Farmen lagen im Hinterland, nur ein hohes Lattentor kündigte sie an, andere schmiegten sich an die Straße, von weitem an ihren Windschutzwäldchen zu erkennen – noch immer waren die Kongregationen aus Laubbäumen und Tannen kleine Sensationen im baumlosen Land, und noch immer umgaben Schleier aus Einsamkeit diese Häuser. Menschen sah ich fast nie, höchstens Hofhunde. An sonnigen Tagen suchte ich den Schatten der Farmhauswäldchen, bis mich die Hunde fanden und fortjagten. Jetzt suchte ich Schutz vor dem heftiger wehenden Südwind.

Die kleine Farm war verlassen, offenbar schon länger. Das gelbe Haupthaus verfiel, der Schuppen stand offen, ein Mensch oder ein Tier hatte darin ein Loch in die Erde gegraben, breit und tief wie ein Gully. Durchs Fenster schaute ich ins leere Wohnzimmer, nur die Puppe eines Kindes schlief im Staub. Gern hätte ich mich drinnen umgesehen, aber ich wollte die Tür nicht einschlagen, und so setzte ich mich auf die Veranda, in den verwitterten Korbstuhl, den einzigen, den die Farmer hinterlassen hatten, sah eine Weile der Straße beim Nichts-weiter-als-eine-stille-Landstraße-Sein zu und dem Wind beim Maistreiben, dann stand ich auf, der Korbstuhl ächzte ein letztes Mal, und war wieder auf der Straße.

Sie war ein ernster Gegner, sie spielte mit mir. Ich übte mich darin, nicht zurückzuschauen, die Straße wartete nur darauf. Sie entmutigte mich immer, wenn ich der Versuchung, mich umzudrehen, nicht widerstand. Ich nahm mir vor, sie zu überlisten, wählte einen toten Baum als Landmarke, ging eine Stunde, vergewisserte mich durch einen Blick auf die Uhr, gut drei Meilen war ich gegangen, aber wenn ich mich umsah, spottete die Straße meiner Berechnung — der tote Baum war nicht drei Meilen entfernt, er stand verblüffend nahe hinter mir; wie im Traum, wenn Gummibänder ihr Spiel mit dem Fliehenden treiben, lief ich und lief und kam doch nicht voran. Die drei gelaufenen, berechneten Meilen schrumpften beim Blick über die Schulter zu einer Meile.

Die Meile — sie stand im Bunde mit der Straße, sie war ein widerborstiges Ding. Wie ein alter Militärmantel schwer ist und steif und seinen Träger erst prüft, bevor er bereit ist, sich ihm anzubequemen, so war die Meile. Dagegen war der Kilometer ein leichtes Trekkingjäckchen. Dreißig Meilen vor dem Fuß zu haben, hieß einen vollen Tag Mühsal und Kampf. Dreißig Kilometer: Sieben Stunden, dann bist du da. Dreißig Meilen: Zwölf Stunden, und wahrscheinlich schaffst du es heute nicht mehr. Ich hatte es vorher gewußt, aber jetzt hatte ich's vor mir, jeden Morgen, nach jeder Rast, bei jedem Blick auf die zerfaltete, rissige Karte.

So selten überholte mich ein Auto, daß ich mitzählen konnte. Es war das dritte, das hielt, heraus scholl der unnachahmlich lakonische Ruf «Need a ride?» Nie machte ein Fahrer Aufhebens um die Barmherzigkeit, die er dem Fremden erwies. Er stellte wenige Fragen, die Abfolge war meist gleich. «Where you headin'?» lautete die zweite, wohin des Weges? Nicht wie daheim: Woher? Die Woher-Frage wurde zuletzt gestellt, erst nachdem der Fremde eine Probe seines Akzents geliefert hatte, hieß es «So, where are you from?», unmittelbar gefolgt von einem Tip, denn ihre Spielernatur drängte alle diese freundlichen Amerikaner, ein Los in der Nationalitätenlotterie zu ziehen, und die meisten tippten richtig. «Germany?» Ich sagte dann spaßeshalber: «How did you know?»

Hierauf eröffnete mir jeder zweite, aus Deutschland stamme letzten Endes auch er – der Vater sei von dort gekommen, der Großvater oder der Urgroßvater. Und es klang, als erinnere er sich bei dieser deutschen Zufallsbegegnung auf der Straße nach langer Zeit wieder einmal daran, selbst Sohn, Enkel oder Urenkel von Deutschen zu sein – leicht verwundert.

Der Fahrer nahm mich bis zur nächsten Kreuzung mit, dort bog er nach Norden ab, ich ging nach Süden, aber er stellte sich vor auf dem kurzen Weg: Chris, der Postmeister. Er riet mir, wenn ich nach Lyons käme, nach Chris Sailor zu fragen, der vermiete dort ein Zimmer für die Nacht, es sei meine einzige Chance in Lyons. «Am besten», sagte der Postmeister, «ich rufe Chris Sailor an und bitte ihn, sich ins Auto zu setzen und Ihnen entgegenzufahren, damit Sie nicht in die Nacht hineinlaufen müssen.» Ich dankte ihm, ging los und hielt bald eine Stunde lang Ausschau nach einem Auto auf Suchfahrt, es tauchte aber keines auf. Ich vergaß die Sache und lief weiter nach Süden, bis die Maiskörner in der einsetzenden Dämmerung zu leuchten begannen, weil sie die einzige Farbe waren im grauen, windigen Land. Ich mußte nicht bis in die Nacht hineinlaufen, ich war doch in Nebraska.

Neben mir hielt ein schwerer weißer Pickup, über und über lehmbespritzt. Der Mann, der so schlammige Wege nahm, daß der Dreck über seinem Allradauto zusammenschlug, war offenbar Farmer. Als er die Beifahrertür aufstieß, sah ich, daß der Wagen drinnen so erdig war wie draußen, der Boden der Fahrerkabine war ein Stück Acker, auf der Rückbank lagen Maschinenteile und Kanister herum. Mochte der Pickup eines Städters die gleiche schwerachsige Statur haben, die gleichen wuchtigen Doppelräder hinten und dieselbe Marke am Heck wie der eines Farmers — es war etwas anderes. Hier, auf dem Land, war immer irgendetwas zur Reparatur zu schaffen, aufzubocken, zu bringen, zu holen. Der Pickup des Farmers war sein Präriepanzer, sein Abschleppwagen, seine Zugmaschine für ganze Bäume und Lebendvieh, war Hochsitz, Munitionskiste und Waffenkammer. Und war die Feldarbeit getan oder die Jagd erfolgreich, dann verwandelte sich der dreckige, blutige Farmer-Pickup in die Feld- oder Jagdhütte, den richtigen Ort also, um eine Dose Bud Light aufzureißen, die

Lasche auf den Boden zu werfen und erst mal eine zu rauchen.

Am Steuer saß ein leutseliger Kerl in blauer Latzhose, die einem vertrauenerweckenden Bauch Raum bot, in den ausgeleierten Taschen allerhand Dinge, die ein Farmer braucht. Bohnen und Mais baue man hier an, sagte er mit breiter Geste über die nicht mehr winterlich toten, noch nicht frühlingsgrünen Felder. «Um diese Jahreszeit ist auf der Farm wenig zu tun, da hab ich den alten Motorblock aufgeladen.» Er deutete über die Schulter. «Kenne da einen, der so was reparieren kann, der soll ihn sich mal ansehen.» Aber eigentlich gehe es nicht um den Motorblock, eigentlich fahre er nur so herum. «Meine Frau ist froh, wenn sie mich ein paar Stunden los ist. Wo geht's denn hin? Fahr gern einen Umweg, hab ja Zeit.»

Ich wußte nicht recht, ich hatte lange laufen wollen; daß die Frage «Need a ride?» nun im Halbstundentakt kam, sprach für die Gutherzigkeit der Leute von Nebraska, aber es war auch ungewohnt. Ich wollte sein Angebot höflich ablehnen, doch etwas in seiner Stimme, vielleicht auch in mir, drängte mich, es anzunehmen. Gleich erfuhr ich, was es war. Als habe der Berglöwe an der kanadischen Grenze meine Spur aufgenommen und würde mir seitdem wie ein Schatten folgen, wie ein Gerücht, von der schneeweißen Einsamkeit Dakotas bis hier herunter in die Staaten der kleinen Ortschaften und der kleinen Leute, warnte mich nun auch dieser gemütliche Farmer, von dem ich es zuallerletzt erwartet hätte, vor dem *cougar*. So friedvoll wirkte das Farmland ringsum, so ganz und gar von Menschen bestellt und beherrscht, daß mir der Gedanke, im Feldgraben dort, hinterm Heuhaufen, im Busch da drüben könne ein Berglöwe auf der Lauer liegen, schwer einging. Aber der Farmer zeigte auf ein nahes Wäldchen: «Gleich da drüben ist einer gesehen worden. Keine Sorge, der ist mit den Hirschen beschäftigt und mit dem Vieh auf den Weiden.» Das war tröstlich, aber darauf war kein Verlaß. Ich stieg ein und dachte an den Jungen auf dem Indianerfriedhof und das Bündel in meinem Rucksack. Ich würde es wieder hervorholen, meine Hand in der Jakkentasche hatte wieder etwas zu spielen am Bügel, am Schaft, am warmen, geschmeidig gescheuerten Metall.

Der Farmer fuhr jetzt an Oakland vorüber, und als ich ihn fragend ansah, sagte er, er bringe mich zum Motel, dem einzigen weit und breit, etwas abseits des kleinen Ortes. Ich ließ mir den Weg beschreiben und bat ihn, gleich hier zu halten, ich wolle sehen, ob ich in Oakland etwas zu essen bekäme.

Ich fand einen Saloon, stellte mich an die Bar und war in Skandinavien. Neben mir nahmen graugelockte Schwedinnen ihr amerikanisches Abendbrot ein, Cheeseburger, French fries und ein züchtiges Abendbier *light*. Eine der Damen war sehr alt, man half ihr vom Barhokker, als sie ging, aber ihre Frisur saß tadellos. Und im kleinen Flutlicht des Billardtisches standen Nordmänner beisammen und unterhielten sich über Maispreise und Traktoren und über die Angelegenheiten der kleinen Gemeinde. Hamsun-Figuren auch sie, aber die anderen — die im Halbrund stehen oder weitergehen, wenn der Landstreicher kommt.

Nickend nach allen Seiten grüßte ich die guten Leute

von Oakland und bestellte Taco-Salat und Kaffee, und es dauerte nicht lange, da war ich mit Doug in ein Gespräch über sein Leben als Rodeoreiter vertieft. Er saß auf dem Barhocker neben mir, ein nicht mehr junger, aber schlanker, muskulöser Mann im engen, karierten Cowboyhemd, vor sich ein Bier. Das Auffälligste an ihm waren seine hauteng sitzende Schildkappe und die senkrechten Ausläufer seines Schnurrbartes. Einen so dschingiskhanhaften Oberlippenbart hatte ich seit den siebziger Jahren nicht mehr gesehen. Und was die Kappe anging, so trugen sie viele hier, nahmen sie aber im Laufe eines Gesprächs immer wieder mal ab, um sie neu zurechtzuschieben oder sich mit den Fingern durchs Haar zu fahren, eine ausgreifende Männergeste am Steuer oder an der Bar. Doug nahm seine Kappe nie ab. Er schien mit ihr verwachsen, sie saß ihm auf dem Kopf wie eine zweite Haut. Mancher Skalpierte hatte sich so eine engsitzende Mütze zugelegt, um den Makel der verlustig gegangenen Kopfhaut zu verbergen.

Doug war herumgekommen im Westen — ein Reiter, nur daß er keine Wildpferde zuritt. Er ritt Bullen. Damit, erklärte er mir, habe er in der Armee angefangen. «Bullenreiten galt als Armeesport. Zweiunddreißigtausend Dollar für acht Sekunden, darum geht es. Ein Seil wird um den Bullen geschlungen, solange er im engen Pferch steckt, daran hältst du dich fest, das ist alles, kein Sattel, nichts. Handschuhe brauchst du und dieses Zeug, mit dem du die Hände einschmierst. Es verklebt die Hand mit dem Handschuh. Hinterher musst du jeden Finger einzeln losbrechen. Du sitzt auf dem Bullen, das Tor fliegt auf, der Bulle rast los. Schaffst du es, dich acht Sekunden oben zu halten, gehst du mit zweiunddreißigtausend Dollar nach Hause. Es ist mehr eine Sache der Technik als der Kraft. Aber in den Händen mußt du Kraft haben, sonst bleibst du keine Sekunde oben.»

Reich geworden sei er damit nicht, sagte Doug. «Du reist herum, von Rodeo zu Rodeo. Viele Male trittst du an, jedesmal zahlst du die Startgebühr, Tausende Dollar alles in allem, und einmal siegst du.» Er ließ ein extrabreites Lächeln sehen. «Aber ich habe meine Zähne noch alle. Viele Rodeoreiter können das nicht von sich sagen. Und meine Knochen sind auch noch ganz, obwohl mich mal ein Bulle dreißig Fuß weit geschmissen hat.»

Doug gab ein Bier aus, dann gab ich eins aus, dann sagten wir einander: So, Zeit zu gehen. Er bot mir an, mich zum Motel zu fahren, ich lehnte ab, er beschrieb mir den Weg genau, und ich verschwand in der Dunkelheit, das Lachen der siebziger Jahre vor Augen. Typen wie Doug gab es in den Städten schon lange nicht mehr, eine ausgestorbene Art. Er aber zog durch die Rodeo-Arenen zwischen dem Missouri und dem Texas Panhandle, lebte sein Leben und scherte sich einen Dreck darum, was man anderswo über Männer wie ihn dachte.

Er habe seiner Frau das Bullenreiten beigebracht, hatte er noch gesagt, und ich stellte mir die beiden vor, im taillierten Cowboyhemd. Schlank war sie geblieben wie er, kein Zweifel, und ihr Haar trug sie sicher lang. Gewiß wurden Doug und seine Frau bewundert, wo sie auftraten, die Leute hier mochten solche Paare, abends im Motel war das Fernsehen voll davon – Politiker, Prediger, Showleute, und an ihrer Seite stets ein *american girl*, eine Frau aus dem *american heartland*.

Ich hatte Doug erwartet. Auf meiner Wanderung durch Nebraska hatte er sich allmählich materialisiert, war aus dem Dunst aufgetaucht wie eine Figur aus einem der rotstichigen Western meiner Kinojugend. Er war der Nebraskamann. Er hatte eine Farm, ein paar Pferde, er liebte es, fischen zu gehen und zu jagen, er hatte seinen eigenen See und ein Haus unten in Oklahoma.

Ich ging durch die Nacht, bis ich ein Licht sah — das Motel. Kein Auto stand davor. Aus keinem der Zimmer fiel ein Lichtschein. Kein Concierge ließ sich blicken. Es gab keinen, nur eine Holztafel am Eingang, an der hing ein Dutzend kleiner weißer Briefumschläge, jeder enthielt einen Zimmerschlüssel und einen vorgefertigten Zettel. Auf der Tafel stand, man solle sich ein freies Zimmer aussuchen und am anderen Morgen den ausgefüllten Zettel mit der Kreditkartennummer hinterlassen.

Ich schlief unruhig und erwachte hungrig aus heillosen Träumen. Der Tag gestern war grau gewesen, dieser war dunkelgrau. Es würde Regen geben, er setzte schon ein. Ich fand die 77 wieder und lief nach Süden.

Nachtasyl

In die Stadt Fremont hinein führte eine lange Straße, gesäumt von Häusern im amerikanischen Vorortstil unter alten Bäumen. Manche waren aus trutzigem Felsstein errichtet, einige zierten Portale, getragen von blendend weißen Säulen, wieder andere standen wie verarmte Vettern da, doch war Pracht eher die Ausnahme. Die Mehrheit der Häuser von Fremont war weder ausnehmend häßlich noch einnehmend schön, sie fügten sich ins Frühlingsgrün, das war der Schönheit genug getan. Häuser eben, nichts für die Ewigkeit, man kaufte und verkaufte sie, zog ein und zog wieder fort. Eine amerikanische Konstante − bevor er zum Missouri aufbrach, hatte der Prinz zu Wied einige Städte des Ostens besucht, und ich erinnerte mich an das, was er dort 1832 beobachtet hatte: « In der Nähe der Stadt gab es eine Menge von hübschen, zum Teil geschmackvollen Land- und Gartenhäusern, und so wie die Zahl derselben abnahm, traten einzelne Wohnungen der Bauern oder Pflanzer an ihre Stelle. All diese Bauernhäuser sind leicht von Holz erbaut, mit Brettern benagelt, mit Schindeln gedeckt. » Oft, fuhr er fort, stünden sie « ohne irgendein Fundament auf dem Boden; sie waren zum Teil nur mit Steinen oder Blöcken unterlegt. Die Wände selbst großer Gebäude dieser Art sind außerordentlich dünn, und man sollte glauben, daß sie für die kalten Winter dieses Landes zu leicht sein müßten. »

Hundertachtzig Jahre sind seitdem vergangen, und genauso ist es geblieben. Die Amerikaner und ihre Häuser, das ist keine Liebe fürs Leben, es ist eher so, wie man sich einen Anzug kauft oder ein Auto. Hatte Goethe recht, hat Amerika es besser als unser an alten Häusern, alten Ideen hängender Kontinent? Darauf fand ich keine Antwort, es blieb eine Frage von Haltung und Herkunft.

Manche Häuser von Fremont kehrten die Gesinnung oder den Glauben ihrer Herren hervor, durch patriotische Beflaggung oder mit dem Bekenntnis gleich auf der Haustür: «Got faith? We do!» Glaubst du? Wir schon! Mir schien es, als nähme dergleichen zu, je weiter ich nach Süden kam. Doch eines blieb gleich: die amerikanische Absence. Herrgott, wo waren sie alle, wer lebte in all diesen stillen Häusern, wer mähte den Rasen, lenkte das große Auto, das in der Einfahrt stand, führte den Hund aus, der mich anbellte oder mir mißtrauisch nachknurrte, und wer nähme wohl in all den Korbstühlen all der Veranden Platz, wenn es einmal Zeit wäre, dort zu sitzen? Zu sehen oder wenigstens hinter einem Fenster zu erahnen war so gut wie niemand.

Ich ging am Lutheran College vorüber, sah in dessen blitzneuer Sporthalle einem Basketballspiel zu, ein paar Spielzüge lang, passierte ein paar Straßen weiter das Catholic College und versuchte, mir die verwirrend langen Namen der Kirchen am Weg zu merken, kam aber bald durcheinander. Schließlich erreichte ich das Zentrum von Fremont, aß einen übersüßen *turtle cheesecake* in einem Café und fragte die Kellnerin, wo ich in Fremont übernachten könne. Die Motels lägen draußen am Highway, sagte sie, «aber gleich um die Ecke gibt es ein *shelter*, da wohnt man umsonst.»

«Ein *shelter*?»

«Es ist ganz neu, wirklich nett. Ich wohne auch da. Ich bin nicht aus Fremont, ich arbeite hier nur und kann mir ein Motel nicht leisten.»

«Ein *shelter*, ist das nicht ein Obdachlosenasyl?»

«Ja, Obdachlose übernachten da auch.»

Ich fand das beschriebene Haus und die beschriebene Tür. Ein starker Geruch nach süßen Bonbons schlug mir entgegen, als ich sie öffnete. Man verwies mich an Barb. Ich hatte viele Dicke gesehen bisher, aber Barb war dicker als alle vor ihr, vielleicht kam es mir auch nur so vor, weil sie so klein war und ihr rotblondes Haar so lang. Bis hinab zu den Fingerspitzen umfing es ihre altsteinzeitliche Venusfigur als halb durchsichtige Mantille. Barb drückte mir ein vierseitiges Aufnahmeformular in die Hand, damit war ich eine Weile beschäftigt an einem kleinen Tisch in einer Ecke. Nachdem ich es ausgefüllt hatte, war die Sache aber nicht ausgestanden.

Barb reichte mir nun die Spezialformulare zu strafrechtlich bedeutsamen Aspekten meiner Person. Ich nahm sie zögernd an, ich mochte nicht mehr, schon was ich bereits angegeben hatte, war viel zuviel, ich hatte mein Leben, soweit es in Formularen erfaßbar war, vor Barb und ihrem Staat offengelegt. Wer immer das ausgefüllte Formular in der Hand hatte, der Sheriff, die Polizei, die Drogenfahndung, wußte so einiges über mich. Ich ging zurück zu meinem Tisch in der Ecke, ließ den neuen Wisch liegen und sah den Leuten zu, die hier ein und aus gingen, den Mühseligen und

Beladenen — dem dünnen Jungen mit den unsteten Augen, der alle paar Minuten über den Flur des Nachtasyls streifte; dem Mann, der jetzt zur Tür hereinkam auf seinen stämmigen Beinen, die kurze Hose lenkte den Blick auf sie; der verhärmten Frau mit dem Kind. Der junge Unstete strich über den Flur und durch die Welt wie ein Fuchs auf der Suche nach Gelegenheiten. Der Stämmige kam drängend herein, den Kopf gesenkt, drauf und dran, die Welt auf die Hörner zu nehmen, die ihn nicht brauchen konnte und in das Asyl der unnützen Stiere sperrte. Die Frau, die Frau — sie erinnerte mich an jemanden, ich wußte nicht, an wen. Ich sah ihr graues Gesicht, ihre verschatteten Augen, ich sah ihr das Leben an, das sie führte. All die Flure, in denen sie stand, immer stand sie, stand auf, stand an, stand es durch, und wenn sie einmal ging, sah es nur so aus, als ginge sie irgendwohin, eigentlich stand alles um sie her still. Wann war es gewesen und wo, daß sie zuletzt unbekümmert erwacht und ihrer Wege gegangen war, hinaus in den Tag?

Neue süßliche Bonbonschwaden zogen herüber, sie lösten einen kleinen Alptraum aus. Du bist gar nicht hier, weil du nur mal reinschauen wolltest. Du bist hier, weil du hierher gehörst. Den Moment, als du klingeltest und die Tür aufging und du hineingingst und sie hinter dir zufiel — du kannst ihn nicht ungeschehen machen, du bist und bleibst jetzt hier. Falsch abgebogen, einmal zuviel. Lange hast du's vermeiden können, aber etwas in dir wollte nicht mehr vermeiden, was letztlich unvermeidlich sein würde, wie du lange schon ahntest. Mach deinen Frieden und stell dich nicht so an wegen des Bonbonsprays, besser süß als saurer Schweiß. Nichts gegen Barb, hörst du, sie tut, was sie kann, sie meint es gut mit euch Burschen. Du siehst doch, es stimmt, was die Kellnerin sagte, Barbs Asyl ist frisch gestrichen, alles prima in Schuß, picobello, das muß man zugeben. Wirklich, hier die Nächte zu verbringen, ist keine Schande. Warm habt ihr's und rein, und morgen früh wird man euch einen Kaffee gewiß nicht verwehren und ein Auge zudrücken, wenn ihr eine Zigarette im Freien raucht, vor der unscheinbaren Tür mit der Klingel. Du zögertest vorhin, sie zu drücken, nun füge dich, nun drückst du sie jeden Tag.

Eine sanfte Stimme holte mich aus der Erstarrung, sie gehörte der älteren Dame, die herüber in meine Ecke gekommen war und mich besorgt anschaute. Sie sei die Sekretärin hier, sagte sie und bot an, mir beim Ausfüllen der Kriminalbögen zu helfen, die unberührt vor mir auf dem Tischchen lagen. «Ich weiß, es fällt manchen schwer. Wenn Sie möchten, lese ich Ihnen die Fragen vor und trage Ihre Antworten ein, ja?» Freundlich hatte sie es gesagt, mit einem Lächeln, was konnte ich tun, ich nickte, und sie begann.

«Waren Sie jemals in psychologischer Behandlung? Haben Sie je Drogen genommen? Wann haben Sie das erste Mal Alkohol getrunken? Sorry, ich muß diese Fragen stellen.»

«Schon gut. Meine erste Flasche Schnaps habe ich mit vierzehn getrunken, mit meinem Freund an seinem Geburtstag, wir haben aber nur ein Drittel geschafft, es ging uns danach so elend, daß erst mal jahrelang Ruhe war.»

Sie warf mir einen nachsichtigen Tante-Polly-Blick zu, und wir fuhren fort, die Liste abzufragen und zu beantworten. «Je im Gefängnis gewesen? Noch eine Reststrafe offen? Sind Sie auf Bewährung draußen? Are you a sexual offender?»

Ich mochte die alte Dame. Ich begann, mich unbehaglich zu fühlen bei dem, was ich tat. Ihre Fragenkolonnen beantwortete ich mit einem stereotypen Nein. Keine Reststrafe, keine Bewährung, kein Vergewaltiger — nein und nein und nein. Was hatte ich hier verloren? Ich stahl ihre Zeit, und ich stahl ihr Mitleid. Ich half ihr bei der Schreibweise deutscher Namen und Orte, das tat mir gut.

«Kinder?»

«Zwei Kinder, ein Junge, ein Mädchen.»

«Die Namen bitte.»

Ich nannte sie, buchstabierte sie, sie schrieb mit, plötzlich legte sie den Stift beiseite. «Meine zwei Vögel sind meine Kinder», sagte sie und ein bißchen leiser noch etwas, ich meinte das Wort «geschieden» herauszuhören.

Ich wollte das hier beenden, aber ich wußte nicht, wie, es ging nicht, nicht jetzt, es hätte ihrer weißhaarigen Güte, die vielleicht eher ihr guttat als mir, einen gemeinen Stoß versetzt. Ich sollte nun meinen Rucksack auspacken, Stück für Stück, wie an der Nordgrenze, und alles abgeben für die Nacht bis auf wenige Dinge. Sie sah mir beim Auspacken zu, verwundert. «So etwas habe ich hier noch nie gesehen», sagte sie. «Haben Sie gedient? Eine Tasche so zu packen, das lernt man beim Militär.» Sie betrachtete alles, was ich ihr reichte, nahm es vorsichtig zu den anderen persönlichen Dingen und ließ mir manches durchgehen, was ich nach der strengen Regel von Barbs Obdachlosenorden eigentlich hätte abgeben müssen. Sie arbeitet stundenweise hier, dachte ich auf einmal, sie tut es, um sich ein paar Dollar dazuzuverdienen. Müßte sie es nicht, brächte sie ihre Nachmittage im Country Club zu, in der Gesellschaft, der sie eigentlich angehörte. Eine in die Jahre gekommene, etwas traurige Tante Polly ist sie, dachte ich, die nicht mehr arbeiten sollte. Die einen Sohn haben sollte, einen Tom, der ihr beisteht.

Je mehr ich ausfüllte, angab, auspackte und über die alte Dame nachdachte, desto heftiger rüttelte ein Wort in mir: Raus! Raus hier, und zwar sofort. Hier ist alles falsch. Ich gab gerade alle meine Sachen ab, alles sollte gewaschen werden, desinfiziert. Ich wurde zu einem, der die Krätze hat. Wurde aufgefordert, auch das zu waschen und zu desinfizieren, was ich am Leibe trug. Sonst würde man mich hier nicht übernachten lassen. Man führte mich in den Raum mit den Waschmaschinen und zeigte mir, wo das Waschmittel stand. Ich hatte aber das, was ich anhatte, erst gestern gewaschen, im Handwaschbecken eines Motels, mit Motelseife. Ein paar Sekunden noch sah ich mir dabei zu, was ich gerade tat, dann sagte ich: «Hören Sie, Madam, ich habe eine Entscheidung getroffen. Bitte verzeihen Sie mir, aber was Sie da verlangen, kann ich nicht tun. Ich gehe jetzt.»

Die alte Dame versuchte nicht, mich umzustimmen. Sie wandte sich an ihre Chefin und sagte: «Barb, er will fortgehen.» Barb verstand das nicht gleich, sie fragte mich, ob ich lieber mit einem jüngeren oder mit einem älteren Mann ein Zimmer teilen wolle, und ich wußte, wen sie meinte, den Fuchs und den Stier. Ich sagte nichts, und Barb sagte: «Wir stecken ihn zu Gerald.» Das war der Stier. Ich warf den Rucksack über, hastig hatte ich meine Sachen wieder eingepackt, entschuldigte mich noch einmal bei der warmherzigen alten Dame und ging zur Tür, so ruhig ich nur konnte.

Ich rannte aus Fremont hinaus, auf den Highway zu, plötzlich erschien mir die öde Landschaft aus Motels, Imbissen und Tankstellen als das Reich der Freiheit und die gen Himmel ragenden Werbemasten wie versteinerte urweltliche Baumriesen. Unter ihnen wollte ich ausruhen, den schlechten Traum, der mich heimgesucht hatte, vergessen. Als ich mir einen Pappbecher Kaffee holte, erfuhr ich beiläufig, daß sich an dieser Tankstelle, unter diesem Mast, eine Bushaltestelle befinde, der Bus nach Omaha halte genau hier — zehn Minuten noch, und er sei da. Omaha! Eine Stadt, eine richtige Stadt. Omaha würde heilen, was ich in Fremont angerichtet hatte und Fremont in mir.

Frühling in Omaha

«Gänse oder Enten?» fragte der junge Mann, sein Mädchen im Arm, den alten Mann auf der Parkbank und zeigte auf die frühlingstoll lärmenden Vögel am See. «Schwäne», sagte der Alte, das war gelogen, es waren keine Schwäne, die dort ihre weißen Flügel spreizten, bloß Gänse, und der Alte war ich. Seit geraumer Zeit saß ich auf dieser Bank im «Heartland of America», so hieß der Park, an diesem ersten warmen Tag im Jahr, in meiner Wintermontur — schwarze Hose, dickgefütterter schwarzer Armeeparka, Kapuze überm Kopf —, und konnte kaum glauben, daß der lange Winter, aus dem ich kam, vorüber sein sollte.

Aber die Zeichen waren unübersehbar. Die Sonne hatte sich doch bewegt, sie brannte jeden Tag heißer, und der Park füllte sich mit Amerikanern jeden Alters in kurzen Hosen. Schon an grauen, frostigen Spätwintertagen hatte ich sie darin herumlaufen sehen — eine Nation der Boy Scouts, der ewigen Pfadfinder. Fast jedes Heimatmuseum bot eine kleine Boy-Scout-Abteilung. Wenn ich es recht betrachtete, war ich der einzige im Heartland-Park, der noch seine Beine bedeckte.

Etwas veränderte sich, ich spürte es deutlich. Ich hatte mich treiben lassen und mir nie Gedanken über den Weg gemacht. Er hatte mich geführt, in die Prärie, die sagenhaften Great Plains, durch ein Amerika, verstanden als etwas sehr Weites, nahezu Leeres, wo einem unterwegs keine Menschenseele begegnete, es sei denn, man suchte sie oder stellte sich ihr in den Weg, und auch dann war es nicht sicher, ob man auf einen Menschen traf oder auf ein Gespenst. Jetzt verdichtete sich das Land, es füllte sich mit Gestalten, sie traten näher und stellten mir Fragen nach Gänsen und Enten, nach meinem Wohin und Woher. Würde es von nun an enger werden, voller und damit auch gewöhnlicher, unfreier?

Freiheit war ein Wort aus dem Fernseher. Die Reden vom Land der Freien, sie wehten über mich hinweg. Ich hörte sie abends im Motel, wenn es zu spät war, irgendwohin zu gehen, und zu früh zum Schlafen. Was das war, frei, mußte mir niemand beibringen – etwas sehr Schlichtes. Die Gedanken sind frei, damit fing es an, ohne diesen mitunter als innerlich verachteten ersten Satz der Freiheit gab es sie nicht. Der Rest war körperlich, eine Sache von Waffen und Handschellen und Türen ohne Klinken.

In der Grenzstation war ich nicht frei gewesen, seither war ich es ganz und gar. Es ist Raum, es ist Zeit, es geht weiter – so lautete die kürzeste Bestimmung von Freiheit. So war ich in Amerika unterwegs gewesen bis jetzt, und eigenartig – diese Freiheit, ich hatte sie gar nicht bemerkt, geschweige denn bedacht. Das mußte die größtmögliche Freiheit sein: nicht zu merken, daß sie um einen ist, wie die Luft zum Atmen. In den Plains, eher ein Zustand als eine Gegend, war ich versunken; wie sehr, merkte ich erst jetzt, da ich wieder auftauchte. Ich strich die Kapuze vom Kopf, zog den Reißverschluß auf, schloß die Augen, bereit, mich der neuen Sonne hinzugeben, dem fröhlichen Schnattern am See, den jauchzenden Stimmen dieses heiteren Tages in Omaha.

Ein neuerlicher Trompetenstoß riß mich aus meinen Gedanken, wieder rollte ein Güterzug durch die Stadt und über den Fluß, eine der schier endlosen eisernen Karawanen, die durch Amerika zogen, wohin ich auch kam, in einem Tempo, das es nicht ungefährlich, aber auch nicht unmöglich erscheinen ließ, auf so einen Kornwaggon aufzuspringen oder auf einen Tankwagen, wie die Hobos der Depressionszeit es getan haben. Ich kam nie in Versuchung, die Züge waren immer zu weit weg, geistergleich zogen sie durchs Land, unerreichbar für einen zu Fuß, und machten sich einen Spaß daraus, mit einem jähen Trompetenstoß zu erschrecken. Der konnte in die Einsamkeit einer Landstraße im brettflachen Nirgendwo fahren, oder er erwischte mich in der Stadt im Schlaf. Immer kam er unerwartet, immer ging er durch Mark und Bein, bei Tag und in der Nacht. Das Trompeten der Lokomotiven war ein Grundton meiner Reise geworden — der einzige herrische, keine anderen Töne neben sich duldende Ton, allenfalls vergleichbar unserem Kirchengeläut. Aber ihm fehlte die abendliche, die sonntägliche Vertrautheit der Glocken. Jedesmal klang es wie das Trompeten eines Wesens aus einer anderen, eisernen Zeit und ihrer heroischen Pläne.

Im Jahre 1862 setzte Präsident Lincoln einen solchen Plan ins Werk — eine Eisenbahn quer durch den Kontinent vom Atlantik bis zum Pazifik. Ein eisernes Band, Amerika in eins zu binden, wenn der brudermörderische Krieg zwischen Nord und Süd beendet sein würde. «Nation building» mit Hammer und Amboß. Schon ein Jahr später, 1863, begannen zwei Arbeitsheere, das Eisenband zu legen — der eine Heerhaufen vom kalifornischen Sacramento aus, der andere von Omaha her. Der kalifornische Haufen heuerte zehntausend chinesische Kulis an, der östliche rekrutierte Iren und demobilisierte Bürgerkriegssoldaten. Zwei lebende, lärmende Staubwolken setzten sich in Marsch, zusammengesetzt aus Schmieden, Köchen, Schwellenlegern, Gleisschleppern, Jägern, und schoben sich, Gleise, Brücken, Bahnhöfe hinterlassend, aufeinander zu, durch Wüsten und Berge die eine, die andere durch das Meer aus Gras. Sechs Jahre waren vergangen, als sie in den Bergen von Utah aufeinandertrafen, im Mai 1869. Das Wort «done» wurde durchs ganze Land telegraphiert. Fertig. Geschafft.

Es war erst der Anfang. Die Bevölkerung von Omaha würde sich in den nächsten zehn Jahren verdreifachen, die von Nebraska in den nächsten zwanzig beinahe verzehnfachen. Während in Amerika die eisenbahnbegeisterten Siegesfeiern nicht enden wollten, regnete es in Europa Flugblätter. Auf Schwedisch, Tschechisch, Deutsch wurden Siedler geworben für Tausende neu zu gründender Ortschaften entlang der Trasse. Mein Finger folgte ihnen quer über die Karte von Omaha nach Westen. Hintereinander lasen sie sich wie ein Telegramm der Visionen und Mühsale ihrer Gründer: Lone Tree. Silver Creek. Coyote. Antelope. Medicine Bow. Granite Canyon. Red Desert. Salt Wells. Devil's Gate.

Die Eiserne Zeit, sie war lange vorbei. Ich hatte Omahas Bahnhof gesehen, den extraprächtigen Bahnhofspalast auf dem Hochufer des Missouri. In seinem riesigen Speisesaal hatte sich der Geldadel des jungen

Westens vergnügt, unter riesigen realistischen Wand-
bildern, die die Landnahme der Siedler feierten und
den Geist dieses Westens — sogar er war nur noch ein
Museum. Die einst vor Verheißung summenden Gleise
fand ich herausgerissen.

Omaha hatte sich neuen heroischen Plänen zuge-
wandt, immer wieder. Es schien sein Schicksal zu sein,
sich stets aufs neue in die Frontstadt zurückzuverwan-
deln, die es von Beginn an gewesen war, seine Lage lud
dazu ein. Erst kamen Missionare, Pelzhändler und Indianeragenten und errichteten hier, hart an der Grenze
zur Wildnis, ihre Blockhütten und Vorposten — auch
das Militär war von Anfang an dabei. Es galt, den an-
fangs tröpfelnden, aber bald unablässig strömenden Zug
westwärts zu beschützen und zu ermuntern. Später im
Hotel fand ich ein Buch, «America's Heartland», und
darin die Beschreibung eines dieser Züge durch Ezra
Meeker, einen englischen Siedler. Auf seinem Weg nach
Oregon rastete Meeker vier Tage lang in den Plains, und
weil er die Muße dafür hatte und einen Sinn für Sta-
tistik, zählte er die Wagen, Tiere und Menschen, die seinen Rastplatz passierten. Auf eintausendsechshundert
Wagen kam er, und jeder Wagen wurde von sechs Tieren gezogen und von fünf Menschen begleitet. Auf jedes
Zugtier aber kamen noch einmal drei freilaufende Tiere
im Durchschnitt. Meeker rechnete: In den vier Tagen
seiner Rast waren ungefähr achttausend Menschen und
achtunddreißigtausend Tiere an ihm vorbeigezogen.

Als er seine Erinnerungen später aufschrieb, schickte
er voraus, die englische Sprache habe keine Begriffe
für das, was er gesehen hatte. «Da war eine sich vor-

wärts bewegende Masse aus Mensch und seelenlosem
Vieh, manchmal vermischt in unentwirrbarem Durcheinander, hundert Fuß breit oder mehr. Und manchmal zogen zwei Wagenkolonnen, zwei Marschsäulen par-
allel — eng nebeneinander, um das freilaufende Vieh am
Ausbrechen zu hindern. Aber meist war es eine einzige
ununterscheidbare Masse aus Kühen, Jungvieh, Pferden und Männern zu Fuß an den Rändern. Auf all das
senkte sich bei ruhigem Wetter der Staub so dicht, daß
vom Wagen aus das Gespann nicht zu sehen war; wie
der Nebel von London, so dick, daß man ihn fast hätte
schneiden können. »

Vermutlich bestanden diese Züge westwärts zu je einem Drittel aus armen Schluckern auf der Suche nach
Land und Gold, aus Entrepreneurs und Händlern —
und aus Sektierern, die in der Alten Welt niemand mehr
haben wollte und in der Neuen mitunter auch nicht.
1846 schlug die aus Illinois verjagte Sekte vom Buch
Mormon in der Gegend von Omaha ihr Winterlager auf
und wagte im folgenden Jahr den gefahrvollen und ver-
lustreichen Marsch durch die Plains zum Großen Salzsee. Zehn Jahre später rüstete Omaha den Goldrausch
in Colorado aus, mit Gerät, Proviant und Waffen.

Auch im neuen Jahrhundert blieb Omaha ein Vor-
posten. Amerikas Kriegsindustrie siedelte sich an.
Omaha schmiedete die Waffen für den Sieg über
Deutschland und Japan. Hier wurden sie gebaut, Enola
Gay und Bock's Car, beides Bomber vom Typ B-29.
Enola warf Little Boy, warf ihn auf Hiroshima. Bock's
Car warf die andere Atombombe auf Nagasaki.

Gleich nach dem Krieg nahm das Strategische Luftkommando SAC seinen Sitz in der alten Frontstadt. Die Offutt Air Force Base steuerte im Kalten Krieg von Omaha aus Amerikas strategische Luftstreitkräfte und Nuklearmacht weltweit, jede Basis, jeden Satelliten, jede Superfortress und Stratofortress und deren immer intergalaktischer klingende Nachfolger, jeden mit Atomwaffen bestückten Bomber, jede Interkontinentalrakete. Fielen Bomben auf Vietnam, konnte es sein, daß Omaha sie schickte. Das alles war nun vorbei, Offutt gab es zwar noch, aber das SAC nicht mehr. Omaha schien mir ein wenig mit sich allein geblieben zu sein. Omaha, betörendes Wort.

Eine Stadt am Missouri, ein Strand in der Normandie. O – A – A. Lang, kurz, kurz. Klopfzeichen an der Zeitzellenwand. Ein Stamm, vergessen bis auf den Namen. Omaha, überlebendes Wort, ein Klang wie Dakota, Lakota, Wovoka – so hatte er geheißen, jener letzte Indianerprophet, der Messias des Ghost Dance. Junge Leute zogen an meiner Bank vorüber, ich hörte ihre ausgelassenen Stimmen, das Lachen der Mädchen, sie tanzten auf dem Weg um den See, irgendwer hatte Musik dabei, irgendwo lief ein Lied.

Ich stand auf, es war Zeit, etwas für die Nacht zu suchen, und bemerkte, wie eine alte Gewohnheit sich einstellte. Auf einmal war ich wieder wählerisch. Man schickte mich hierhin und dorthin, sogar über den Fluß nach Iowa. Ich sah das Motel und machte kehrt, zurück in die Stadt – bloß nicht wieder an die toten Ränder, in ein Motel an der Interstate. Ich wußte nicht genau, warum, aber ich wollte unbedingt in die Stadt, ins Zentrum von Omaha. Ich fragte einen Mann nach einer guten Unterkunft. Er schickte mich, nachdem er einen Blick auf mich, meine Kleidung und meinen Rucksack geworfen hatte, in entgegengesetzter Richtung aus der Stadt hinaus, zu einem wirklich billigen Motel, wie er versicherte. «Steig ein, ich fahr dich hin, ist nur ein kleiner Umweg für mich.»

Unterwegs erzählte er von seinem Leben in Alaska, in tiefster Wildnis, fernab von jedem bewohnten Ort. «Die meisten Leute kriegen schlechte Laune, wenn es heißt, kein Licht, kein fließend Wasser, kein Mensch, nur Grizzlys und Wölfe – bei mir ist es genau umgekehrt.» Er habe dort eine Hütte in völliger Einsamkeit, in die ziehe er sich zurück, sooft es nur gehe. Er hielt vor dem Motel, es war genauso trostlos, wie ich es erwartet hatte. Er lächelte mir aufmunternd zu. «Eine Matratze, einen Kaffee, ein gutes Gewehr, mehr braucht's doch am Ende nicht, was?»

Ich dankte ihm, stieg aus, tat so, als ginge ich in das Motel, wartete, bis der gute Mann davongefahren war, und lief die ganze Strecke, die er mich hinausgefahren hatte, zurück in die Stadt. Du findest etwas Besseres, den Satz hatte ich lange nicht mehr vor mich hingemurmelt, in der Prärie gab es nichts Besseres, das Beste war das, was es eben gab. Hier war es anders, etwas wartete auf mich, dessen war ich sicher. Ich lief weiter, immer weiter, bis ich vor dem Haus stand, das ich gesucht hatte – ein altes, elegantes Hotel.

Mein Zimmer hatte Aussicht auf das Gefängnis von Omaha. Verließ ich das Hotel und ging in die andere Richtung, kam ich nach Europa. In einem Backsteinviertel, in roten Geschäftshäusern und Werkstätten aus der Gründerzeit von Omaha, hatte man es hergerichtet, mit Bars, Restaurants und dem unbegreiflichen Luxus gutsortierter Kaffeeröstereien, Feinkost- und Weinhandlungen — ein kleines Europa, unbegreiflich real für einen, der aus der Prärie kam, täuschend echt bis ins Dekor. Das Geschenk, das ich so unbeirrbar gesucht hatte, fand ich in nackte Backsteinwände geschlagen. Ich suchte mir einen kleinen Tisch in dem Lokal, auf einer von ihrer Herkunft so reizend entfremdeten Laderampe, und konnte mir ohne weiteres einbilden, nicht in Omaha diesen Nero di Troia zu trinken, sondern in einer ganz ähnlich wiederbelebten Fabrik in Leipzig oder Berlin. Hier saßen die weltläufigen Leute von Omaha bei italienischem Wein und mediterranen Speisen in der Abendsonne. Ich setzte mich dazu, und als ich das Brot brach und einen ersten Schluck nahm, merkte ich, daß ich dabei gewesen war zu vergessen, wie richtiges Brot schmeckt und Wein.

In der Dämmerung ging ich zum Missouri und erkannte ihn nicht wieder. Ein Kerl von einem Strom war er geworden, nicht mehr der junge Herumtreiber oben in Dakota, der jede Nacht in einem anderen Bett schlief. Als sei er auf dem Weg hier herunter nach Iowa seinem Meister begegnet, ich stellte ihn mir als japanischen Tuschemeister vor, er mußte sich seiner angenommen haben, so herausgearbeitet trat jede Welle des Flusses hervor, so muskulös, und auf seinen graubraunen Fluten kräuselten sich kleine Strudel. Was auch am Wege lag, der Strom raffte es mühelos auf und trug es fort, Treibholz und Buschwerk, und dort hinten trieb etwas großes Dunkles, ein toter Hirsch.

Die Spieler

Vor mir lagen, nach Nebraska, die anderen Windstaaten — Kansas, Oklahama. Mein vertrauter Gegner, die Straße in ihrer puritanischen Strenge, hatte nun einen Verbündeten, den Südwind. So heftig blies er mir ins Gesicht, so ungestüm ging er mich an, als wolle er mich zurück nach Dakota fegen, über die Grenze, aus dem Land. Die beiden gaben ein dramatisches Paar ab, der Wind war groß und wild, die Straße kleinlich bis zum Geiz. Sie schenkte mir nichts, keine zehn Yards. Überall sonst auf der Welt kam es vor, daß zehn Kilometer auf der Karte sich dann doch als nur neun erwiesen. Die Straße, die ich seit Wochen ging, kannte solche Barmherzigkeit nicht, nie gewährte sie mir Rabatt. Zehn ausgeschilderte Meilen waren exakt zehn Meilen zu laufen, jede einzelne pochte darauf, erfüllt zu werden bis auf den letzten Schritt.

Jetzt wäre ich froh gewesen, nur diesen einen Gegner zu haben, jede Meile wurde mir doppelt schwer. Ich ging nicht mehr aufrecht, vornübergestemmt kämpfte ich mich nach Süden voran, die Augen zusammengekniffen. Der Wind stürmte nicht nur unablässig gegen mich an, er hob Steinsplitter auf, Dreck jeder Art, um ihn mir ins Gesicht zu wirbeln. Bewarf er mich gar zu heftig, lief ich mit geschlossenen Augen. Eine Schramme in der Iris, und die Reise wäre aus gewesen.

Ab und zu kam ich in Städte. Ich verstand nun besser,

was das ist, eine amerikanische Stadt. Ihr Herz schlug an den Rändern. Mochte ihr Zentrum halb aufgegeben sein, beinah ausgestorben – zu den Rändern hin wurde ihr Lebenswille immer zäher, die Stadt wollte und wollte nicht enden. Eine solche Stadt zu Fuß zu verlassen, wuchs sich leicht zum Tagesmarsch aus, so war es auch in Omaha. Seit Stunden schon war ich der Dreizehnten Straße südwärts gefolgt. Kleine Werkstätten ab und zu, seltener ein staubiges Café, meist bloß Einfamilienhäuser in langen Reihen hart am Asphalt, später, weiter draußen, hinter Zäunen und Grün. In Omaha waren die Bäume noch kahl gewesen und wintergrau, hier draußen brach erster Huflattich aus der Erde, erster Klee in den Kleine-Leute-Vorgärten. Hin und wieder regte ein Hund sich auf, der zeitlebens keinen Mann zu Fuß hatte kommen sehen, harmlose Köter meist, die flüchteten, wenn ich den Stiefel auf den Boden knallte.

Ich erreichte Bellevue, und wer es nicht wußte, den wies ein Schild darauf hin, daß er gerade den «birthplace of Nebraska» passierte, den ältesten Ort des Staates. Hier hatten sich, noch bevor es Omaha gab, Missionare angesiedelt, erst baptistische, später presbyterianische und auch ein legendärer Jesuit und Indianerforscher. Von Bellevue waren Lewis und Clark aufgebrochen, um eine schiffbare Nordwestpassage zum Pazifik zu suchen – vergeblich – und Land, das die Eroberung lohnte. Dreißig Jahre später begann Prinz Wied hier seine Missouri-Expedition.

Offutt Air Force Base erschien, eine gleißende, erstaunlich stille Stadt auf den Hügeln. Wachsam standen ihre Kuppeln und Bauten im Land, gefährlich drohend ihre Hangars und Radartürme, aber auch verwunschen, verlassen. Sie alle standen im hellen Aprillicht, als stünden sie unter Verdacht — bloß Tarnung zu sein. Würden unter der Erde, auf der ich ging, Schächte sich öffnen für gen Himmel auffahrende Geheimwaffen, wenn das Kommando kam? Wurde ich beobachtet, oder wurde ich langsam närrisch? Zitterte ich längst über Bildschirme im Inneren der strategischen Stadt, oder blies mir der Südwind Irrsinnssplitter ins Hirn? Nur ein Nebengefühl, eine Spielerei, um von der quälenden Hauptsache abzulenken. Seit dem frühen Morgen ging ich gegen den Wind. Ich konnte nicht mehr.

Als rechter Hand die Billardhalle auftauchte, eine vor sich hin rostende Blechbaracke, bat ich inständig, sie möge wirklich und offen sein. Man wußte nie bei diesen Rostscheunen, was es mit ihnen auf sich hatte, ob drinnen ein paar Männer an der Bar standen oder längst nur noch Ratten fiepten, man sah es ihnen einfach nicht an. Ich rüttelte an der Blechtür, und sie öffnete sich. Ich trat ein, vor mir lagen zehn oder zwanzig Minuten Erlösung vom Windgebraus. Die Halle war groß, gleich vorn die Bar, Rapmusik lief, ich verstand nur *motherfucker*, immer wieder *motherfucker*, das häufigste Wort.

Billard war nur ein Vorwand für die Soldatenspäße, die die Blechscheune bot — Jägermeister und die Aussicht auf ein «Oktoberfest with The Girl». Das Girl war auf dem Plakat zu sehen, eine Blonde mit oktoberfestmäßigem Dekolleté. *Motherfucker! Motherfucker!* Ich trank Cola gegen den Durst, den Staub und den Wind und wünschte, mein Vernehmer im grünen Overall wäre jetzt hier. Ich würde ihn zwingen, so lange Jägermeister

zu trinken, bis er beim Leben seiner mutmaßlich iri-
schen Großmutter schwor, der Papst sei der Oberbe-
fehlshaber des Oktoberfests. Wenn ich ihn soweit hätte,
würde ich die Motherfuckermusik noch mehr aufdre-
hen und brüllen: «Sag's lauter, *motherfucker*! Ich hör
dich nicht!»

Gleich hinter der Motherfuckerbaracke, die ich ge-
stärkt verließ, fand ich eine Nähstube für Air-Force-
Soldaten. Eine Familie aus Panama nähte und stickte
ihnen die Namen auf die Uniformen. Die Mutter
schenkte mir dreierlei: süßen Cappuccino und einen
Rosenkranz, einen schlichten, ganz leichten aus hellem
Holz; dann zeichnete sie eine Karte auf einen Fetzen
Zeitungspapier, sie sollte mich über den Platte River in
das Städtchen Plattsmouth führen und dort zu der viktorianischen Villa, in der ich mit etwas Glück ein Bett
für die Nacht fände. Etwas verdattert hielt ich das alles in Händen, und bevor ich wußte, wie ich der lieben
Frau von der Nähstube danken sollte, winkte mir ihre
Tochter, ihr zum Auto zu folgen. Sie brachte mich zu
der Stelle, wo der Weg nach Plattsmouth von der Straße
nach Süden abzweigte.

Der Weg erwies sich als gewunden und kompli-
ziert, die Handskizze jedoch als erstaunlich präzise. Sie
führte mich sicher durch das unübersichtliche Plattsmouth, eher eine Landschaft als eine Stadt, und zu meinem Ziel, einem Garten, bevölkert von Marien, Heiligen und kopfstehenden Fröschen. Mittendrin die weiße
Villa. Drinnen ging es stilistisch strenger zu, wenn man
mädchenhafte bis damenhafte Verspieltheit streng nennen möchte. Die Strenge lag in der Durchführung. Ca-

rols Haus war Carols Wunderland, aus einer Traumzeit, von der ich nicht sicher war, ob sie sie je erlebt hatte. Sie führte mich eine dunkle, knarzende Holztreppe hinauf in die erste Etage und öffnete eine Tür. Hier würde ich schlafen. Die hier lebte, war wohl gerade ausgegangen, vielleicht, um frische Luft zu schöpfen, denn letzte Nacht war sie von einer Abendgesellschaft heimgekehrt, spät vermutlich. Ihr langes schwarzes Abendkleid hatte sie an die Schranktür gehängt, zuvor war sie aus ihren eleganten schwarzen Schuhen geschlüpft, sie standen davor und ruhten vom Tanzen aus. Zwei bestickte weiße Nachthemden erwarteten sie, sie hatte die Auswahl, wenn sie heimkam. Und auf ihrem Schreibtisch lagen all die kleinen Dinge bereit, von denen ein Mann sich nicht denken kann, wozu sie gut sein sollen. Ein schöner alter Füllfederhalter, er ging noch an, dazu aber ein Necessaire, ein ganzer Satz Nagelfeilen und weiteres Schönheitsgerät, ein erbauliches Buch. Die in diesem Zimmer wohnte, mußte im heiratsfähigen Alter sein, an das Kindbett war schon gedacht, möglicherweise war die junge Dame verlobt und würde bald vor den Altar treten. «Don't forget to kiss me goodnight» stand im vergoldeten Rahmen neben dem Bett — das alles war ein wenig verwirrend, allzu hübsch für einen von der Landstraße.

Carols Stimme riß mich aus der Phantasie, in die sie mich geführt hatte. Sie, die das arrangiert hatte, dieses Kabinett voll Mädchenduft vergangener Tage, war alles andere als verträumt. Eine unerschrockene, perfekt frisierte Amerikanerin war Carol, eine Lady des Mittleren Westens, gestählt in allerlei Lebenskämpfen, bereit, neue Kämpfe zu führen. Man konnte sich leicht vorstellen, wie sie in wilderen Tagen ihr Haus gegen angreifende Banditen oder Indianer mit der Waffe verteidigt und ihre mit nostalgischen Posamenten geschmückten Fenster kaltblütig als Schießscharten benutzt hätte.

Carol war in Europa gereist und, wie sie nebenbei erwähnte, geschieden. Obgleich nicht mehr jung, hatte sie diese Villa gekauft und perfekt dekoriert, ein Erbstück aus der goldenen Zeit von Plattsmouth, als die Stadt eine vor Geschäften flirrende Bahnstation gewesen war. Das war lange vorbei, wie in so vielen früheren Eisenbahnstädten des Westens, durch die ich kam. Den Sommer über vermietete Carol Zimmer, im Winter fuhr sie Taxi. Zwei Ziele habe sie im Leben, sagte sie. « Plattsmouth wieder auf die Landkarte setzen und daß wir Amerikaner unsere schlechten Eßgewohnheiten überwinden. »

In jenem Jahr wuchs überall im Land und zumal im Westen der Zorn auf Washington. Furiose Kundgebungen gegen den Präsidenten, in Sälen wie unter freiem Himmel, hatte ich im Motelfernsehen gesehen und es mir zur Gewohnheit gemacht, wen ich etwas näher kennenlernte, darauf anzusprechen. Wurde der Zorn in Mikrophone und Kameras geschrien, tönte es oft unangenehm forciert, und das schöne Wort Freiheit, in dessen Namen die Zornigen auftraten, bekam einen abstrakten und zugleich hysterischen Klang. Keiner, mit dem ich darüber sprach, wütete wie die Aktivisten im Fernsehen, aber ich fand auch keinen, dem gefallen hätte, was der Präsident sagte und tat. Auch die Stillen, Nachdenklichen fürchteten, er sei dabei, die Regeln zu schleifen, die ihr Land groß gemacht hätten, die einfachen, harten Regeln der Siedler und Pioniere. In den Plains hörte ich drei Sätze immer wieder: Ich will keine Regierung, die mir sagt, wie ich leben, wirtschaften, vorsorgen soll. Ich will ein Leben auf eigene Faust, wie es meine Vorväter suchten, als sie in dieses Land kamen. Und ich will nicht für die sorgen, die nicht für sich selbst sorgen.

Den freimütigsten Blick in die amerikanische Seele gewährte mir aber Carol beim Frühstück am anderen Morgen. Am Fuß der schönen, knarrenden Treppe stand eine Schiefertafel, darauf lud sie mich handschriftlich in ihre Küche: «Welcome, Wolfgang Berlin.» Ich nahm es gern an, trank einen Schluck Kaffee, machte mich über die *scrambled eggs* her, die besser waren als alles, was ich unter diesem Namen seit langem gegessen hatte, versuchte auch ihre ausgezeichnete Konfitüre und stellte, als ich satt war, meine Frage. «Carol, wie halten Sie es mit der Regierung?» Und Carol, die meinen guten Appetit mit Genugtuung betrachtet hatte, redete nicht lange um den heißen Brei herum: «Es gibt einen Witz jetzt. Erschieß deinen Kongreßabgeordneten, dann hast du's gut. Du gehst ins Gefängnis, hast alles frei, Wohnen, Arzt, Kleidung, und kannst noch mal zur Uni gehen, diesmal umsonst. Im Ernst – wir arbeiten, verstehen Sie? Wir arbeiten, bis wir alt sind. So ist es immer gewesen, und so soll es bleiben.»

«Schön. Aber was ist mit denen, die nicht mehr können?»

Wir saßen uns gegenüber. Sie sah mir in die Augen. «Wissen Sie was? Wir spielen. Wir spielen und hoffen, es geht gut.» Sie sagte es, als gebe sie ein Geheimnis preis, und so war es. Hörte ich ihr mit offenem Mund zu? Möglich. Die Spielernatur als süßes Geheimnis der puritanischen Ethik, das hatte mir noch niemand verraten, schon gar nicht so freimütig wie Carol in ihrer Küche. Natürlich hatte sie es amerikanisch gesagt: «You know what? We gamble. We gamble and we just hope.» Spielen und hoffen, Einsatz und Glück, darum ging es, und bei ihr klang das Wort *hope* härter als in den Reden aus Washington, nicht so schwärmerisch, und auch das Bekenntnis, ein *gambler* zu sein, ein Spieler, ein Spieler des Lebens, klang härter, als es in der weicheren deutschen Sprache geklungen hätte.

Es war, als habe sie mir das Türchen des amerikanischen Tabernakels kurz aufgetan und wolle es rasch wieder verschließen. Carol wechselte das Thema und wechselte es doch nicht, sie sagte, der Winter sei hart gewesen. «Sehen Sie nur, die Natur liegt immer noch danieder wie platt gebügelt. Wir hatten Schnee, fast einen Meter hoch.»

Dann fuhr sie mich zur Landstraße und wünschte mir Glück, und ich wünschte mir unterwegs ab und zu eine wie sie. Aber ich machte mir auch meine Gedanken über den amerikanischen Mann. Ich ahnte nun, wie es um ihn stand, der in diese verwirrende, unbegreiflich perfekte Welt aus rosa Mädchenduft und heroinischer Härte geworfen war. Ich hatte Muße, darüber nachzudenken, statt mich besinnungslos vorwärts zu kämpfen, mein Feind, der Wind, ließ ab von mir für diesen einen Tag.

Wieder war die Straße mit Maiskörnern bestreut, wieder fragte ich mich, wenn ich an Farmen vorüberkam, wo die Menschen steckten, nie sah ich eine lebende Seele, nur Zugvögel, sie erschienen im Süden und verschwanden nordwärts im grauen Himmel. Ich ging vier, fünf Stunden, nichts änderte sich. Mais, ferne Vogelschreie, Land, Land, Land. Dann kam der Wind wieder, von Osten jetzt.

Bei dem kleinen Ort Union war ich in westlicher Richtung abgebogen, auf die Stadt Lincoln zu, dort würde ich auf die 77 stoßen. Den Ostwind im Rücken, kam ich schneller voran als in den Tagen zuvor, aber wenn ich mich nach einem windgeschützten Rastplatz umsah, fand ich keinen. Endlich eine Fichte, breit genug, mir ein paar Minuten lang den Rücken freizuhalten. Ich ließ mich auf ihren kräftigen Wurzeln nieder und bedauerte, Carols Angebot ausgeschlagen zu haben, ihre Äpfel als Proviant einzustecken.

Gene sah mich im Schoß der Fichte sitzen, bremste und winkte. «Come on!» Seinen Toyota hatte der Rost zu einem guten Teil schon gefressen, aber er fuhr noch. Gene war Bauarbeiter, alles an ihm und seinem Auto war ölig und dreckig, jedes zweite Wort war *fucking*. Es war erstaunlich, wie oft er es unterbrachte in seinen kurzen Sätzen. Die Scheißkarre war geschenkt, «nicht daß du denkst, der Scheißtoyota sei mein Auto». Gene grinste. Sein Scheißboß habe ihm den Pickup überlassen, sein scheiß dritter nun vor der Tür, aber das Scheißding habe seine Macken, jetzt brauche es einen verdammten Ölwechsel, das wollte Gene erst einmal erledigen, bevor er zu dem Scheißfarmhaus fuhr, in dem Jake neuerdings lebte.

«Jake?»

«Mein Freund Jake, ja. Kannst ruhig mitkommen, okay?»

«Okay.»

Gab es nichts weiter zu sagen, fluchte Gene einfach vor sich hin. «Scheißpiste! Scheißöl! Scheißtag!» Und rotzte dazu aus dem Seitenfenster.

Als er Öl kaufen ging und auch ich ausstieg und meine Tür verriegeln wollte, rief er mir zu, das solle ich lassen. «Das macht keiner hier draußen. Wir schließen nicht ab, das hier ist ein ehrliches Land, *you bet!*» Da kannst du dich drauf verlassen. Bevor er im Laden verschwand, wies er mich auf das Wandbild am Haus gegenüber hin. «Sieh mal, so eine alte Indianerstory.» Der winzige Ort, in dem wir hielten, hieß Weeping Water, das Wandbild erklärte den Namen: Zwei Stämme führten Krieg, viele tapfere Krieger fielen, und die Frauen weinten so sehr, daß aus den vergossenen Tränen ein Bach entstand, ein *creek*, der seitdem so genannt wurde. Die weißen Siedler hatten bei ihrer Dorfgründung den Indianernamen übernommen.

Jakes Haus stand allein in den Feldern, es war nicht sehr hell darin, aber warm — das Gefühl, eine schützende Höhle zu betreten. Sein Mittelpunkt war der Ofen im großen Zimmer, das offene Feuer darin. Wie von selbst scharten sich Gene und Jake und auch ich um dieses Feuer. Hunde und Holzscheite lagen auf dem Boden herum und zerschlissene Sisalmatten. Ein paar alte Sofas standen da und ein Eimer voll glimmender Asche. Ich hatte das Gefühl, in einem Blockhaus der ersten Siedler zu stehen. Würden wir auf die Jagd gehen? War mit Überfällen zu rechnen? Würde der nächste Winter so streng sein wie der letzte, würden wir überleben, reichte das Trockenfleisch, reichte die Munition?

Jakes halbwüchsige Töchter nährten diese Phantasie. Schnelle, biegsame Wesen mit dünnen, sehnigen Armen und nackten Füßen, so stoben sie durchs Haus, wie freigelassen. Als seien sie eben eingezogen und müßten es sich erst errennen, erspringen, erobern – ihr Haus, ihr Glück! Treppauf, treppab, über Sofas, Brennholz, Hunde, rein und raus, die älteste kämmte sich rennend das lange Haar, zugleich suchte sie eine Ausgehtasche, irgendwo in dem Gerümpel mußte doch eine sein, denn es ging in die Stadt. In Lincoln gab es einen kirchlichen Billigladen, und die Mädchen brauchten Kleidung. Gene und Jake tranken derweil ein Bier und schauten dem fröhlichen Aufruhr zu.

Die Mutter der Mädchen war eine herrliche Frau, sie paßte ganz und gar in das Phantasiegemälde aus Pioniertagen. Sie war sein Mittelpunkt, sie hätte sich dafür nur rasch umziehen müssen. Ein langes Kleid statt der Jeans, viel mehr war nicht nötig, um sie in die strahlende Heldin eines Ölbildes aus der Zeit der Planwagen zu verwandeln. Sie stammte von einer Pferderanch in Nordkalifornien, war zur Armee gegangen, hatte in einer US-Kaserne in England bei den Feldjägern gedient, hatte dann Jake geheiratet und die drei Töchter geboren.

Die beiden Männer standen immer noch am Feuer, sie sprachen über irgendwelche Arbeiten am Haus oder an ihren Autos, die sie planten, jeder ein Bier in der Hand, ich saß auf einer Couch, ganz damit beschäftigt, anzusehen, was es zu sehen gab. Was sah ich? Da stand Jake, kleiner als der große, laute Gene, und ab und zu flog ein Lächeln über sein Gesicht, wenn seine Mädchen durch den Raum schwirrten oder seine Frau in der Tür erschien. Er war stolz auf sie, das sah ich. Sie waren die Freude seiner Augen, wenn sie ihn kurz ablenkten von seinem Männergespräch, in dem es an Kraftausdrücken nicht fehlte.

Diese Leute sind arm, bemitleidenswert arm. Wer sagte das, wer redete so? Ich konnte mir nicht helfen, irgendwer stand neben mir, hinter mir und warf diesen abschätzigen Blick auf die Szene, in der ich saß. Und, ja, ein rohes Bauernhaus, in dem Mensch und Tier um ein offenes Ofenfeuer herum beisammenlebten – hatte ich so ein Haus nicht zuletzt in den Bergen von Nepal betreten? So war es, und da waren ältere, vertrautere Bilder. In gegenwartsdeutschen Augen bin auch ich als Kind arm gewesen, bemitleidenswert arm, aber mir ist es damals nicht so vorgekommen.

Arm war, wer hungerte und fror und sich nicht helfen konnte. Wir hungerten und froren nicht und konnten uns helfen. Wir hatten ein Haus und einen Garten, und auch wenn nicht alles Rasen und Goldrand war, wenn es nur sonntags Fleisch und Kuchen gab und werktags einfache Speisen und manchmal ein Butterbrot, mit Zukker bestreut, den Kuchen ersetzte und luxuriöse Dinge wie Fernseher und Telefon erst nach und nach einzogen und später als anderswo – wir hielten uns doch nicht für arm. Und waren es darum auch nicht.

Alle Erinnerung an diese Zeit war in Arbeit getaucht. Man arbeitete. Man arbeitete von früh bis spät, und wer

«von der Arbeit» kam, wie es hieß, der aß und trank
etwas und ruhte ein wenig aus, bevor er sich erneut an
die Arbeit machte. Alles baute, Haus um Haus entstand.
Umbauen, anbauen, neu bauen, ausbauen. Ziegelschlag
und Hammerklang, unterlegt vom eintönigen Mahlen
Zigtausender Betonmischmaschinen, das war die Musik
jener Jahre.

Auch ich arbeitete in den großen Ferien. In dem
Sommer, als ich rebellisch wurde, arbeitete ich auf dem
Güterbahnhof. Wir hatten Pakete in Waggons zu pak-
ken, tagein, tagaus, ein Schulkamerad und ich. Um die
Arbeitswut um uns her zu verspotten, brüllten wir auf
Verabredung plötzlich die Älteren an: «Arbeiten! Arbeiten! Los, los, los!» Und packten die Pakete schneller und wilder als je zuvor und lachten uns dabei halb tot.
Es war die Zeit, als die Söhne und Töchter der Arbeits-
männer und Arbeitsfrauen des Nachkriegs diesen vor-
warfen, ihr besinnungsloses Arbeiten sei eigentlich nur
ein Schaufeln am Gedächtnisgrab gewesen, etwas Dü-
ster-Heilloses. In meiner Erinnerung war es eine helle,
schmucklose, hungrige Zeit. Wie Jakes Mädchen durchs
Farmhaus sprangen, so legten die Leute los — wie entlassen, wie freigelassen, und das waren sie auch.

Vielleicht schaute ich mit solcher Wärme auf Jake und
seine Familie, weil sie mich an das rohe, karge Glück erinnerten, an das gewisse Licht, in das meine Kinder-
jahre getaucht waren. Auch Jake und die Seinen waren
nicht arm, auch sie taten nicht so. Sie beklagten nicht
die schlichten Umstände, in denen sie lebten, sie freu-
ten sich darüber, dieses Farmhaus hier draußen gefunden zu haben, der Farmer hatte es ihnen vermietet, und

die Freude war echt. Es war ein Anfang, sie hatten fürs erste etwas erreicht, ein Haus für alle fünf, nun wollten sie zusehen, etwas daraus zu machen.

Die Älteste hatte jetzt eine Tasche gefunden, damit stürmte sie herein, es konnte losgehen. Mich würden sie mitnehmen nach Lincoln. Durch den Matsch vor dem Haus staksten wir zum Familienwagen, die drei Töchter sprangen auf die Rückbank, mir wies ihre Mutter den Beifahrersitz an. «Geh nicht nach Süden, geh nach Westen», rief Gene mir zu, «zu viele gottverdammte Arschlöcher da unten! Stehlen, betrügen und schlagen unschuldige Leute zusammen.» Gene sah nicht aus wie einer, der sich ohne weiteres zusammenschlagen ließ — zu groß, zu breite Schultern —, und Jakes Frau war Soldatin gewesen, aber auch sie warnte mich vor Texas.

«Sei vorsichtig», begann sie, als wir fuhren, «dort tragen alle Waffen. Auch wir haben Waffen, aber nur zur Jagd. In Texas darf man sie immer tragen, du wirst es auf den Straßen sehen. Die Leute dort sind nicht wie hier. Klar, auch wir haben Sorgen, aber unsere größte ist, daß unsere Männer mal betrunken Auto fahren. Da unten geht es um ganz andere Dinge. Mord, Drogen, Banden.» Sie habe eine Weile in San Antonio gelebt. «In den Wohnungen links und rechts von mir wurde gedealt, in der Wohnung gegenüber auch. Wenn du nach Texas gehst, geh nur dahin, wo viele Leute sind — nie allein, nie nachts. Wenn du nach San Antonio kommst, schau dir ‹The Alamo› an, die alte Missionsstation, aber nur kurz, und dann ab — raus aus der Stadt.»

In England, fuhr sie fort, habe sie die Liebe zur Tradition wiederentdeckt, in der sie bei ihren kalifornischen Großeltern aufgewachsen sei — die Liebe «zu schönen, alten Häusern, Feldsteinmauern und Feldhekken». Ihre Gedanken flogen zum Farmhaus. «Ich habe hier das Paradies gefunden, ein Haus auf dem Land, ein See in der Nähe.» Beim Abschied legte sie mir die Hand auf den Arm. «Paß auf dich auf. Wir sind da unten in der Minderheit, wir Weißen, es gibt auch dort ein paar gutherzige Leute, aber sie zeigen sich nicht.»

Wir waren da. Sie und die Mädchen gingen einkaufen, ich lief die O Street hinunter. Es war kalt und windig, graue und schwarze Wolken jagten einander am Himmel, Regen lag in der Luft, es ging auf den Abend zu, der ein Vorabend war. Ich sah Leute in Häusern verschwinden und Straßen sich leeren. Die Sonntagvorabendstimmung kroch hervor und füllte das leere Herz von Lincoln ganz aus.

Jetzt war allein der Wind noch unterwegs. Er gebärdete sich wie ein Halbstarker in einer leeren Fußgängerzone, kickte Müll und Kaffeebecher umher und zerrte an den Markisen. Morgen war Palmsonntag, für heute blieb nur die Aussicht, entweder in den Straßen von Lincoln auf und ab zu wandern oder in einem billigen Hotelzimmer den Kanal mit den Tornadowarnungen zu suchen. Die Saison der Stürme kam näher, ich näherte mich der Gegend, die Tornado Alley genannt wurde.

Die Verrückten

Eines Morgens hatte ich den Duft von frischem Gras
in der Nase, über Nacht waren Blüten aus der grauen
Rinde gebrochen, auf einmal wehte der Wind warm,
und noch etwas war anders, die Robins waren zurück.
Ich hatte diese Vögel zuerst in Bancroft bemerkt, in
Neihardts heiligem Dichtergarten, jetzt waren sie überall, in den Parks der Städte, auf den getrimmten Rasen-
flächen der Vorstädte, aber auch draußen im Farmland,
wo sie emsig Regenwürmer aus der Erde zerrten. Her-
ausgeputzter kam der Robin daher als unsere Trauer
tragende Amsel und zugleich größer, robuster als unser eleganter, nervös schimmernder Star – ein Singvo-
gel, so amerikanisch wie Tom Sawyer und Walt Whitman.
Mit seinen Frackfedern, seiner orangefarbenen Weste und dem silbergrauen Beinkleid erinnerte der Robin an die immer etwas geckenhaft gekleideten Figuren
der Pionierzeit, wie sie in älteren Romanen und Filmen auftraten; Honoratioren, Revolverhelden, Bar-
keeper in kanariengelben Westen. Schon dem Prinzen
zu Wied war der Hang amerikanischer Herren aufgefallen, sich herauszuputzen, auch wenn sie sonst ein eher
schlichtes Dasein in einem Provinznest führten. Ob es
einen deutschen Namen für «American robin», den
Nationalvogel, gab? Ich ging in die nächste Stadtbiblio-
thek und fand «Turdus Migratorius» als Antwort – die
Wanderdrossel.

Mein Ziel hieß Beatrice, mit etwas Glück würde ich die kleine Stadt vor Einbruch der Nacht erreichen. Im Moment war ich auf einer vollkommen einsamen Landstraße unterwegs, ein Schild, das ich vor Stunden passiert hatte, gab mir zu verstehen, mich durch einen «Wilderness Park» zu bewegen, so wild, daß hier das Jagen verboten war. Ich war allein mit dem Wind, dem Ratschen der Frösche in ihren Tümpeln, den Schreien der Vögel. Mich ihnen ganz hinzugeben, gelang mir nicht, wieder hatte ich von Berglöwen gehört, die sich auch in dieser beschilderten Wildnis herumtreiben sollten, und so ging ich weiter, in der einen Hand den Revolver, in der andern den geschenkten Rosenkranz.

Bei einer Tankstelle tauchte ich aus der Einsamkeit wieder auf. Ich erkundigte mich, wie ich am besten zur 77 und nach Beatrice käme.

«Beatrice?» Der Tankwart warf mir einen seltsamen Blick zu. «Das ist anders als andere Städte.»

«Was heißt das?»

Er tippte sich an den Kopf. «Viele Verrückte da, immer schon.» Vor zwanzig Jahren sei in Beatrice ein Mord geschehen. Vor einem Jahr seien die sechs dafür Verurteilten aus dem Gefängnis entlassen worden, weil sich ihre Unschuld herausgestellt habe. «Nach zwanzig Jahren! Und es kommt noch besser, die sechs hatten sich eingeredet, sie seien wirklich die Mörder. Sie haben es selbst geglaubt.»

Vielleicht hatte Beatrice mitgekriegt, wie schlecht wir über sie geredet hatten, jedenfalls ließ mich die Stadt am ausgestreckten Arm hungern. Ihr Zentrum scharte sich um die Kreuzung zweier großer Straßen, man konnte auch sagen: Beatrice war eine Straßenkreuzung. Von hier dünnte es sich in alle vier Himmelsrichtungen aus. Eine schien belebter zu sein als die drei anderen. Von fern waren Lichter und Reklamemasten von Motels und Tankstellen zu sehen, gewöhnlich hieß das, daß es dort etwas zu essen gab, aber es war eine Täuschung. Ich lief hin, dann lief ich zur Kreuzung zurück, hungriger als zuvor.

Jemand sagte, in der anderen Richtung gebe es ein Café, «Country Kitchen» oder so ähnlich, hinter der großen Kurve am südlichen Ende der Stadt. Wieder lief ich hinaus und fand wieder nichts, nur eine weitere Tankstelle. Ich fragte das Mädchen an der Kasse. Sie sagte, ich solle nur weitergehen, das Café liege gleich hinter der alten Fabrik da vorn. «Aber vielleicht hat es geschlossen», rief sie mir hinterher. Ich ging um die Fabrik herum und fand das Schild «Country Cookin' Café». Die Tür war mit Brettern zugenagelt, das Fenster auch, es sah nicht so aus, als sei es erst heute früh geschehen.

Flüche auf den Lippen, machte ich zum zweiten Mal kehrt — Flüche und die immergleichen müßigen Fragen in solcher Lage. Wußte das Mädchen wirklich nicht, was sich hinter seinem Rücken abspielte, ob dort noch gekocht, vorgefahren und gegessen wurde oder ob jemand mit ein paar Nägeln und Hammerschlägen all dem schon vor Monaten ein Ende bereitet hatte? Wußte sie es nicht, oder war Beatrice noch immer wütend auf mich und schickte mich von einer Attrappe, einer Enttäuschung zur nächsten?

Ich war lange genug im Westen unterwegs, um zu wis-

sen, daß sich die Gasthäuser gern versteckten, sich sogar unsichtbar machen konnten. Psst! Kein Licht, kein
Laut, keine offene Tür. Wie oft war ich in den ersten
Wochen an Cafés, die man mir genau beschrieben hatte,
vorbeigelaufen und hatte sie erst beim dritten, vierten
Vorüberirren erkannt – wie ein Blinder. Der war ich
auch gewesen, blind für die Zeichen, die hier in Ge-
brauch waren. Ein unscheinbarer Zettel im Fenster –
die Speisekarte. Ein paar Lichter tief drinnen im dunklen Raum – die Tische. An unauffälliger Stelle das Wort
Café. Aber so war es hier nicht, auf so etwas fiel ich nicht
mehr herein. Hier war alles, wirklich alles geschlossen. «Poo's Palace» – zu. Die «Eatery» auf der Main
Street – zu. Nur die, die ich nicht brauchte, hatten geöffnet. «Fletcher's Decorating», «Schmitt's Tuxedos»
und der örtliche Chiropraktiker. In jeder noch so kleinen Stadt praktizierte solch ein Mann für mindere Ge-
brechen, deren Behandlung durch einen Arzt zu teuer
käme. Der Chiropraktiker von Beatrice hatte ein erbauliches Schild auf den Gehweg gestellt: «Loneliness
is the most terrible poverty.» Keine Frage, Beatrice war
immer noch wütend auf mich.

Bald darauf fand ich einen Diner und bestellte einen
Hühnersalat, *southwestern style*. Ich fragte das Milchgesicht
hinter der Theke, ob ich dazu ein Bier haben könne.
Er sah mich an wie einen schweren Fall. «Sie wissen
doch, daß das nicht geht, Sir.» Nun gut, es war ein Diner ohne Ausschanklizenz, das gab es oft, aber es konnte
meinen Ärger darüber nicht besänftigen, von einem
pickligen Jungen zurechtgewiesen zu werden. Nachdem
ich eine Weile in dem Salat herumgestochert hatte, ging

ich zur Tankstelle hinüber und kaufte ein Bier, suchte mir einen lauschigen Platz am Rande der Straße, auf einem Stein unter duftenden Kiefern, schaute den Trucks zu, die in der Dämmerung vorüberrollten, und dachte, es könnte doch noch ein netter Abend werden.

Ein Irrtum. Alle, die vorbeifuhren, schauten der schamlosen Person zu, die da unter den Kiefern am Straßenrand hockte, eine unverhüllte Bierdose in der Hand. Ich nahm mir vor, es zu ignorieren. Auf der Baumspitze über mir sang eine Amsel ihr Abendlied, der warme Südwind streifte mich wie ein Versprechen, es tat gut, auf diesem Stein zu sitzen, seine von Wind und Wetter weich geschliffene Kraft zu spüren, die nackten Füße im Gras, ein kühles Bier in der Hand – es tat gut, wären nur die Zoobesucher nicht gewesen, die aufreizend langsam an meinem Gehege vorbeirollten. Gut, hier galt eine Geschwindigkeitsbegrenzung von fünfundzwanzig Meilen in der Stunde, aber mir schien, das Tempo wurde unterschritten, um mich besser sehen zu können. Ich gab auf.

Wieder stand ich an der Kreuzung, inzwischen war es fast dunkel, unentwegt ratterten Lastwagen vorüber, in alle vier Richtungen. Hängende Ampeln quietschten im Wind, und die Frage, wo willst du eigentlich heute nacht schlafen, ließ sich nicht länger abwimmeln. Das einstmals gewiß prächtige « Grand Hotel », vor dem ich herumlungerte – war es denn noch ein Hotel? Nicht ein einziger Gast war zu sehen gewesen, seitdem ich hier stand. Bewohnt war es aber. Ich drückte die Nase an die Scheibe und sah etliche betagte Damen und Herren, in der Lobby in Sesseln sitzend, die Zeitung lesend oder dösend, ein alter Mann schlief mit offenem Mund — ein Altersheim. Das war die Erklärung, man hatte das «Grand Hotel» von Beatrice in ein Altersheim verwandelt.

Ich ging hinein, ohne recht zu wissen, warum. Einige der alten Herrschaften blickten neugierig auf. Dann stand ich vor der Dame am Empfang, eine halbherzige Erklärung nuschelnd: «Verzeihen Sie, Ma'am, ich bin unterwegs und habe mich auf der Suche nach einem Zimmer hierher verirrt.» Ich wünschte einen guten Abend und war schon wieder an der Tür, da rief sie mir nach, ich könne ein Zimmer haben. Verdutzt wandte ich mich um. Was hatte Beatrices Zorn besänftigt? Die Dame schaute mich freundlich an. «Zwar ist das ‹Grand Hotel› schon seit Jahren keins mehr, aber ein Zimmer haben wir für Hotelgäste behalten, ein einziges. Es ist frei. Möchten Sie es sehen?» So zog ich ins Altersheim von Beatrice.

Am anderen Morgen war die Stadt wie verwandelt, sie lebte. Aus ihren Werkstätten drangen die typischen Geräusche eines Landstädtchens, in dem die Bauern der Gegend sich eindecken und ihre Autos und Landmaschinen schweißen, ausbeulen oder sonstwie reparieren lassen. Eisen klang an Eisen, Motoren heulten kurz auf, ein Mähdrescher kam die Main Street heruntergefahren. Ich ging ins Museum.

So viele Beobachtungen des Prinzen zu Wied über die Amerikaner noch immer zutreffen, eine hat sich doch überlebt. Die derbe Ignoranz der Siedler gegenüber dem Land, das sie nahmen, gegenüber allem, was vorher gewesen war, das von Wied beklagte Desinteresse an den Völkern, die wenige Jahre zuvor hier gejagt und gesiedelt hatten — es war einem begeisterten, mitunter beflissenen Historismus gewichen. Kaum ein Städtchen, das kein Museum hatte, worin man ausstellte, was zweihundert Jahre, was hundert Jahre und genauso gut, was wenige Jahrzehnte alt war.

Das Museum von Beatrice erinnerte mich an die Bemerkung des Tankwarts über die Verrückten dieser Stadt — wenn beherztes Erfinden verrückt war, hatte der Mann recht. Früh wies Beatrice eine hohe Pionierdichte auf. Es war ein Hauptanliegen des Museums, all die tollkühnen Geister vorzustellen, die die kleine Stadt hervorgebracht hatte. Man konnte den Eindruck gewinnen, das Automobil sei in Beatrice erfunden worden, gleich mehrere Autoenthusiasten der Gründerzeit hatten hier Prototypen gebaut; außerdem wurde ein Abenteurer aus Beatrice geehrt, er hatte die Philippinen bereist. Und das war noch nicht alles. Auch die Verrücktheit, als schöne Kunst betrachtet, war hier heimisch, die edle Narretei von Beatrice hatte einen Namen: Zeizefoun.

Auf seiner Reise durch Europa und Asien besuchte der rabiate Bürgerkriegsgeneral und spätere amerikanische Präsident Ulysses Grant im März 1878 auch den osmanischen Sultan in Konstantinopel. Der Sultan schenkte Grant zwei Pferde aus seinem Stall, beide aus feinster, mehrhundertjähriger Zucht — arabische Scheiks pflegten ihrem Herrn ausgesuchte Araberpferde zu überlassen, auf ihnen gründete der kaiserliche Stall. Zeizefoun, einer der beiden Hengste, mußte ein herrliches Roß gewesen sein, blaugrau mit dunkler Mähne.

Bevor Grant starb, gab er ihn seinem Sohn, der lieb-
los oder geldgierig genug war, das geschenkte Pferd für
zehntausend Dollar an einen Pferdenarren aus Beatrice
zu verkaufen.

Zeizefoun war die Sensation in der kleinen Stadt, die
sich fortan einen Namen als Pferdezuchtort machte. Als
der berühmte Araberhengst 1902 starb, richtete ihm
Beatrice ein fürstliches Begräbnis aus — auf der Renn-
bahn. Auf Stroh gebettet und in eine Decke geschlagen
wie in einen Feldherrenmantel, wurde er zu Grabe gelegt.

Auch einen Stummfilmer aus Beatrice ehrte das Museum und einen filmenden Polizisten der Nachkriegs-
zeit. Er kam auf die Idee, Verhöre nicht länger nur in
Wort und Schrift zu führen, sondern sie mit einer Film-
kamera aufzunehmen und den Film verhörtechnisch
auszuwerten. Bis Kalifornien sprach sich die Innova-
tion herum, 1951 reiste eine Abordnung der Polizei von
Los Angeles nach Beatrice, um die neue Methode zu
studieren. Fehlt nur noch ein richtiger Hollywoodstar,
dachte ich, da sah ich ihn schon. Prominent hing sein
Foto in der Galerie der Pioniere und Berühmtheiten
von Beatrice: Robert Taylor, Sohn des damaligen Chi-
ropraktikers, stieg zur Metro-Goldwyn-Mayer-Größe
der dreißiger, vierziger Jahre auf, heiratete eine deutsche
Schauspielerin, Ursula Theiß, und hatte einen Freund,
weit berühmter als er selbst — Ronald Reagan. Mit den
Reagans waren die Taylors so eng befreundet, daß der
frühere Schauspieler und spätere Präsident, als er erfuhr, daß man Robert «Bob» Taylor in seinem Hei-
matort ehren wollte, einen Brief nach Beatrice schrieb,

eine ganz persönliche, warmherzige Erinnerung an den verstorbenen Freund: «Es ist schwer zu glauben, daß ein Vierteljahrhundert vergangen ist, seitdem wir von Bob Abschied nahmen. Ich muß lächeln, wenn ich an Bobs Platz in meinem Leben denke. Wir waren die engsten Freunde – Ursula und Bob, Nancy und ich – und verbrachten viele Abende zusammen in ihrem oder in unserem Haus. Meist grillten wir, und dann saßen wir zusammen am Feuer und schauten zu den Sternen hinauf. Als unser Sohn geboren wurde, war es selbstverständlich, daß Ursula und Bob seine Paten wurden. Umgekehrt war es selbstverständlich für sie, uns zu bitten, die Paten ihrer Tochter zu werden.»

Zweimal im Leben war ich Ronald Reagan unabsichtlich nahegekommen, einmal in Berlin und jetzt hier in Beatrice. Als er die geteilte Stadt besuchte, um jene Rede am Brandenburger Tor zu halten, die in dem dramatischen Appell an Gorbatschow gipfelte, die Mauer einzureißen, war sein Konvoi unter meinem Fenster in der Friedrichstraße vorbeigefahren, auf den Checkpoint Charlie zu – und die Bewohner der Etage darunter hatten schwarzrote Anarchistenfahnen herausgehängt und ihrem Haß auf Reagan lauthals Luft gemacht. Das war lange her, die Welt hatte sich gedreht, längst floß der Verkehr durch die Friedrichstraße wieder frei, der Checkpoint war ein Touristenspektakel, Reagan lebte nicht mehr, und ich stand hier und las seinen Brief über bestirnte Nächte mit einem geliebten Freund.

Bevor ich ging, entspann sich ein kleines Gespräch mit der Museumsdame. Als sie hörte, woher ich komme, sprudelten die Erinnerungen, ihre Großmutter war

Deutsche, als künftige Amerikanerin geworben drüben in der Alten Welt. «Ein Geschäftsmann aus Beatrice», sagte sie, «fuhr nach Deutschland, um selbst Einwanderer anzuwerben, die Deutschen galten als hart arbeitende Leute.» Im Ersten Weltkrieg jedoch sei die Stimmung umgeschlagen. «Die Deutschen hier wurden schlecht behandelt. Meiner Großmutter steckte es später noch in den Knochen, ich höre noch immer ihr ‹Schsch!›, wenn einer von uns am Telefon Deutsch sprach. Es war ihnen verboten gewesen, Deutsch zu sprechen, aber sie konnten ja kaum Englisch. Die Haustüren von Deutschen wurden gelb angemalt, um sie zu kennzeichnen.» Ob die bibelfesten Puritaner diese Idee aus dem Alten Testament bezogen hatten, wußte sie nicht zu sagen. Der Prophet Ezechiel weist im Auftrag des Herrn die wenigen Gerechten von Jerusalem an, ihre Türen mit dem Blut von Opferlämmern zu bestreichen, auf daß Gott in seinem Zorn sie verschone. Damals in Amerika war es andersherum. In den ersten Jahren hier, sagte die Museumsfrau, hätten ihre Großeltern bei Mennoniten auf dem Feld gearbeitet. «Umsonst, um zu überleben, praktisch als Sklaven.»

In der Lobby wurde, als ich zurückkehrte, der Geburtstag einer alten Dame gefeiert. Eine andere Dame spielte Harmonium, eine dritte sang dazu, andere summten versonnen mit. «You are my sunshine, my only sunshine, you make me happy, when skies are grey.» Die hohen, brüchigen Stimmen folgten mir die Treppe hinauf. Dann lag ich auf dem Bett, und in das Harmoniumspiel und den Gesang von der immer ferneren Lobby her fräste sich das rhythmische Quietschen der hängenden Ampeln vor meinem Fenster. Es erinnerte mich an das Wimmern eines Windrades in einem Italowestern, langsam erstarben Spiel und Gesang, das Windrad und die Ampeln hypnotisierten mich, und ich fiel in einen traumlosen Schlaf.

Was war es mit Beatrice, daß ich hier hängenblieb? Vielleicht solche Momente. Vielleicht die geisterhafte Stimmung eines als Altersheim überlebenden Grand Hotels, dessen Gründer auch ein Verrückter gewesen war, ein Opernnarr, der sich in den Kopf gesetzt hatte, in diesem unbedeutenden Städtchen irgendwo im Wilden Westen ein Hotel der Extraklasse zu eröffnen, mit elektrischem Licht und Gaslicht, Bädern mit heißem und kaltem Wasser, einer eleganten Lobby und einem Dining Room samt riesigem Kamin. Und das Beste kam noch — das dazugehörige Opernhaus im Westflügel für siebenhundertfünfzig Zuschauer.

Auf der Bank vor dem «Grand Hotel» saß ein Mann, jeden Tag saß er da in der überhellen Aprilsonne, alt und beleibt, wie er war, auf seinen Stock gestützt, und schaute dem Leben zu, wie es an ihm vorbeidonnerte über die Kreuzung, all die Trucks, all die Autos und Farmer-Pickups. Ich nickte ihm zu, setzte mich neben ihn, und nachdem wir eine Weile geschwiegen hatten, sagte ich:

«Sind Sie von hier?»

«Nein, nur zu Besuch.»

Das stimmte nicht, er wohnte im Altersheim, ich hatte ihn schon drinnen gesehen, er mich vielleicht ebenso, aber er tat, als sei es anders, und ich tat auch so.

«Es gab hier einen Mordfall, nicht?»

«Hab davon gehört, ja. Sechs Männer haben zwanzig Jahre dafür gesessen. Nun zahlt ihnen die Regierung einen Haufen Geld, weil sie's nicht waren. Sie haben jetzt diesen DNA-Test, damals gab es den nicht.»

Ich hatte den Eindruck, daß er das Thema für erschöpft hielt, und wollte ihm nicht mit Überlegungen über Laienjurys auf die Nerven gehen und darüber, welche Gefahr sie für Leib und Leben darstellten. Nach und nach erfuhr ich immer mehr kleine Geheimnisse der kleinen Stadt. «Nehmen Sie nur das Haus da drüben, ja, das mit den heruntergelassenen Jalousien.» Man übersah es glatt als ahnungsloser Fremder, so staubig und unscheinbar stand es an der Kreuzung, schließlich betrat es so gut wie nie jemand. «Es ist die Geschäftszentrale zweier Multimillionäre mit Großgrundbesitz in aller Welt.» Und die ebenso staubige Bankfiliale daneben, dieser, falls das möglich war, noch belanglosere Bau mit dem seltsam unmotivierten Betongitter davor, es war die Schöpfung eines Architektengottes. «Frank Lloyd Wright», sagte mein Banknachbar und nickte hinüber.

«Und der Mord?» fragte ich.

Sein Kopfnicken galt nun dem backsteinroten Apartmenthaus gleich neben dem Kunstwerk.

«Das dort?»

«Hmm.»

Ich wurde dem Alten auf der Bank immer ähnlicher. Wie er saß ich hier. Wohnte im Hotel, das keines mehr war. Gehörte nicht recht dazu und wollte es auch nicht, ganz wie er. Oder ich ging hinein in die Lobby und schaute hinaus wie die anderen Alten – auf die Trucks an der Ampel, auf die Leute, die vorübergingen. Viele im «Grand Hotel» waren Farmer gewesen, nun stand eine Glasfront zwischen dem Rest ihres Lebens, den sie hier zubrachten, und der Welt, der sie angehört hatten und die jetzt ohne sie weiterlief jenseits der Glasscheibe, einfach weiter. Sie kamen mir vor wie Fische in einem Aquarium, nur daß nicht sie von dort draußen betrachtet wurden, sondern ihrerseits die Welt außerhalb des Aquariums betrachteten. Sie schauten, wer da kam und ging auf der Main Street, und tauschten Bemerkungen aus. «Aha, da kommt Mr. Jones, er hat die Maisernte eingebracht.» — «Da geht Mr. Schmidt, er hat einen neuen Traktor gekauft.» — «Dieses Jahr ist der Frühling spät dran, der Winter war hart, weißt du noch, jener Winter damals, als der Hund von Mrs. Appleridge erfror?» Dann gingen sie zu einem der Tische in der Lobby und spielten Karten. Und die Damen legten eine Patience.

Die Träumer

Der Tag auf der Straße hatte lau begonnen, aber jetzt errichtete die Sonne ihr Mittagsreich, die morgendlichen Wolkenschleier waren verdampft. Ein Schwarm Wanderdrosseln hatte eine kahle Eiche besetzt, reglos saßen sie im schwarzen Geäst, Gestalten in einer Tuschezeichnung, alle gegen Süden, gegen den Wind. Immer, wenn ein Tiertransporter an mir vorbeiraste auf seinem Weg zum Schlachthaus, betäubte mich ein scharfer Gestank von Rind, Schwein und Angst. An Zäunen warb Jeff Leikam für seine Wahl zum Sheriff. Der Kiefernhain einer Farm gewährte mir ein paar Minuten in seinem Windschatten, beim vorigen Versuch hatten mich Hunde verjagt. Am späten Nachmittag erreichte ich Marysville. Es war Karfreitag.

Bevor das letzte Café auf der Broadstreet schloß, holte ich mir etwas zu trinken und sah dem Wind zu, wie er mutwillig Staubwolken durch die Straßen trieb; er war immer schon da, wohin ich auch kam. Ein alter Herr parkte seinen Jeep vor dem Saloon, den auch ich aufsuchen würde, später. Diese roh gezimmerten, von außen unscheinbaren, aber innen großzügigen Holzschuppen, in denen Männer in Stiefeln und Perlmuttknopfhemden und mit weißen Cowboyhüten an der Bar den immergleichen Cowboyballaden lauschten oder sich bei Tisch über große Teller hermachten, in der Rechten die Gabel, die Linke hing herab, als gelte es, immer eine

Hand frei zu haben, falls der rasche Griff zum Abzug doch einmal nötig wäre — ich zog diese Orte der blitzsauberen Pettycoatsüße der Diner bei weitem vor.

Auch der Herr im Jeep trug einen dieser weißen Cowboyhüte, wie sie nun häufiger zu sehen waren, je weiter ich nach Süden kam. Der Hut löste die engsitzende, mit Reklame für eine Firma, eine Mannschaft oder die Armee beschriftete Schildkappe ab, die der Norden bevorzugte, und ich wollte mich gerade fragen, ob dieser Unterschied der zwischen Ranch und Farm war, zwischen dem Stolz des Südens und der leutseligen Gleichheit der kleinen Leute des Nordens, als der übermütige Wind mich ablenkte. Ich erwartete, daß dem alten Herrn, der jetzt aus seinem Jeep kletterte, jeden Moment der weiße Hut vom Kopf fliegen würde, was er nicht tat. Er blieb dort sitzen, als ginge der Wind ihn nichts an. Kansas, Oklahoma, Osttexas, das waren doch die Windstaaten, die Sturmstaaten. Selbst wenn der Wind sich nicht zum Tornado steigerte, der ganze Häuser und Autos durch die Luft wirbelte, blies er heftig, so wie jetzt in den Straßen von Marysville, er blies eigentlich immer, auch an gewöhnlichen Tagen. Warum aber flog hier den Leuten nicht der Cowboyhut vom Kopf? Ich nahm mir vor, mir im nächsten Country Store selber einen zu kaufen, nur um zu sehen, ob auch mir das Kunststück gelänge — und tat es; es gelang mir nicht, der schöne neue Hut flog mir beim ersten Windstoß vom Kopf und in den Staub. Der unerschütterliche Halt des Cowboyhutes auf den Köpfen seiner rechtmäßigen Träger, er blieb ein ungelöstes Rätsel.

Am Karsamstag wollte ich über Blue Rapids nach Waterville gehen. Regen und Donner weckten mich, aber im Süden rissen die Wolken auf, ich wollte es wagen. Das Land, durch das ich lief, war samt und sonders eingezäunt, doch was sich hinter den Zäunen erstreckte, sah aus wie wilde Prärie. Einzelne Eichen oder ein paar Pappeln deuteten auf einen Bach hin, einen Teich, ein Wasserloch. Manchmal stand eine kleine Rinderherde im hohen Gras, hier und da war gemäht worden, aber meist waren der Zaun oder ein in der Ferne sich verlaufender Farmweg die einzigen Zeichen, daß das ungeheure Land jetzt einen Herrn hatte. Brennholz lag da, in der Prärie gesammelt und zu Haufen geworfen wie in den Tagen der ersten Siedler und ihrer Claims.

Einer der alten Farmer im « Grand Hotel » hatte mir erklärt, was das war, ein Claim, dieses amerikanische Zauberwort in den Ohren europäischer Habenichtse — wie die große Landnahme in den Plains funktioniert hatte. Sein eingewanderter Großvater hatte sich, wie Millionen andere, ein Stück Land ausgesucht, hundertsechzig Acres, das entsprach fünfundsechzig Hektar, sie standen jedem Siedler zu. Mit ebendiesem Landversprechen waren sie in Europa geworben worden. Was der Großvater zu tun hatte, um dieses Land zu besitzen, war, zum örtlichen Landbüro zu gehen, um dort sein Claim, also seinen Eigentumsanspruch, zu zeichnen. Nun hatte er fünf Jahre Zeit, um zu beweisen, daß er das Land tatsächlich bestellte und in Besitz nahm. Er mußte ein Haus darauf errichten, eine rohe Hütte aus Holz und Grasplacken genügte, sich wenigstens die Hälfte des Jahres dort aufhalten und das jungfräuliche Prärieland pflügen. Tat er das, bekam er das ausgesuchte Land überschrieben und war nun ein amerikanischer Farmer auf fünfundsechzig Hektar oder sechshundertfünfzigtausend Quadratmetern eigenem Grund und Boden.

Im Grill von Blue Rapids lief der Fernseher. Meinen Kaffee schlürfend, vor mir den Burger, sah ich Bilder von der Spur des Tornados, der gerade in Kansas City gewütet hatte. Am Ende des Tages, im «Country Inn» von Waterville, setzte sich die Bedienung zu mir, eine Frau mit dunklen Augen und spanischen Gesten, und erzählte mir eine weitere deutsche Geschichte, auch ihre Großeltern waren eingewandert, «Kaiser Wilhelm» rief sie und lachte und versuchte zugleich, eine ernste Miene zu ziehen. Kaiser Wilhelm war alles, was sie auf Deutsch sagen konnte. Ein Mann kam herein, ein langer Kerl mittleren Alters, hellblaues Hemd, hellblaue Hose und das Gesicht eines Menschen, der nicht ganz hier ist, nicht so, wie die anderen.

«Take care, Dave», sagten die Männer zu ihm, wenn sie an seinem Tisch vorbeikamen, und es klang, als sei dieser sonst leichthin gesagte Gruß diesmal ernster gemeint. Paß auf dich auf, Dave, sieh dich vor. Dave sah aus dem Fenster und sagte: «What a beautiful sunset.» Ein Mobiltelefon läutete, und es zeigte sich, daß Dave Geräusche seiner Umgebung hellwach aufnahm. Er tat so, als habe es bei ihm geklingelt, legte die leere Handmuschel ans Ohr, rief «Hello, who's there? I'm here!» und lachte. Im Fenster dicht neben ihm blinkten vier rote Buchstaben. O – P – E – N. Sein Blick fiel auf das schwarze Notizbuch neben meinem Kaffeebecher. Er sah hoch. «Journal or law?»

Eine schwierige Frage. Die Schwierigkeit begann schon damit, sich für eine bestimmte Bedeutung der beiden Wörter zu entscheiden. Führst du Tagebuch, oder bist du von der Polizei? Liest du Magazine oder Gesetzesbücher? Oder hatte Dave metaphysische Dinge im Sinn, das Gesetz des bestirnten Himmels über uns, das Logbuch unserer Fahrt hienieden? Was meinte er, was wollte er wissen? Gar nichts. Er steckte sich eine Zigarette an, er erwartete keine Antwort. Er sprang zum nächsten Gedanken, zu einer Pointe, die allein er verstand. «Weißt du, was der Unterschied ist zwischen einem *journal* und einem *law*?» Wieder gab es keine Antwort, wieder hatte er eine. «Das eine ist steuerlich absetzbar, das andere nicht. Denk mal drüber nach.»

Seltsame Augen. Angegrautes dunkles Haar, fahle Haut hinter Schleiern aus grauem Zigarettenrauch. Aber vor allem die Augen. Müde und fernsichtig. Ein höflicher Mann war Dave. «Have a good night, Sir», sagte er, als ich ging, und wies mich so darauf hin, daß ich dabei war, eine Sprachgrenze zu überschreiten — das egalitäre «Du» des Nordens verlor sich, von nun an redete man sich mit «Sir» und «Madam» an, den Formen des höflichen alten Südens. Nachtblau wölbte sich der Abend über Waterville, ein großer Stern stand im Westen, begleitet von einem kleineren, ein anderer großer Stern stand im Süden. Über dem «Country Inn» zog eine schwarze Wolke auf, sie hatte die Form eines Adlerflügels. Ich beobachtete sie, als ich hinüber zu dem Haus ging, in dem ich ein Zimmer gefunden hatte, ich wurde das Gefühl nicht los, Dave hätte etwas mit ihr zu tun. So endete der Karsamstag.

Es war der Tag, an dem ich möglicherweise etwas Gutes getan hatte. Zwei hübschen, aber auf der Route 77 ziemlich verlorenen Schildkröten hatte ich über die Straße geholfen und, wer weiß, ihnen das Leben gerettet. In der Gegend, wo der alte Oregon und California Trail die Straße unsichtbar kreuzte, nur ein Gedenkstein wies darauf hin, sah ich erst die eine Schildkröte, sie war im Begriff, aus der Prärie rechts der Straße in jene links der Straße zu wandern. Handgroß unter dem schwarzgrünen Panzer, den grünlichen Kopf herausgestreckt, klapperte sie ungeschickt über den Asphalt. Ich nahm sie hoch und trug sie hinüber, erst, als ich sie ins Gras gesetzt hatte, entdeckte ich ihre Gefährtin, gepanzert hockte sie da und mißtraute dem Lauf der Dinge, ich nahm auch sie hoch und trug sie hinüber.

Am Ostermorgen saß ich auf der Veranda des viktorianischen Holzhauses, in dem ich die Nacht verbracht hatte, putzte meine Stiefel und wartete auf Marc. Meine Wirtsleute hatten mir vorgeschlagen, ihn zu treffen. Marc sei der gute Geist von Waterville, er wisse alles über die kleine Stadt am Zusammenfluß von Little Blue River und Big Blue River, und ich hatte nichts dagegen gehabt. Ich kam mir etwas frivol vor, niemand außer mir saß draußen, nicht nur an diesem Morgen. Die meisten Häuser von Waterville besaßen eine säulengestützte Veranda, eine *porch*, aber nie sah ich dort jemanden sitzen, schaukeln oder sonst müßiggehen, dabei waren die Tage warm und die Abende lau. Es verhielt sich wohl einfach so, daß alle immer etwas zu tun hatten, und wenn sie wirklich einmal nichts zu tun hatten, schafften sie sich etwas zu tun, und wer überhaupt nichts zu tun fand, der stellte diesen Umstand wenigstens nicht auf seiner Veranda zur Schau.

Waterville, das war die alte Geschichte. Unter anderem Namen gegründet, ein paar Meilen weiter östlich, hatte die kleine Frontstadt sich aufgemacht und war gewandert — dorthin, wo die Union Pacific ihr eisernes Band hinlegte, um ein Bahnhof und reich zu werden. Und weil der Bahnboß aus einem Ort namens Waterville im Staate New York stammte, taufte er die Stadt kurzerhand um. Westlich von ihr lag nichts als wilde Prärie, dehnten sich *rolling hills*, das «rollende» Hügelland der Prärie, bis an den Rand der fernen Rocky Mountains. Noch stockten die Gleise in Waterville, noch zogen Indianer und Büffel durch die Prärie, aber nicht mehr lange. Die demobilisierten Soldaten des Bürgerkriegs hungerten nach Land, sie nahmen es sich in der Prärie, und Waterville verkaufte ihnen, was sie dazu brauchten. Es war die Geschichte von Omaha und all den anderen Grenzstädten.

Gestern abend war ich herumgelaufen. Am Gemeindehaus hatte ich das Motto der kleinen Stadt entdeckt, den zum Motto gehärteten Ausspruch einer Pionierin aus Waterville: «I'll quit talkin' and get me some work.» Genug geredet, ich hab jetzt zu tun — so war es wohl gemeint. Ein paar Minuten später sah ich in Sarah's Corner Store einen Jungen, sehr dünn, sehr blond, auf seinem T-Shirt stand: «You keep talking, I'll be the winner.» Du quatschst und quatschst, und ich mach das Rennen. Der alten Dame nahm ich es ab, dem anämischen Jungen nicht. Watervilles Pioniertage lagen lange zurück, das Städtchen hatte etwas viel zu Stilles, geradezu Verträumtes.

Jetzt rollte, mehr als pünktlich, ein roter Pontiac heran, ein älteres Modell, ein filigraner Herr steuerte ihn, es konnte nur Marc sein. Er winkte und bedeutete mir einzusteigen, und ich dachte, es sei das beste, es einfach zu tun, denn Marc war der *drifter* von Waterville, und ich driftete ein bißchen mit. Seit fünfundachtzig Jahren lebe er hier, sagte er und fuhr sachte an, bald werde er zweiundneunzig sein. «Zwanzig Häuser habe ich hier gebaut.» Einige zeigte er mir, während er gemächlich die Straßen abfuhr, viele waren es nicht, jede Kreuzung gewährte freien Blick auf das eine oder andere Ende der kleinen Stadt. Ein paar Steinhäuser der ersten Stunde, um sie herum stille, rechtwinklig angelegte Straßen, darin meist weiße Häuser und kleine viktorianische Villen, dazu die Getreidespeicher am aufgegebenen Bahnhof — das war Waterville im großen und ganzen. «Verdient habe ich an den zwanzig Häusern nichts», sagte Marc, «nur an diesen Speichern, einige sind von mir.» Er reichte mir seine Karte. «Inventor — Builder — Collector» stand unter seinem Namen. Einer, der erfindet, sammelt und baut.

Ein Auto fuhr von hinten heran. «Ich fahr mal rechts ran und lasse ihn überholen», sagte Marc. «Der hat's eilig. Yankees haben's immer eilig. Immer gierig.»

«Würden Sie sich als Yankee bezeichnen?»

«Ja, ich bin ein Yankee. Wir alle sind Yankees.»

«Aber beginnt hier nicht langsam der Süden?»

«Ja», sagte Marc, «die nannte man Rebellen — die aus dem Süden. Heute sind wir alle Yankees.» Er zeigte auf eine der weißen Kirchen von Waterville. «Denen geht's gut. Viele vermachen den Kirchen Geld, bevor sie sterben – denken, sie kriegen dann ein gutes Plätzchen im Himmel.»

Sein Lächeln überraschte mich, hier war es üblich, sich zum Glauben zu bekennen, auf vielen Autos klebte der Schriftzug «One nation under God» oder die patriotische Schleife «Support our troops», und als ich tags darauf den Ostergottesdienst besuchte, wurde für die Männer aus Waterville gebetet, die im Irak dienten.

Wir hatten nun alle Straßen abgefahren. «Das ist Waterville», sagte Marc. «Wir sind fünfhundert hier, wenn alle da sind.» Einmal sei er fortgegangen, nach Texas. «Eines Freundes wegen, der war ganz verrückt aufs Goldsuchen, als Ingenieur wollte ich ihm ein bißchen helfen da unten. Wir pachteten Land bei El Paso, aber die Texaner legten uns rein. Nichts, was sie zugesagt hatten, hielten sie. Sie betrogen meinen Freund auch, als er Land kaufte. Sie betrügen immer, ich mag sie nicht, damn crooks.»

Die wievielte Warnung vor den texanischen Gaunern war das? Die dritte oder vierte allein in den letzten Tagen. Ich näherte mich Texas, als näherte ich mich einer Grenze, hinter der neue, unbekannte Gefahren lauerten.

Marc fuhr immer noch herum, er hielt Ausschau nach jemandem, hatte noch etwas vor. «Wissen Sie», begann er, «wir haben hier unsere eigene Eisenbahn, eine ganze Strecke. Die Eisenbahngesellschaft wollte die Gleise rausreißen, da haben wir zusammengelegt und mit denen verhandelt, und jetzt gehört uns die Bahnlinie. Mal sehen, ob ich Joe auftreiben kann.» Er stoppte und ging in eines der Steinhäuser. Mit einem großen, kräftigen Mann, nicht halb so alt wie Marc, kam er wieder heraus. «Das ist Joe, wir treffen ihn gleich an unserer Lok.»

«Sie haben eine Lokomotive?»

Marc lächelte. «Nicht so eine große. Wir haben sie selbst gebaut, schließlich wollen wir unsere Strecke befahren.»

Der rote Pontiac hielt am Bahnhof. Joe hantierte schon an der Lok, Marc hatte seinen Freund überredet, die Arbeit ein Stündchen ruhenzulassen für eine kleine Ausfahrt zu dritt. Die Lok — was da auf dem Gleis stand, sah wie ein selbstgebastelter Traktor aus und war eine Art motorisierte Draisine. Joe sagte, ich solle hinaufklettern, goß Diesel in den Tank, prüfte dies und das, dann stiegen die beiden zu. Joe ließ den Motor an, löste die stocklange Handbremse, und das seltsamste Fahrzeug, in dem ich je gesessen hatte, setzte sich in Bewegung.

Hinaus aus Waterville ging die ruckelnde Fahrt, vorbei an letzten Häusern, durch Busch und Wald, über die Holzbrücke über den Little Blue River, «hier lassen wir die Kinder raus, sie springen von der Brücke in den Fluß», und weiter durch dichten Wald. Mir fiel ein, was meine Gastgeber über Marcs Tochter erzählt hatten. Sie lebe in einem Planwagen, kleide sich wie die Siedlerfrauen der Pionierzeit, fahre übers Land und werde gern zu Historienspielen eingeladen. Wir erreichten eine Lichtung, Joe fuhr langsamer, und jetzt sah ich, daß auf der Lichtung ein Ortsschild stand, genauso eines wie vor jeder Stadt, und sei sie noch so klein, mit dem Ortsnamen darauf und der Einwohnerzahl.

«Somewhere», war da zu lesen und: «Population Zero». In diesem Ort namens Irgendwo, Einwohnerzahl null, hielten wir. «Hier sitzen wir an Sommerabenden», sagte Marc, «essen *hobo stew* und stellen *shootouts* nach.» Joe nickte versonnen. Landstreichereintopf — ich hatte ihn nie gekostet, nicht einmal gehört hatte ich davon, aber ich schwöre, ich hatte den Duft in der Nase und sah sie lebhaft vor mir, die großen Kinder von Waterville, wie sie sich den Eintopf schmecken ließen und die Schießereien der wilden, alten Zeit nachspielten in ihrem Irgendwo hinterm Fluß, nur erreichbar per Traumdraisine, gelegen auf einer geheimen Lichtung im Wirklichkeitswald, dort, wo sich Little und Big Blue River vereinten und wo die Erinnerung an ein Amerika hauste, das es nicht mehr gab.

Teil 3 **Der Wahn und die Herrlichkeit**

Amerikanischer Tagtraum

Noch war ich in Kansas, aber Süden lag in der Luft – ein
vages Gefühl nur, zu anderen Zeiten hatte es einen Namen gehabt: «Bleeding Kansas». So hieß die Wunde,
die im amerikanischen Bürgerkrieg aufbrach. Das Blut
quoll aus dem Riß, der durch Kansas ging, durch seine
hübschen Städte, durch seine den europäischen Siedlern so vertraut erscheinenden Wälder und Hügelland-
schaften, durch Freundschaften und Familien – es war
der Riß zwischen Nord und Süd.

Er schien verheilt, aber eines war immer noch so:
Kansas blieb Übergang, Annäherung. Das tote Gürteltier am Weg, die zum Ornament plattgefahrene Kup-
ferkopfschlange, sie waren meine Zeugen und der Ju-
dasbaum. Sein purpurner Schimmer war jetzt überall
zu sehen, an Hängen, in Tälern, an Flüssen, in den
Parks der Städte. Immer wuchs der feingliedrige Baum,
der eher die Größe und Gestalt eines Busches hatte, in
kleinen Kolonien, als gelte es, zusammenzustehen. Er
wurde so genannt, weil er zur Passionszeit blühte und
dieses Erblühen in den Augen der Menschen zugleich
ein Erröten war über seine obszöne Farbenpracht ausgerechnet zur Leidenszeit des Herrn – nicht wahr, Süden lag in der Luft.

Wie würde er mir begegnen? Würde es ein Überfall
sein oder ein leises Anwachsen der Phänomene? Der
Süden fackelte nicht lange. Während ich noch über ihn

nachdachte, brach er herein mit der Gewalt einer Saloonschlacht. Im späten Winter war ich morgens losgegangen, an einem allerletzten nördlich kühlen Tag – am Mittag war Sommer, heiß, herrisch, mitleidlos. Nicht der höfliche Dr. Sommer von Wien oder Paris oder meinetwegen Boston machte hier seine Aufwartung, der Plains-Sommer preschte heran, ein Kerl mit sonnenverbranntem Nacken und rauhen Manieren. Die angestammte Folge der Jahreszeiten scherte ihn nicht, dem altersschwachen Winter gab er den Gnadenschuß, den zarten Frühling stieß er grob zur Seite, ein nutzloser Geck in seinen Augen, sollte er in den Avenuen der großen Städte flanieren, hier draußen hatte er nichts verloren – hier sprang jetzt der Sommer vom dampfenden Pferd und riß die Herrschaft an sich mit seinem wüsten Gefolge, einer Bande von Tornados.

In einem Diner lief der Fernseher, der Wettermann meldete schwere Gewitterstürme in Kansas City und kündigte neue an für die Gegend westlich davon, das war hier, wo ich unterwegs war. Nachdem er die Nachricht überbracht hatte, blieben ihm noch ein paar Sekunden Plauderzeit auf Sendung. Er nutzte sie, um sich über die verrückten, gesetzlosen Tornados zu wundern, die doch eigentlich erst im Juni auftauchen würden, wenn der Frühling allmählich in den Sommer überginge, und jetzt sei April. Nichts da, brüllte der Sommer, der Frühling fällt aus!

Ich trank meinen Pappbecher leer und ging hinaus in die jäh entzündete Hitze. Der Mensch ist ein großer Dulder. Er ist ein ebenso großer Wüter, aber an einem Tag wie diesem galt es, Dulder zu sein. Lächerlich, gegen die brennende, stechende Hitze zu wüten. Ich nahm es hin, nahm mich zusammen, senkte den Kopf, die Augen, griff in die Gurte, packte es an.

Vor der Reise hatte ich die Wahl gehabt. Bergrucksack oder Armeetornister, beide hatten mir gefallen. Der kastenartige grüne Tornister mit den vielen Munitionstäschchen war auf altmodische Art schön, der Bergrucksack hingegen schwarz, schmal, glatt und ganz ohne Taschen – ihn wählte ich zu meinem Glück. Weil er so schmal war, bot er meinem ärgsten Gegner keinen zusätzlichen Widerstand, dem Wind. Wäre ich mit dem Tornister angetreten, der mich links und rechts überragte wie Sperrgut – der Wind hätte die größere Angriffsfläche genutzt und mich umgerissen. Der Bergrucksack hatte aber den Nachteil, nicht für lange Märsche gemacht zu sein, jeden Tag schmerzten mir nach spätestens drei Stunden die Schultern. Der pausenlos angreifende Wind, die Hitze, der Schulterschmerz – bald wollte ich mich nur noch hinwerfen, ins Gras, in den Staub, aber wo? Die Sonne stand im Zenit. Nirgends ein Schatten, kein Baum, nicht mal ein Busch. Nichts außer der sengenden Hitze, der Straße, dem Wind.

Wolkenfetzen jagten heran, ihre großen Schatten huschten übers Grasland, und weil der Wind stur von Süden blies, wehten sie mir entgegen. Begierig, einige kostbare Augenblicke im Schatten der Wolken zu gehen, hielt ich immerzu Ausschau nach diesen flüchtigen Erlösungen und wünschte, sie festhalten zu können, allzu rasch huschten sie über die schwarze Leinwand, den Asphalt der Straßen von Kansas – ein Fußluxus und mehr noch ein Augenluxus, die Straßen Dakotas und Nebraskas waren aus Beton gewesen.

Ich spürte, wie mein Gesicht verbrannte. Die Sonne stand nun im Westen. Ich blieb stehen, vornübergebeugt, die Hände auf den Knien, um den Augen ein wenig Erholung von der brennenden Helle zu gönnen, sie in Asphaltschwärze zu kühlen, als ein lebender Schatten über mich glitt. Ich sah hoch, ein Adler, die unverkennbar geschwungenen Flügel, er rührte sie nicht. Leicht schwebte er am Himmel hin, zog seine eleganten Kreise, mühelos. Voll Bewunderung folgte ich ihm — war ich doch das Gegenteil des herrlichen Fluges dort oben, ein sonnenverbranntes, sich dahinschleppendes Bündel, am Rande seiner Kraft, einen klatschnassen Lappen am Leib, der in besseren Tagen ein Hemd gewesen war.

Meine Hoffnung hatte ich in Randolph gesetzt, den nächsten Ort auf der Karte, doch Randolph war trostlos. Wenige Häuser bei der kleinen Tankstelle, das Motel — ach, wie gern hätte ich mich dadrin aufs Bett fallen lassen, in die künstliche Nacht eines abgedunkelten Zimmers — das Motel war geschlossen, kein Mensch zu sehen. Leichter Regen setzte ein, ich hockte mich auf einen Stein und überließ mich dieser unverhofften Wohltat, und irgendwann stach wieder die Sonne zu, und ich stand auf und lief weiter, was sonst. Gegen Abend erreichte ich Manhattan.

Ich fand ein billiges Motel, in dem sonst Soldaten abstiegen. Eine Frotteefahne mit Amerikas Farben und einem angreifenden, sich auf den Betrachter stürzenden Adler hing über der Rezeption und im Frühstücksraum ein weißes Laken, mit in Kinderschrift geschriebenen Segenswünschen für die kämpfenden Truppen im Irak und in Afghanistan. Als ich das Motel verließ, um in die Stadt zu gehen, parkte davor ein gefährlich gleißender schwarzer Truck mit der Aufschrift «Strike Force Special Ops».

Bäume! Mächtig grünende Bäume. So viele hatte ich noch nie beisammengesehen, seit ich in Amerika war. Ich suchte mir den schönsten Schatten aus, den schönsten Rasen, dicht und weich wie ein teurer Teppich, streckte mich aus und sah zu, wie Studenten im Laufschritt durch den Park eilten, manche junge Männer mit freiem Oberkörper. Sport zu treiben vor aller Augen, sich wenigstens sportlich zu geben, schien Pflicht zu sein in Manhattan. Leicht daherwippenden Mädchen folgten stramm ihr Laufprogramm absolvierende Drahtbürsten, kahlrasierten Baseballjungs leptosome, lockige Flirtjungs. Der gymnastische Reigen riß nicht ab, und weil ich auf dem Rücken lag, flogen all die hübschen und weniger hübschen Jungen und Mädchen am Himmel über mir hin – ein Jugendstilfresko.

Ein Collegestädtchen war Manhattan, wie es im Buche stand, so perfekt, als sei jemand mit dem Collegestadt-Musterbuch hier gewesen, um alles exakt so herzurichten wie darin empfohlen. Die Institute – ehrwürdige *halls*, benannt nach ihren Stiftern. Die Kirchen – Gleiche unter Gleichen, keineswegs sich erhebend über ihre weltlichen Brüder, die Bauten von Bildung und Staat. Die *halls* warfen sich gern in römische Tempelfassaden, der wuchtige *courtyard* trug Turm. Das alles war so kunstvoll konfus in die Parklandschaft gestreut, die Manhattan war, als sei der College-Demiurg nach getaner Schöpfung einen Schritt zurückgetreten, um sein Werk zu begutachten, und habe es, um es natürlicher aussehen zu lassen, am Ende sachte zerstrubbelt mit allen zehn Fingern wie ein Friseur.

Dies war der rechte Moment, mir die Haare schneiden zu lassen, und ich bereute es nicht. Schwer fuhr die Haarschneidemaschine ihre Bahnen meinen Nakken hinauf und mähte den Schädel auf beiden Seiten — kostbare Kindheitserinnerung. Ich hatte das brummende Ding geliebt, es kitzelte, aber nicht zu sehr, es war kühl, aber nicht kalt, und Blut floß auch nicht unter dieser gutmütigen Maschine. Die Augen geschlossen, schwelgte ich in Erinnerung und lauschte dem Friseur von Manhattan, der mir das Lied dieser Tage sang, das Lied von Amerikas Zorn und Furcht: «Wir leben in Angst, wir, die arbeitende Klasse. Solche wie ich mit einem kleinen Geschäft. Wir haben etwas Geld beiseitegelegt fürs Alter. Jetzt gibt Washington mehr und mehr Geld für die Wohlfahrt aus, Geld, das sie uns nehmen, Geld, das uns erhalten sollte im Alter. Wir sind keine Klassengesellschaft, jeder ist willkommen, ob Spanier, ob Mexikaner, nur arbeiten muß er. Kommt und arbeitet! Capitalism is good!»

So sprach der Friseur, dazu brummte seine Maschine, brummte und fuhr ihre Bahnen in meinem Nacken, an meinen Schläfen hoch, ich hörte das Lied und das Gebrumm mit immer noch geschlossenen Augen, und als ich sie aufschlug, sah ich im Spiegel den beinahe kahlen Schädel eines hart arbeitenden Mannes aus dem Mittleren Westen, rasiert bis auf die angedeutete Schädeldachbedeckung, und hinter seinem Werk erschien das freundliche Gesicht des sanftmütigen Barbiers mit den festen Ansichten. «Es ist gut, daß Sie hierherkommen», sagte er zum Abschied, «nicht immer nur New York, New York. Für die Reichen ist das alles kein Problem. Aber wenn wir immer mehr Steuern zahlen müssen, trifft es den Lebensnerv Amerikas.» Ich war der einzige Kunde, und sein Kompagnon, ein Mann mit schlaksiger, leicht gebogener Cowboyfigur, saß in einem der freien Frisiersessel, hörte zu und lachte lautlos. Keiner, der viel redete oder ans Reden glaubte, soviel stand fest.

Der Weg nach El Dorado

Das Frühstück im Army-Motel war soldatisch schlicht. Kaffee, Toast, dazu ein weißlicher Käseaufstrich, aus Portionsschälchen zu kratzen. Am Nebentisch saßen zwei Uniformierte, ein Mann und eine Frau, beide Pistolen am Gurt, am Ärmel das Wappen, das auch auf dem Truck vor der Tür zu sehen war: «Strike Force Special Ops». Neugierig, was das wohl für eine Eliteeinheit war mit einem so protzigen Namen – die beiden sahen nicht aus wie Elitesoldaten, dafür war er zu alt und sie zu dick –, fragte ich sie, ob sie der Armee angehörten oder der Nationalgarde.

«Law Enforcement», sagte der Mann.

«Ach so, Polizei?»

Er schüttelte den Kopf und erklärte es mir. Nicht einmal Polizei waren sie, nur eine Privatfirma, die Strafgefangene von hier nach dort transportierte, von Gefängnis zu Gefängnis, das war alles. Aber der ganze Auftritt, der gefährlich schwarze Truck vor dem Army-Motel, darauf das fronttaugliche oder doch actionfilmtaugliche Wappen «Einsatzkräfte Spezialoperationen», das machte was her, das sah nach was aus.

Ich grüßte die beiden, verließ die angenehme Kühle des Motels und trat hinaus in den leuchtenden Morgen. Drei Tagesmärsche weiter südlich lag ein mythenumwobener Ort – El Dorado. Dort wollte ich hin. Nur eine kleine Stadt in Kansas war El Dorado, aber ihr Name erinnerte an ein Abenteuer von großer Kühnheit und Gier, das in einem ebenso großen Desaster endete. Irgendwo hier im heutigen Kansas war das sagenhafte Goldland vermutet worden, dessen Entdeckung, Eroberung und Ausraubung jede Gefahr, jedes Opfer rechtfertigen würde — fast ein halbes Jahrtausend war das her. Bis in diese Gegend, durch die ich jetzt lief, waren die ersten Weißen ins innere Nordamerika vorgedrungen, auf der Suche nach dem dritten Goldland — das dritte nach den wenige Jahre zuvor von Cortés und Pizarro eroberten, unfaßbar reichen Goldländern Mexiko und Peru! Die Aussicht darauf erregte Neuspanien, vom Vizekönig bis hinab zum gemeinen Söldner. Noch einmal in Gold waten, noch einmal ein großer Goldzug, soviel Pferde und Maultiere nur schleppen konnten — eine dritte Conquista!

Geblendet einzig und allein von den Erzählungen eines Franziskanermönchs, eines Franzosen aus Nizza, der sich in den unerforschten Norden vorgewagt hatte, zu den Pueblos der Zuñi-Indianer im heutigen Neumexiko, und der, heimgekehrt nach Mexiko-Stadt, von sieben goldenen Städten im Norden berichtete, ließ der spanische Vizekönig ein Expeditionsheer ausrüsten, das gewaltigste, das Spanien je in der Neuen Welt ausgesandt hatte. Die Trupps der berühmten Konquistadoren, die ganz Mexiko, ganz Peru mit ein paar Dutzend Reitern erobert hatten, waren dagegen armselige Haufen gewesen.

Im Februar 1540 setzten sich tausend Soldaten mit eintausendfünfhundert Pferden und Maultieren in Marsch, dazu Rinder und Schafe für die Versorgung der

Truppe. Zugleich stachen zwei Schiffe in See, sie sollten versuchen, von der Baja California her den Colorado hinaufzufahren, um irgendwo im heutigen Arizona oder Colorado die Landstreitmacht zu treffen. An deren Spitze ritt Don Francisco Vázquez de Coronado, unsterblichen Ruhm erhoffend und vor allem Gold.

Imperiale, religiöse und finanzielle Erwartungen ruhten auf Don Francisco und seinem Zug. Der König in Spanien spekulierte auf neue Kolonien im unerforschten Norden Amerikas, auf prall gefüllte Frachtschiffe, wie jene, die das Gold der Inkas und der Azteken nach Europa geschafft hatten. Sein Vizekönig in Mexiko-Stadt hatte alles auf diesen Goldzug gesetzt und sein Privatvermögen hineingesteckt, und seinem Beispiel folgten Offiziere und Soldaten und investierten, was sie besaßen, in die Expedition. Auch Coronados Ehefrau, eine Tochter aus reichem Hause, gab ihr Vermögen für den Zug ihres Mannes nach El Dorado. Keiner dieser Männer wußte, was ihn dort draußen erwartete. Alles oder nichts. Gold oder Ruin. Ruhm oder Tod.

Bevor ich nach El Dorado aufbrach, schenkte ich der Managerin des Army-Motels, einer blassen, überarbeiteten Frau, meinen dickgefütterten Armeeparka. Sie hatte ihn gesehen, als ich gekommen war, und gesagt, ihr Sohn wünsche sich genau so einen. Meine anderen Wintersachen waren längst fort, verschenkt oder in Motels zurückgelassen auch sie. Nun endlich gab ich das Hauptstück her, viel zu schwer, viel zu schwarz, schon zu dieser frühen Stunde war der Tag in Hitze getaucht. Ab jetzt ging ich im Hemd. In einem Country Store am Weg hatte ich zwei neue nach der Art des Landes gekauft, ein leuchtend blaues und ein khakifarbenes Cowboyhemd, tailliert, mit geschwungenen Rückennähten und Perlmuttdruckknöpfen. Ich trug sie abwechselnd und registrierte von nun an verwunderte, manchmal anerkennende Blicke.

Zu meiner Enttäuschung besaß die Straße nach El Dorado keine Ränder. Wieder kreiste ein Raubvogel über mir, ein Geier diesmal, ein Truthahngeier. Den Namen trug ihm sein häßlich lappiger Kopf ein, aber den sah ich nicht, so hoch stand der Geier über mir. Ich erkannte ihn an den geschwungenen Flügeln, ausfedernd wie Finger. Jetzt vollführte er einen seiner Kunstflüge über mir, trieb sein Spiel mit der Erdenschwere des ungeflügelten Menschenwesens dort unten und wartete ab, wann das Aas auf zwei Beinen schwach würde und liegenblieb.

In einer Senke lullte mich warmer Wind ein wie eine Haut. Kaum stieg ich aus ihr hervor, schmiß er mir eine Handvoll Dreck ins Gesicht. Ich blinzelte und rieb mir die tränenden Augen. Da, eine flüchtige Bewegung, mehr erahnt als erblickt — ein wilder Truthahn, keine zehn Meter neben mir. Ich blieb stehen und schaute ihn an, aber der scheue Vogel rannte nicht weg, auch er hielt inne in seinem schaukelnden Lauf und betrachtete mich, offenbar nicht weniger erstaunt: Sieh da, ein wilder Truthahn. Sieh an, ein Mensch. Eine rare Begegnung für beide. Der scheue Vogel kannte andere wilde Truthähne, sicher auch Dachse, Schlangen, Kojoten, aber keinen Menschen zu Fuß. Und traf er doch einmal einen, war es das letzte, was er sah, dann war es der Jäger, der auf ihn anlegte. Unser wechselseitiges Anstarren währte ein paar Sekunden, bis der Truthahn genug gesehen hatte. Sein Kopf ruckte, er fiel wieder in seinen eigentümlich halsschlackernden Lauf und verschwand im Gebüsch, und ich ging den nächsten Hügel an.

Den Kopf und den Blick gesenkt, um mir den aufgewirbelten Staub zu ersparen und den Anblick des Anstiegs, der vor mir lag, langte ich eine Stunde später oben an, und was sich mir darbot, war unerwartet und überwältigend. Ich sah das Staunen und den Schrecken der ersten Weißen hier. Ich sah die Prärie. Sah, wie sie gewesen war.

Diese Männer, deren Träume und Leid, deren Hoffnung und Entsetzen ich mir vorzustellen versuchte, waren von demselben Kontinent gekommen wie ich, aus jener gesegneten Welt voller Dörfer und Städte, aus dem Garten Europa, gegliedert von Tälern, Wäldern, Flüssen, Seen, Gebirgen — aus Landschaften kamen sie, jede anders, besonders, beschrieben von alters her. Hier aber war keine Landschaft. Nur Land, Land, Land, niederschmetternd baumlos, endlos, nichts war je anders, besonders, beschrieben, alles gleich, gleich, gleich. Und sie selbst waren Schiffbrüchige, ausgesetzt auf dem Ozean aus Gras, in dieser unheimlichen Gleichheit aller Erscheinungen und Horizonte. Ein Ritt, ein Tag wie der andere, die gegen unendlich wogende Gleichförmigkeit der Prärie. Hunger, Durst, rasch eintretender Orientierungsverlust, am Ende nackte Angst — so hatte ich versucht, mich in das, was diese Männer erlebt haben mußten, hineinzuphantasieren, befeuert durch die Lektüre alter Berichte. Es war mir schlecht gelungen, es blieben alte Berichte.

Aber jetzt stand ich hier, ringsum nichts als strohgelbes Grasland, Hügelwellen, so weit das Auge reichte, und wirklich, wenn der Wind durchs Büffelgras ging, hatte es Ähnlichkeit mit dem Meer. Es war die Konza-Prärie, nur ein kleiner vom Feind, dem Fortschritt, großzügig verschonter Rest, und doch groß genug, um den staubigen alten Berichten Leben einzuhauchen.

Im Oktober 1541 saß Don Francisco Vázquez de Coronado in einem indianischen Pueblo am Oberlauf des Rio Grande, einem Ort, den die Spanier Tiguex nannten. Sein Zug nach dem Goldland, vor über zwanzig Monaten so grandios begonnen, war gescheitert. O ja, er hatte El Dorado mit seinen eigenen Augen gesehen. Jedes neue El Dorado, das eingeborene Informanten ihm vorgegaukelt hatten, um ihn und seine spanischen Mäuler loszuwerden, die die Vorräte der Indianer aufaßen, und das Heer immer tiefer hinein ins Unbekannte zu schicken, hoffend, daß sie alle umkommen würden. Und Coronado hatte jedes neue El Dorado erobert, jeden neuen goldenen Traum, jede neue Lüge.

Die erste hatte der Mönch aus Nizza erzählt. Seine sieben goldenen Städte gab es nicht, nur staubige Pueblos am Rio Grande. Coronado nahm sie ein, unterstellte sie feierlich dem König von Spanien und überwinterte dort. Eines Tages tauchte El Turco auf, ein fremder Indianer, die Spanier nannten ihn so, weil seine Gesichtszüge sie an die von Türken erinnerten. El Turco berichtete den Spaniern von einem El Dorado weit im Nordosten, hinter der großen Prärie, am fernen Ufer des Ozeans aus Gras. Von herrlichen Städten sprach er, von reichen indianischen Fürsten in golde-

nen Häusern, vom hellen Geklingel goldener Glöck-
chen im Wind. Glaubte ihm Don Francisco? Wer weiß
es, vielleicht ahnte er, daß die dritte Conquista ein eit-
ler Traum bleiben würde, aber er war nun einmal hier
und führte ein Heer, das Gold suchte und keines gefunden hatte, seine Leute murrten, er war ihr General, er
konnte nicht einfach umkehren und mit leeren Händen
vor dem Vizekönig erscheinen, vor seiner Frau, die ihr
Erbe auf seinen Goldzug gesetzt hatte. Nein, Umkehr
kam nicht in Frage. Er mußte seinem Heer ein neues
Ziel zeigen. Er ließ aufsitzen. Am 23. April 1541 führte
Don Francisco Vázquez de Coronado seine Streitmacht
in die Great Plains.

«Nach neun Tagen Marsch», schrieb er später an Ihre
Heilige Katholische Majestät, den König von Spanien,
«erreichte ich Ebenen, so gewaltig, daß ich ihre Grenze
nicht fand, wohin ich auch vorstieß.» Büffel habe er
dort in solchen Mengen angetroffen, daß man sie unmöglich habe zählen können. Nicht einen Tag habe es
gegeben ohne den Anblick der Herden. «Und nach
siebzehn Tagen Marsch kam ich zu einer Siedlung von
Indianern, die man Querechos nennt und die diesen
Büffeln hinterherziehen. Sie pflanzen nicht, sie essen
das rohe Fleisch und trinken das Blut der Büffel, die sie
töten, und sie trocknen die Häute dieser Büffel, darin
kleiden sich alle Menschen dieses Landes hier.»

Coronado beschreibt das harte nomadische Leben
der Plains-Indianer, das Umherziehen mit Lasthun-
den und Zelten aus Büffelhaut, und sein eigenes Vor-
dringen in Gegenden, die noch kein Weißer sah. «Ich
reiste fünf Tage weiter, als meine einheimischen Füh-

rer mich geleiten wollten, bis ich jene Ebenen erreichte, die gar keine Landmarken mehr aufweisen.» Hier tritt ihm das ozeanische Bild vor Augen. «Als habe uns das Meer ganz verschlungen», so endlos, so hoffnungslos gleich erstrecke sich das Grasland in alle Himmelsrichtungen. «Es gab dort nicht einen Stein, nicht die kleinste Anhöhe, keinen Baum, keinen Busch, nichts, woran man sich hätte halten können.» Und dann fällt der Satz, dessen wahre Tragweite dem Schreiber nicht aufzugehen scheint: «Dort gibt es sehr gutes Weideland, gutes Gras.»

Und Verzweiflung. Seine Maisvorräte, sein mitgetriebenes Vieh hatte das Heer längst aufgezehrt. Wie die Plains-Indianer lebten die Männer nun von dem, was es hier gab – Büffelfleisch. Durst quälte sie. Selten fanden sie Wasser in der Prärie, und wenn doch, war es oft eine schlammige, kaum genießbare Brühe. Sie verloren Pferde bei der Büffeljagd, mit den schnaufenden Kolossen, unter deren Hufen die Prärie erbebte, war nicht zu spaßen. Ihre durchgegangenen Pferde – sie waren das Geschenk, das die Spanier, denen die Prärie nichts schenkte, den Indianern hinterließen, der Grundstock jener Mustangherden, die bald das bei Ankunft der Weißen pferdelose Amerika durchstreifen würden. Die Spanier brachten, ohne es zu wollen, den Indianern, die Tausende Jahre zu Fuß gegangen waren, das Reiten bei.

«Und als wir uns in diesen Ebenen verloren», fährt Coronado in seinem Bericht an den König fort, «trafen einige unserer Reiter während der Büffeljagd auf Indianer, die ebenfalls jagten, es waren aber Feinde jener Indianer, deren Siedlung ich zuletzt besucht hatte.» Von ihnen erfuhr er endlich die Wahrheit über das Goldland Quivira, das er immer noch nicht erreicht hatte — die Wahrheit über die sieben goldenen Städte am Rio Grande kannte er schon; es war die gleiche: kein Gold in Quivira, sowenig wie am Rio Grande. In der offenen Prärie hielt Coronado eine Versammlung seiner Hauptleute ab. Er entschied, den größten Teil der Armee zum Rio Grande zurückzuschicken und dort den Winter über Quartier nehmen zu lassen. Er selbst drang mit dreißig Reitern und sechs Mann zu Fuß weiter in nordöstlicher Richtung vor.

Am 29. Juli 1541, im Hochsommer, entdeckte er das sagenhafte Quivira — eine Siedlung aus Lehmhütten an einem großen Fluß, ärmlicher als die Pueblos am Rio Grande, bewohnt von maisanbauenden, den Büffel jagenden und handeltreibenden Plains-Indianern. Vier Wochen blieb er dort, dann zog auch er durch die Prärie zum Rio Grande zurück und schrieb einen Bericht an den König, der ihn selbst richtete und den Traum, dem er nachgejagt war, begrub. Er verteidigte sich mit dem Argument, er habe mit eigenen Augen sehen wollen, was wahr sei und was Lüge, und nichts unversucht lassen wollen, jene unbekannten Länder für die spanische Krone zu erobern. Sollte er abbrechen und das größte Expeditionsheer der Neuen Welt heimführen als einen Haufen zerlumpter, enttäuschter Goldsucher? Das kam nicht in Frage. Weiter, weiter bis zum bitteren Ende. Und wenn es kein Gold gab, vielleicht gab es etwas anderes in Quivira.

Viele seiner Soldaten waren bankrott, sie blieben aus

Scham im Norden und kehrten nicht nach Mexiko heim. Coronado mußte sich dort einer Untersuchung stellen, einem Richter. Man behandelte ihn milde, die Anklagen gegen ihn als Führer der Expedition wurden fallengelassen, aber er blieb ein gescheiterter Mann. Zwölf Jahre nach dem größten Abenteuer seines Lebens starb er in Mexiko-Stadt.

Vielleicht kam Coronado zur falschen Jahreszeit. Im Frühsommer war die Prärie grün. Jetzt war sie vergilbt, aber wenn die Sonne sank, wie sie es gerade tat, dann war die Prärie golden, ein einziges Goldbraun, im Winde bewegt. Hätte es Coronado zu denken gegeben, das Land so zu sehen? Wäre er nur etwas länger geblieben, bis der Sommer sein Glutwerk getan hatte, er und seine Spanier hätten in einem Meer aus wogendem Gold gestanden, das sich vom Ufer des Missouri im Osten bis zu den Rocky Mountains im Westen erstreckte, von den nördlichen Eiswüsten bis an die Ränder Neuspaniens im Süden.

In seinem Bericht erwähnte Coronado zwar das fruchtbare Land, aber ihm fehlten alle Voraussetzungen, um das Grasland, das er der spanischen Krone unterstellte, wirklich in Besitz zu nehmen: sichere Verbindungswege, eine Kette von Forts und vor allem Bauern, die in der fernen Wildnis gesiedelt hätten. Seine Spanier, kühn genug, erstmals so tief ins Innere Nordamerikas vorzustoßen, waren Adlige und Soldaten, keine Bauern und Siedler. Sie gingen auf Goldraub aus, nicht auf Landraub.

So erging es auch den ersten Nordeuropäern. Viele kamen als Goldsucher, andere als Sektierer. Die Goldfunde in Kalifornien vor Augen oder das Mormonenparadies am Großen Salzsee, wagten sie den Marsch durch die Prärie — diese selbst war ihnen nur eine schreckliche Prüfung auf dem Weg dorthin. Erst allmählich verstanden sie, arme Schlucker aus England, Deutschland, Skandinavien, Böhmen, was sie unter den müden Füßen hatten: Land, fruchtbares Land, soviel sie nur pflügen konnten.

Die Prärie hatte die Spanier besiegt. Erst die Nordeuropäer besiegten die Prärie, darum lief ich nicht durch Neuspanien, sondern abwechselnd durch Neuengland, Neudeutschland, Neuschweden, Neuböhmen. Eines aber konnten die fleißigen protestantischen Landnehmer dem grandios gescheiterten katholischen Goldsucher nicht nehmen — ihm blieb der Ruhm. Generationen bevor die Pilgerväter an der amerikanischen Ostküste landeten, zu einer Zeit, als der strenge Calvin Genf reformierte und in Rom der Petersdom gebaut wurde, entdeckten Don Coronado und seine Spanier den Grand Canyon und durchquerten die Great Plains.

Der erste Tagesmarsch Richtung El Dorado führte mich nach Council Grove. Je weiter südlich ich kam, desto deutlicher sah ich: Ganz spurlos war der tollkühne spanische Vorstoß nicht an Amerika vorübergegangen. Auf weißen Veranden wiegten sich weiße Schaukelstühle und Schaukelbänke im Wind. Die Häuser waren mit schlanken weißen Säulen geschmückt, mit zierlichen Holzborten, Türmchen und Kuppeln — Dinge, die kein Yankee brauchte, hier gab es sie im Überfluß. In Council Grove endete das allzu strenge, allzu pure Amerika, das

Schönheit ansah wie einen Makel, und das Reich des schönen Nutzlosen begann.

Ich fand Quartier in einer solchen Villa, und als ich mich auf der Veranda niederließ, um auch ein wenig zu schaukeln, blieb ich nicht lange allein, bald schaukelten zwei andere Männer mit, ein großer Gutaussehender und ein kleiner Drahtiger, allem Anschein nach Politiker. Aus ihrem Gespräch ragten Worte von höchster Wichtigkeit heraus — «Democrats», «Republicans», «Speaker of the House» — und aus den Hosenbeinen ihrer Anzüge Cowboystiefel, aber welche mit bequemen Gummisohlen. Ständig wurden die beiden von einer Frau mit signalroten Lippen und Fingernägeln fotografiert, zweifellos die Pressedame. Als sie aufstanden, grüßte der Gutaussehende herüber — eine vertraute Geste, jeder Politiker auf der Welt grüßt herüber, geht er doch davon aus, daß jeder ihn kennt. Ich grüßte zurück und sagte: «Nichts für ungut, ich belausche Sie nicht, ich bin von weit her.» Er fragte, woher denn, und zog auf meine Auskunft hin den deutschen Satz hervor, den er für solche Gelegenheiten bei sich trug. Nun trat ein dritter hinzu, gewiß der persönliche Referent, und bedeutete den Herren, man müsse an Weiterfahrt denken — der nächste Termin. Dann waren sie fort.

Ich schaukelte in der Abendsonne, und als die Wirtin herauskam, sprach ich sie auf die leeren Veranden im Norden an. «Ja», sagte sie, «die Leute im Norden sitzen nicht auf ihrer Veranda, zu lange Winter, zu kurze Sommer, die sind das nicht gewöhnt.» Sie sei aus dem Süden und nur ihres Mannes wegen hierhergezogen. «Ich könnte keine Meile weiter nördlich leben.» Ich erzählte ihr von den Warnungen vor dem Süden, zumal vor Texas, die ich im Norden gehört hatte. Sie lachte. «Texas, das sind Cowboys. Tragen große Hüte, fahren große Trucks. Na ja, zu Fuß gehen können Sie dort nicht, die Ranches sind riesig, die Entfernungen viel zu groß. Aber keine Sorge — freundliche Leute da unten.»

Der nächste Tagesmarsch mußte warten, denn ich lernte Ken und Ron kennen. Ken war Jäger, Rons Leidenschaft galt der Vogelbeobachtung. Den ganzen Tag verbrachte ich mit den beiden draußen im Gras und im Wald. Ken hatte früher mit dem Gewehr gejagt, jetzt jagte er mit dem Bogen, einem modernen, technisch ausgefeilten, er war kein Folklorist. Der Bogen, sagte er, sei die größere Herausforderung. «Du kannst dich nicht einfach im Busch auf die Lauer legen und Kugeln durchs Geäst jagen. Du mußt auf den einen Schuß warten, am besten auf einem Baum.»

Auch diesmal dauerte es nicht lange, bis das Gespräch auf Berglöwen kam. «Einmal ging ich frühmorgens auf die Jagd, an einem Bach, da sah ich eine Spur auf dem feuchten Boden, ganz frisch. Plötzlich standen mir die Haare zu Berge, ich wußte, da ist etwas, hinter mir, es beobachtet mich. Ein Puma war ganz nahe.»

«Wie ging es weiter?»

«Gar nicht. Sie haben einen Wanderradius von vier-, fünfhundert Meilen, sie sind immer unterwegs. Und sie sehen dich lange, bevor du sie auch nur ahnst. Sie sehen dich immer, du siehst sie nie. Und wenn du doch mal einen siehst, ist es zu spät, dann bete oder schieß, wenn du kannst. Ich würde so gern einmal einen sehen.

Ach was, allein zu wissen, es gibt sie, sie sind hier, macht mich glücklich. Nur Rednecks wollen alles abschießen, was ihnen vor die Flinte kommt.»

«Was ist eigentlich ein Redneck?»

«Einer, der das Wild von seinem Pickup aus jagt, der Wölfe vom Flugzeug aus ortet, um sie abzuknallen, der Kojoten mit einer Greyhound-Meute so lange hetzt, bis sie zusammenbrechen und von den Hunden getötet werden.»

Ron hatte während des leise geführten Gesprächs unentwegt Vögel bestimmt und deren Namen in ein Heft notiert. Sein Murmeln drang herüber, er schien jeden einzelnen zu kennen: «Carolinataube. Schwarzkopfmeise. Und sieh da, ein Rötelreiher fliegt auf. Da drüben ein paar Hüttensänger. Hört ihr den Specht?»

Wir verließen den Wald mit seinen mächtigen Pappeln und Eichen und liefen durch Grasland. Ken hatte etwas entdeckt. Tierlosung. Er hob ein Stück auf, brach es, betrachtete die Bruchstelle. «Kojote. So haben wir ihn zwar nicht selbst gesehen, aber immerhin seine frische Spur.» Im hohen Grase stehend, auf die Geräusche der Prärie horchend, kamen wir auf ihre verschiedenen Tonarten zu sprechen. Jetzt, in der Zeit des sandgelben Grases, klang die Prärie hell, trocken, leicht reibend. «A hiss», schlug Ron vor, ein Gezisch. Im Sommer, wenn die Prärie grün sei, sei alles ein einziges Rascheln und Rauschen.

Die beiden erwähnten einen rätselhaften Steinhaufen unweit von Council Grove, eine Stele oder Pyramide aus verwitterten Kalksteinen, aufgeschichtet von Menschen, weit älter als die kleine Stadt. Die Geschichte, die darüber erzählt wurde, ließ mich aufhorchen. Dreihundert Jahre bevor der erste weiße Siedler hier aufgetaucht war, sei ein Priester aus dem fernen Mexiko in diese Gegend gekommen, den ganzen weiten Weg vom Rio Grande durch die Prärie zu Fuß, ein Franziskaner. Geboren in Andalusien, war er nach Neuspanien gegangen, hatte sich dort als talentierter junger Mann erwiesen und zuletzt einem Kloster im Westen Mexikos vorgestanden. Als der Vizekönig eine große Expedition in den damals noch unbekannten Norden ausrüsten ließ, natürlich ging es um Gold, schloß der Priester sich dieser an, zusammen mit drei Ordensbrüdern. Nach zwei Jahren kehrte die Expedition erfolglos und dezimiert zurück, ohne den jungen Mann — er ging zurück in die Prärie, diesmal auf eigene Faust, mit nur wenigen Gefährten.

Es war Don Coronados Goldzug, dem ich in Council Grove wiederbegegnete, und der Priester, um den es ging, war Juan de Padilla aus seinem Gefolge. Padilla wußte, was er tat, als er ein zweites Mal nach Quivira aufbrach, ohne bewaffneten Schutz, begleitet allein von zwei Ordensbrüdern, einem portugiesischen Glücksritter und einigen mexikanisch-indianischen Helfern. Er hatte den langen Marsch durch Wüsten und Steppen mitgemacht und den Vorstoß von Coronados letztem kleinen Trupp ins angebliche Goldland. Er hatte die Enttäuschung der Männer gesehen, die kein Gold fanden, nicht den kleinsten Krümel, und ihren Zorn, als sie El Turco erwürgten, der sie hergeführt hatte und endlich bekannte, sie genarrt zu haben, um sie fort von den Pueblos zu locken, in die Irre. Mit Coronado kehrte der Priester zum Hauptheer zurück, zum Rio Grande. Dort faßte er seinen Entschluß, rüstete sich aus und zog los.

Juan de Padillas Gang nach Quivira war der radikalste, vielleicht reinherzigste Eroberungszug, den Spanier je in der Neuen Welt unternahmen. Ob Cortés in Mexiko, Pizarro in Peru, Coronado in den Great Plains — sie alle waren ihrer Goldgier gefolgt, die Kreuze und Hostien in ihrem Gefolge waren besudelt vom Blut der Erschlagenen und Gequälten. Diesmal würde es anders sein. Juan de Padilla und seine Brüder zogen los ohne jede Hoffnung auf Gold oder Ruhm.

Nach einem Marsch von ungefähr tausend Meilen erreichten sie ohne Verluste die Quivira-Siedlungen am Fluß, die Padilla wenige Jahre zuvor mit Coronado entdeckt hatte. Er fand das Kreuz, das er dort errichtet hatte, so heißt es, gut erhalten und gereinigt vor, was darauf schließen ließ, daß die Indianer ihm eine gewisse Verehrung entgegenbrachten. Einige Zeit lebte und missionierte er bei den Quivira, die ihn anscheinend freundlich behandelten. Aber es hielt ihn nicht dort, es gab noch andere Stämme.

Die Quivira warnten ihn vor ihren Feinden und versuchten, ihn von seinem Plan abzubringen. Padilla brach dennoch auf, wieder mit einigen Gefährten. Als sie auf freier Prärie einen Trupp Krieger entdeckten, war es zu spät zu fliehen. Sei es aus Haß auf den fremden Priester, sei es, um ihren Feinden, den Quivira, diesen heiligen Mann zu nehmen, der seit einiger Zeit bei ihnen lebte und ihnen womöglich Glück brachte, töteten sie Padilla — kniend, im Gebet habe er sie erwartet, heißt es. Seine Mörder warfen ihn in eine Grube. Man habe seinen Leichnam mit Steinen bedeckt, sagt die Legende, entweder die Indianer, die ihn erschlugen, oder seine Freunde, die man laufenließ und die zurückkamen, um den Priester auf diese Weise zu bestatten. Seine Spur führte bis zu dem Monument, von dem mir Ron erzählt hatte. War Juan de Padilla hier gewesen? Lag der erste christliche Märtyrer Nordamerikas in Council Grove begraben unter der rätselhaften Steinpyramide, von der niemand zu sagen wußte, wer all die ersten Kalksteine hingelegt und alle weiteren darauf geschichtet hatte? Die Legende behauptete das. Später las ich einen zeitgenössischen Bericht über Padillas Mission und Tod. Weder bestärkte er diese Deutung, noch schloß er sie aus. Ich wollte das alte Monument sehen, aber Ron sagte, es existiere nicht mehr. Vor ein paar Jahren sei ein Blitz hineingefahren und habe es zerstört.

Der Sheriff und der Priester

An einem Sonntagmorgen verließ ich Council Grove
bei schönstem Wetter. Ein dunstiger Schleier hing vor
der Sonne und machte das Gehen angenehm leicht,
kaum jemand war außer mir unterwegs. Nach vielen Hügeln, viel Auf und Ab, kam ich ins rußige Land.
Seit Tagen hatten Rauchwolken am Himmel gestanden,
jetzt sah ich, warum. So weit das Auge reichte, war alles
schwarz, alles Gras abgebrannt, ganze Höhenzüge waren
verkohlt. Ein einzelner grünender Baum stand in der
Schwärze. Aber das apokalyptische Bild trog. Die Farmer zündeten ihr Land an, damit es sich erneuerte. In
ein paar Wochen würde, wo jetzt alles schwarz war, alles
grünen und blühen.

Als der Wagen des Sheriffs mich langsam überholte
und rechts ranfuhr, stand mir eine Urszene amerikanischer Filme vor Augen: Der Aufgegriffene, am She-
riffwagen lehnend, Beine gespreizt, Arme auf dem
Dach, wird mit vorgehaltener Waffe nach Waffen durchsucht. Genauso kam es. Während der Sheriff mich ab-
tastete, dachte ich, wie seltsam, heute früh noch ein zu
seinem Vergnügen Reisender in einer weißen Villa, jetzt
das hier. Ein paar Stunden lagen dazwischen, ein paar
Schritte. Der Sheriff tat seine Arbeit, dann sagte er:
«I don't wanna give ya a hard time.» Er habe nur seine
Pflicht getan, setzte er halb entschuldigend hinzu und
warnte mich: «Es ist gefährlich, allein auf der Straße

unterwegs zu sein. Steigen Sie vorn ein, den Rucksack tun Sie nach hinten.» Er blieb auf der Hut, den Rucksack hatte er nicht durchsucht. «Ich bringe Sie bis zur County-Grenze, weiter darf ich nicht.» Ich tat, was er sagte. Nach ein paar Meilen hielt er, ließ mich weitergehen und wünschte mir Glück. Ein vorsichtiger, aber hilfsbereiter Mann, ein freundlicher Handschlag.

Ein anderes Auto überholte uns derweil und hielt ein Stück weiter an, offenbar im Nachbar-County. Ich lief die paar Schritte und war nicht wenig verwundert, am Steuer einen jungen Priester zu sehen. Er stieß die Beifahrertür auf und bedeutete mir einzusteigen. Der Sheriff wendete, der Priester gab Gas. Er müsse sich beeilen, sagte er, er habe eine Messe, sein Name sei Pater Edward. Auch er hielt mir einen Vortrag über die Gefahren dessen, was ich tat. «Es ist gefährlich für beide. Anhalter überfallen Autofahrer, die sie mitnehmen, Autofahrer rauben Anhalter aus. Wer hier zu Fuß unterwegs ist, ist entweder verwirrt oder bettelarm. Geben Sie auf sich acht!»

«Ja», sagte ich, «für die zwei oder drei anderen, die ich in den letzten Monaten auf der Straße gesehen habe, hätte ich niemals angehalten, wäre ich ihnen als Autofahrer begegnet.»

Es war, wie es war, es interessierte mich nicht. Er interessierte mich. Ein Mann in den Dreißigern, hellwach, mit glattem Gesicht und guten Manieren — eher ein junger Anwalt aus einem modernen, großstädtischen Büro als ein Priester. Warum dachte ich das über ihn? Ich kannte den Typus. Schnell im Kopf und in den Dingen, die getan werden mußten, nie laut, nie unangenehm, auf eine weiche Art professionell bis ins Private. Und in all das eine kaum merkliche, schwer faßbare Trauer gemischt, nur ein Gramm, aufgelöst in einem großen, klaren Glas Geistesgegenwärtigkeit.

«Warum sind Sie Priester geworden?»

«Oh, ich bin spät Priester geworden, daran habe ich früher nie gedacht.»

«Warum also?»

«Bestimmte Erlebnisse – praktische, spirituelle.»

«Welche?»

«Ich hatte das Sonnenerlebnis. Ich sah die Sonne, und sie wurde rot, nahm die Form eines Herzens an, pumpte wie ein Herz, schlug wie ein Herz, dann wurden zwei Herzen daraus, die verbunden waren, dann wurde alles weiß. Ich war mitgenommen davon und fragte mich, was los war. Das war in Medjugorje in Jugoslawien. Ich ging in die Kirche, vor das Allerheiligste. Plötzlich raste mein Herz, immer schneller, ich dachte, gleich explodiert es. Danach weinte ich heftig. Ich fühlte Gottes Liebe, noch nie hatte ich solche Liebe gefühlt. Noch nie hatte ich so etwas erlebt. Ich hatte vorher gebeichtet, und der Priester hatte mich gefragt: Warum bist du hier? Ich sagte: Ich weiß es nicht. Er sagte: Vielleicht willst du Priester werden? Heute weiß ich manchmal nicht, ob das alles wirklich so war. Aber dieses Erlebnis, dieses Liebeserlebnis, das war so.»

Wir schwiegen. Er war weiter gefahren, als er eigentlich gewollt hatte, er mußte ja zu seiner Messe, aber das Gespräch wäre dann unterbrochen worden. Als ich ausstieg, sagte er, er werde für mich beten. Ob auch ich für ihn beten könne? Ich nickte.

Der vierte Tag war das ganze Gegenteil des dritten. Keine Tür öffnete sich, niemand hielt, nur wenige Autos waren auf der Landstraße unterwegs. Früh ging ich los und lief bis in den Abend, wieder durch abgebranntes, schwarzes Land, später dann durch eine bewaldete Gegend. Feuer und Wind erhielten die Prärie, hatte jemand in Cottonwood Falls gesagt. Was heute die Farmer täten, hätten in alter Zeit die oft verheerenden Präriebrände besorgt, ausgelöst durch Indianerfeuer oder durch Blitzschlag. Ich roch stark nach Feuer und Brand, Hemd, Hose, Haar, alles, die Luft war erfüllt davon.

Plötzlich fühlte ich eine Tierschnauze in der Kniekehle. Hunde. Ich jagte sie fort. Der Himmel war wolkig, auch das kam von den Präriefeuern. Ich hielt mich an meinem Etappenziel fest, einem Ort namens Bazaar, aber ich fand ihn nicht. Gar nichts fand ich, denn es gab gar nichts, kein Rasthaus, keine bewohnte Siedlung. So jäh wie die Hundeschnauze war das Trompeten eines Güterzuges da, ich hatte es lange nicht gehört. Jetzt sah ich den Zug, er tauchte auf, fuhr nahe vorüber, verschwand, Waggon für Waggon, es wollte nicht enden und auf jedem das gleiche Wort: Herzog.

Matfield Green! Der Weg dorthin war viel weiter gewesen als auf meiner Karte verzeichnet, und das Café dort, von dem ich gehört hatte, gab es nicht mehr. Weiter. Weiter. Ich erreichte El Dorado auf wunden, geschwollenen Füßen, suchte mit zusammengebissenen Zähnen ein Motel, verscheuchte beim Anblick des Zimmers den Gedanken, was wohl der dicke Plüschboden schon alles in sich aufgesogen hatte im Laufe seines langen Lebens, drehte die Dusche auf und wusch mir den

Brandgeruch aus dem Haar, mit Seife, etwas anderes gab es nicht. An diesem Abend blieb der Fernseher kalt. Zu müde selbst für die Tornadovorschau, schlief ich sofort ein.

Alles bricht zusammen

Viele leere Orte hatte ich gesehen. Wichita war leerer als alle — so sehr, daß Wichita selbst seine Menschenleere zu empfinden schien. Warum sonst hatte man die Innenstadt so üppig mit Menschenskulpturen in Alltagsposen möbliert? Ein Mädchen führt ihr Pferd über den Bürgersteig. Eine Frau zeigt ihrem fotografierenden Sohn ein interessantes Motiv. Jungs liefern sich ein Wettrennen, der eine auf seinem Roller, der andere in der Seifenkiste. Auf einem Hocker sitzend, neben sich den Gitarrenkasten und seinen Hund, spielt ein Straßenmusiker für Passanten, die es nicht gibt, und erbittet deren Spenden. Da ist die Barfrau besser dran, ihr hat man ein paar metallene Gäste vor die Theke gesetzt, mit denen sie plaudern kann. Und so fort, eine ganze Population von Skulpturen, ganz still und stumm, simulierte, wie es wäre, gäbe es Menschen in den Straßen von Wichita.

Das war am hellen Tage gewesen, gegen Abend stieß ich auf Menschen — so viele auf einmal, so unerwartet, daß mich eine Unruhe überkam, die entfernte Ähnlichkeit haben mochte mit Empfindungen Robinson Crusoes angesichts der anlandenden Menschenfresser. Ein unpassender Vergleich, wie sich zeigte. Es handelte sich in Wichita um das «Lord's Dinner» gegenüber der Diözesankathedrale Zur Unbefleckten Empfängnis Mariens, und sie kamen zu Hunderten, die Humpelnden und die Gesunden, die Schönen und die Häßlichen, die Aufgedunsenen und die Mageren, die Unauffälligen, in jedes Büro passend, und die Stinkenden von der Straße, die Ebenmäßigen und die mit den entgleisten Gesichtern, die Rohen mit der Gossensprache und die Stummen, die Harten und die allzu Weichen, die Sabbernden und die Manierlichen, ja sogar, soweit es die Umstände erlaubten, die Feingemachten.

Das war das Erstaunlichste — jedem dritten sah man es nicht an, daß er den ganzen Tag darauf wartete, hier eine warme Mahlzeit umsonst zu erhalten. Alte und Junge und Familien mit Kindern, wie man sie in jedem Walmart sah. Kinder, die gar nicht zu wissen schienen, wohin sie hier gingen, so unbefangen kamen sie an der Hand ihrer Eltern daher. Es erschienen die alte Dame mit dem einst feinen Strohhut, der Herr mit blütenweißen Kniestrümpfen an den dünnen Beinen, der junge Schwarze im nicht minder weißen Unterhemd. Ein betagter Oldsmobile rollte heran, ein altes Ehepaar stieg aus, die Frau und der Mann faßten einander an der Hand und gingen hinein zum Armenmahl wie andere sonntags zur Kirche. Die junge Schwarze im fußlangen hellblauen Kleid, die Bibel in der Hand. Die Dame mit indianischen Zügen, auch sie mit Hut, umschlungen von einem blauen Band. Am Ende mögen es fünfhundert gewesen sein, die an den langen Freitischen der mildtätigen Halle Platz nahmen, rasch aufaßen und sich wieder zerstreuten. Es dauerte keine halbe Stunde, bis der Platz vor der Kathedrale so leer war wie zuvor.

Auch ich verschwand. Der Busbahnhof lag am Weg, ein Bus fuhr, ich zögerte nicht und kaufte ein Ticket nach Oklahoma City. Es blieb noch etwas Zeit, und ich ging in die Wartehalle. Nicht ein einziger Fahrgast saß untätowiert auf den Eisenbänken, aller Augen waren auf den Fernseher unter der Decke gerichtet, es lief ein Film übers Tätowieren, auch der Reporter war tätowiert. Er war überall hingereist, in die Südsee, nach Japan, und hatte sich in jedem Land ein neues Tattoo stechen und dabei filmen lassen. Erst als unser Bus in die Haltebucht manövriert wurde, löste sich die Andacht auf.

Der Bus nach Oklahoma City bot Anlaß zu mancher Sorge, sein altes, zerknautschtes Blech hatte Risse, der Karosserie fehlten ganze Stücke, ein paar Lampen waren eingeschlagen oder herausgefallen, ich versuchte mir vorzustellen, was für ein wunderliches Sternbild der Bus wohl nachts abgeben würde. Fahrtüchtig schien er aber zu sein. Flott ging es aus Wichita hinaus und auf die Interstate, und irgendwann rief der Fahrer: «We're leaving Kansas! Oklahoma state line!» Der junge Schwarze im Sitz vor mir murrte: «I wanna see Texas state line.»

Die Jungen hatten Musik auf dem Ohr, die Älteren dösten, etliche Frauen mittleren Alters waren an Bord, ich hatte Muße, ihre grauen Gesichter zu betrachten, fast alle trugen ihr strähniges Haar zu Pferdeschwänzen gebunden. Ich sah hinaus. Kansas war landschaftlich bewegt gewesen, fast modelliert, einem Europäer beinahe vertraut – sanft hügelig, hier und da bewaldet. Das nördliche Oklahoma, in das wir jetzt hineinfuhren, war flach wie Dakota, es ging zurück in die Great Plains. Im selben Moment, als ich das dachte, fuhr der Bus rechts ran und rollte in einer Haltebucht aus, der Motor erstarb, der Fahrer sprang hinaus.

Zwei, drei Sekunden Stille, dann ging es los. Der Rap ging los und stand nicht still in den nächsten Stunden. Es begann mit dem Ruf aus einer der vorderen Reihen, in die Stille hinein: «The fucking bus broke down!» Der Scheißbus ist zusammengebrochen. Der Junge vor mir, der lieber in Texas sein wollte, fiel augenblicklich in einen Klagegesang, heulend, fluchend, schrie in den Bus, schrie ins Telefon: «Shit, man, I'm in the middle of nowhere, man!»

Ein anderer schrie: «Wo ist der verdammte Fahrer?»

Noch ein anderer schrie: «Weggelaufen, hat die Hosen voll!»

Der verdammte Fahrer kletterte zurück in den Bus. «So», rief er, «Zigarettenpause, alles aussteigen, ein Ersatzbus kommt!»

Nun drängte alles hinaus, schnatternd, schimpfend, maulend. Etliche junge Kerle waren an Bord, solche mit gefährlichen Mienen, Mützen, Kapuzen, mit breiten Hosen und breiten Gesten – in der Sekunde, in der der Busmotor sein Leben ausgehaucht hatte, waren sie zu einem Haufen jammernder Kinder geschrumpft. Über allem klagte, heulte, fluchte die helle, überdrehte Stimme des schwarzen Jungen aus der Bank vor mir. Er hatte sich ein Piratentuch eng um den Kopf gewickelt, darüber trug er die schwarze Standardkappe und dazu ein Dallas-Cowboys-Shirt. Sein Redesturz entlud sich mit der Naturgewalt einer Schüttelattacke. Er konnte nicht anders, ins stoßweise Reden zu fallen, war seine Art, auf die Buspanne zu reagieren. Immer tiefer fiel er in seine Rap-Trance und schrie heraus, was er schreien mußte, ein eruptiv plapperndes Medium dieses lächerlichen Zwischenfalls. «Shit, man. The fucking bus broke down, man. Fourty miles to Oklahoma City, man. Shit, man. Fucking bus, man. Wanna see Texas, man. Dallas, Texas. Holy shit.»

Erste Informationen über die Ursache der Panne machten die Runde. Die Kühlung sei ausgefallen, der Ventilator kaputt. Nun sammelte sich alles vor der offenen Kühlerklappe, der Ventilator wurde betastet, der lose herabhängende Keilriemen, jeder führte das große Wort, ob er etwas davon verstand oder nicht, bis einer sagte: «Kühlung kaputt, Motor überhitzt, klar.» Motor überhitzt, das klang fachmännisch, es ging von Mund zu Mund, man einigte sich darauf.

Nun trat ein älterer Fahrgast hinzu, der wirklich etwas von der Sache verstand. Er zeigte auf eines der Rädchen, über die der Keilriemen lief, es war gebrochen. Er sagte, er habe den Busfahrer in Wichita auf das kaputte Teil hingewiesen, aber der sei weitergefahren, was zu neuer großer Aufregung führte. Alle zückten ihre Mobiltelefone und fotografierten den schlaff und nutzlos herunterhängenden Riemen und auch die kaputten Lampen und die Risse im Blech, sie umkreisten den armen Bus wie ein Schwarm Gerichtsmediziner. Als sie die Lust an der Beweismittelsicherung verloren, stellte sich die anfängliche Ratlosigkeit wieder ein.

Ein junger Weißer hatte, als der Bus in der Parkbucht ausrollte, seine Kappe gegen ein vorwitziges Hütchen getauscht, das er offenbar für besondere Lagen bei sich führte, damit lief er nun hin und her wie ein unruhiges, panisches Tier, seinen Radius von Mal zu Mal ausweitend, bis ich ihn an einem schwarzen Van sah. Dessen Scheiben, soviel erkannte ich aus der Entfernung, waren von innen verhangen, mit Handtüchern, wie es schien. Der Junge hatte offenbar irgendetwas entdeckt. Feixend und prustend kam er angerannt, lief zum erstbesten und erzählte es ihm. Lief von einem zum anderen, aber nur zu den Männern, nicht zu den Frauen. Ich stand abseits, schließlich kam er zu mir. Er zeigte auf den Van, machte eine drastische Bewegung mit der hohlen Hand vor seinem Becken, prustete wieder los und sah mich an wie einer, der einem Schicksalskumpanen ein unverhofftes Geschenk hinwirft, einen fetten Bissen, und ihn beobachtet, wie er sich darüber hermacht, gierig nach der Gier im Gesicht des andern: «Man, he's sitting in there – he's jerking off, man!» Ich sah sein erregtes, erhitztes Gesicht, und plötzlich wußte ich, wo dieser kahlrasierte, knochige Junge herkam – aus dem Knast. Es war die Erregtheit und Erhitztheit und das jederzeit Spionhafte, wie es in der erzwungenen Intimität der Anstalten und Gefängnisse gedeiht.

Ich hatte genug gesehen und stieg wieder in den Bus, um die Entwicklung der Dinge in meinem Sitz abzuwarten. Eine dicke Frau in Cowboystiefeln schnarchte hemmungslos. Ein Mann wiederholte zum wer weiß wievielten Mal seinen Schwur: «Never put me on a damn bus again, never ever!»

Jetzt erschien der Busfahrer und rief: «Eine Stunde, dann kommt der Ersatzbus. Ihr habt Glück, in Oklahoma City ist zufällig ein Bus frei, sonst stündet ihr noch heute nacht hier!» Und nun, da klar war, es würde noch dauern, aber ein Ende haben, machte auch die kleine Schicksalsgemeinschaft es sich wieder im Bus bequem, das Bedürfnis nach Unterhaltung nahm seinen Lauf.

Eine Frau, weiß, das Mobiltelefon am Ohr, zu einer anderen, schwarz: «Hier ist deine Stiefmutter, ich soll dir sagen, dein Vater kommt dich abholen, sie selbst sitzt fest.»

Die Schwarze: «Ich will sofort nach Oklahoma City, mein Enkel hat Krebs, er ist fünf.»

Die Weiße: «O Gott, das tut mir leid.»

Die Schwarze: «Meine Tochter kriegt ein Baby nach dem anderen, dabei ist sie spindeldürr. Ich sage ihr, hör auf, kümmere dich um die acht Kinder, die du schon hast.»

Die Weiße: «O ja, eine Bekannte hat nach der Geburt einen Hirnschlag gekriegt. Ihr Mann ließ sich von ihr scheiden, und sie durfte nicht mehr mit ihren Kindern zusammen sein, weil sie nun geistig behindert war.»

Die Schwarze: «Das ist nicht recht. Sie hat sie doch geboren.» Und leiser: «Es ist bei der Geburt passiert, dafür kann sie nichts.» Noch leiser, zu sich selbst: «That's life.»

Die Weiße: «Ich hätt gern ein Bier.»

Die Schwarze: «Ein kaltes Bier, ja. Vielleicht erstatten sie uns das Fahrgeld zurück.»

Ein Mann: «Ich wünschte, ich wäre jetzt Jesse James.»

Die Weiße: «Jesse James war ein Outlaw.»

Der Mann: «Aber er hatte ein Pferd.»

Die Weiße: «Können wir die Fenster aufreißen?»

Der Mann: «Dann könnte ich zu einer Bar reiten. Oder zu einer Peepshow.»

Eine andere Weiße mischte sich ein. Als sie ihr Haar neu zum Pferdeschwanz raffte und mit einem Gummi hochband, kam ihre Nackentätowierung zum Vorschein, dabei erzählte sie von ihrer Gefängniszeit im Staate Kansas. Der Mann, der Jesse James sein wollte, trumpfte seinerseits mit Knasterfahrungen auf, in seinem Bericht kamen mehrere zerschlagene Nasenbeine vor, das Nasenbeinbrechen schien eine Spezialität von ihm zu sein. Als er den nackten Arm auf die Sitzkante legte, fiel mein Blick auf die Tätowierung am Handgelenk. Sie stellte von der Hand wegstiebende Funken dar, es sollte wohl heißen, seine Faust sei schnell wie eine Rakete, wenn es darauf ankomme.

Zwischen ihm und der Pferdeschwanzfrau hob nun ein Streit darüber an, welches Gefängnis die besseren Zellen habe. Die Frau schwor auf den Knast von Wichita. Den hatte ich gesehen, ich war daran vorübergegangen, ein flacher Komplex, gepflegter Rasen, Parkplatz, Zaun, wer es nicht besser wußte, mochte dort ein Gewerbe vermuten oder eine Behörde. Der Mann widersprach der Wichita-Anhängerin vehement, längst war jedes zweite Wort *fuck*.

Heiß und stickig war es im Bus, jeder riß sich vom Leib, was er nicht anbehalten mußte. So ziemlich der ganze Bus war nun in den Erfahrungsaustausch eingestiegen. Kein Zweifel, so gut wie alle hier kamen aus dem Knast oder hatten früher mal gesessen. Ich war der einzige, der schwieg, den Moment erwartend, in dem sich alle Augen dem stillen Zeugen zuwenden würden, neugierig, spöttisch, drohend: Was ist eigentlich mit dir?

Gut zwei Stunden vergingen. Dann, als tatsächlich der Bus in die Parkbucht bog, der uns hier herausholen sollte, als er hinter uns hielt und sich seine Türen öffneten, da flog alle Hitze, aller Durst, alle Knastexpertise einfach davon, da brach der Jubel der erlösten Gemeinde los: «Thank you, Jesus! Thank you, Lord!» Und auf ging's nach Oklahoma City.

Glücklicherweise lag der Busbahnhof von Oklahoma City im Herzen der Stadt. Ich trat aus der Halle, ging um ein, zwei Ecken und fiel ins feinste Hotel der Stadt. Während unter der Dusche die letzten Stunden an mir herabbrannten, stand mir das Bild vor Augen, wie der Bus sich leerte, ein nach Schweiß und Süßlichem riechender Blechkasten voller Knastbrüder und -schwestern, Angeber, Halunken, Glücksritter, jeder von Gier und Sorgen umschwärmt wie faules Obst von Fruchtfliegenwolken. Und die Wolken würden nicht weichen, der schwerkranke Enkelsohn nicht gesund werden, die spindeldürre Tochter mit den acht Kindern nicht klug, Jesse James nicht zum Mann, und die Zellen von Wichita würden niemals leer stehen.

Verlorene Männer, verlassene Frauen, Hals über Kopf verlassene Unterkünfte, verlassene Tatorte, die verlassene Wärme einiger schaukelnder Stunden im Uterus aus zerbeultem, rissigem Blech – ein sich leerender Greyhound-Bus und im Ohr die Heillosigkeiten und Zoten der Fahrt, schrill dargeboten, belohnt mit dem ordinären Auflachen der anderen, die das alles allzugut kannten, dann lief alles hinaus in die Nacht, lief einfach so weiter, Schritte, Stimmen, sich verlierend in den Straßen und Parks von Oklahoma City – vielleicht wartete irgendwo noch ein Bier, eine hastige Umarmung. Ich war in dieses Hotel gegangen und wusch alles ab, wohin gingen sie? Nirgendwohin. Unterwegs von hier nach dort. Treibholz, das niemand bestellt hatte und niemand brauchte, das einfach den Fluß hinabtrieb. *American driftwood.*

Abends besuchte ich das Vergnügungsviertel. In einer Bar spielte ein Junge auf seiner Gitarre und sang wehmütige Lieder dazu — das alles kam wieder, mit der Krise die Krisenmusik, nach einer so langen glamourösen Zeit. In einer anderen Kneipe sang ein Schwarzer den Blues, und es kam mir vor, als liefe das Klagelied immerzu, von Anbeginn dieses Landes bis zu seinem Jüngsten Tag, als hätte irgendwer den Sender, als ich den Bus verließ, nur eine Weile stumm gestellt, und nun stellte er ihn wieder laut — denselben Sender, auf dem der schwarze Junge auf dem Sitz vor mir geflucht und gejammert hatte, ein paar neu hervorgestoßene Strophen im ewiggleichen Lamento.

Ein Freund für eine Stunde

Oklahoma City war schön. Mehr als das, es war zauberhaft, eine Parklandschaft, weit und flach, darin eingebettet die Stadt. Ich blieb nicht, ich ging weiter nach Süden. Erst durch ein nobles Viertel, dann durch eine Ödnis und, weil es mir nicht gefiel, Umwege zu machen, geradezu hinab in das frisch aufgerissene Bett einer früheren Eisenbahntrasse, in der roten Erde wühlten Bagger, und drüben wieder hinauf und weiter durch eine Gegend verfallender, aber schwer vergitterter und mit Ketten behängter Häuser und herrenloser Hunde.

Ich ging über den Oklahoma River und geriet am anderen Ufer in einen Vorposten des hispanischen Südens. Eine anscheinend ganz brave Autowerkstatt nannte sich «Voodoo Auto Repair», die Bars hießen wie Mariachi-Schlager, «El Ranchito», «Mexico Lindo». Pfandleihhäuser gab es an jeder Ecke, vor einem blieb ich stehen, so dreist prahlte es mit den Lieblingsspielsachen des Gangsters im Glück: «Guns, Diamonds, Guitars!» Ich ging hinein und legte mein Bündel auf den Tresen, nur um einmal zu sehen, was der alte Colt noch wert war. Mit spitzen Fingern hob der Angestellte den schmutzigen Lappen an, warf einen flüchtigen Blick hinein, ließ den Lappen fallen und sagte: «Wir sind hier nicht beim Film, Cowboy.»

Kurz darauf geschah es, daß ich angegriffen wurde, allein des Anblicks wegen: Da geht einer seines Weges, offenbar zu Fuß. In einer Kleine-Leute-Gegend, in der schlichte Vorstadthäuser auf Rasengevierten standen, fuhr ein Auto dicht heran, und der Fahrer schrie wütend aus dem Seitenfenster: «Get yourself a fucking car!» Eine Rarität. Dergleichen war bislang nicht vorgekommen und würde auch nicht wieder vorkommen.

An die acht Stunden lief ich und lief noch immer aus Oklahoma City hinaus, immerhin auf der großen Ausfallstraße inzwischen, vorbei an letzten Aufbäumungen der Stadt: «Freedom Motors» und eine meilenlange Kette von «Mobile Homes», die kleineren zu 29 999, die großen zu 39 999 Dollar und manche so heruntergekommen, daß ich mich fragte, wer das anbot oder gar kaufte. Ein paar Axthiebe hätten genügt, um diese Karikaturen von Häusern zu zerlegen.

Es tat gut, daß mich die Wirtin eines koreanischen Cafés am Wege nicht abwies, als ich um Tee bat, eine auf scheue Art freundliche Frau. Tee stand nicht auf der Karte, sie kochte mir trotzdem welchen. Als sich Hunger regte, hatte ich wieder Glück — wieder eine Wirtin an der großen Gleichgültigkeit der Straße, eine auf resolute Art mütterliche Amerikanerin diesmal. Eines teilten beide Wirtinnen: Sie trauten mir nicht. Nur eine leichte Anspannung beim Hinstellen des Tees und später des *basket*, des Körbchens, gefüllt mit *beef* und *French fries*, nur das Ausbleiben des üblichen Scherzes beim Kaffeenachschenken, mehr war es nicht, und doch genug, daß der Fremde, auf sich allein gestellt und darum hellwach in diesen Dingen, es bemerkte. Es gab dafür nur eine Erklärung: Oklahoma City. In großen Städten verschwand die Unbefangenheit gegenüber einem wie mir, und das Mißtrauen war da, wieder bestätigte sich diese Regel.

Es dämmerte, als die Stadt endlich hinter mir lag und ich offenes Land erreichte. Wo meine Straße die Interstate schnitt, fand ich ein Motel für die Nacht. Trucks rasten durch meinen Schlaf, ich wälzte mich hin und her und erwachte wie zerschlagen, dafür bekräftigte der neue Tag eine andere Regel: Arme halfen. Sie halfen eher als Reiche. Kein Wunder, sie hatten weniger zu verlieren und weniger vor.

Gerade, als ich am Altenwohnheim vorüberging, es lag so hart an der Autobahn wie mein Motel und sah genauso trostlos aus, holte eine Frau dort ihre Mutter ab, eine runzlige alte Dame mit krächzender Stimme. Und obwohl ihr Auto mit allem möglichen Zeug vollgestopft war und sie außerdem ihre kleine Tochter dabeihatte, bot die Frau mir die Mitfahrt an. Die Kleine, ein dünnes Kind mit wachen, fragenden Augen, begann sofort eine muntere Konversation von der Rückbank her.

«Wir leben in einem Trailer», sagte sie.

«Aber in einem extragroßen», verbesserte die Mutter.

«Wo bist du her?»

«Aus Berlin, das liegt in Deutschland.»

Die Großmutter krächzte laut auf, es war ihre Art zu lachen, sie fand es lustig, plötzlich einen Marsmenschen im Auto zu haben.

Ihre Enkelin fuhr fort zu fragen: «Wie kommt man dahin? Mit einer Rakete? Wie heißt du?»

Ich nannte meinen Vornamen, für sie klang er zweifellos nach einer Figur aus Indianergeschichten — «komischer Name, wie?»

Das Mädchen antwortete nicht, es beugte sich vor und sah mich neugierig an, seine Großmutter krächzte ihm etwas zu, das ich nicht verstand.

In Norman begann es zu regnen, nebelfein. Wie windstill es war, fiel mir erst jetzt auf. Ich mochte diesen sonderbaren Tag, aber als ich eine Weile gegangen war, merkte ich, wie die Feuchtigkeit mir zusetzte, nicht die des sanft stäubenden Regens — die Dampfsauna des Südens hüllte mich in ihre Schwaden und zehrte an meiner Kraft.

In Noble griff die Dame, die in ihrem Haus an der Landstraße ihre selbstgesammelten *rose rocks* ausstellte und verkaufte, in die Kiste und schenkte mir eine. Die Steinrosen von Oklahoma haben etwa die Größe unserer Buschwindrosen, sind von rostroter Farbe, die an getrocknetes Blut erinnert, und aus porösem Stein. Stein — so hatte ihre Familie ursprünglich geheißen. Längst schrieb sie sich Stine, aber Nancy wußte noch zu berichten, daß sie von Einwanderern aus Preußen abstammte, irgendein Vorfahr hatte im Dienst König Friedrichs des Großen gestanden. Ihr Mann Joe hatte neben seinem deutschen einen indianischen Großvater. Dessen Vorfahr war ein Kriegshäuptling der Cherokee gewesen, was wiederum viel — im Grunde alles — mit der Steinrose zu tun hatte. Nancy erklärte es mir: «Als man Gold fand in Georgia, trieb die Regierung die Cherokee, die dort gelebt hatten, weit fort nach Westen, nach Oklahoma. Viertausend starben unterwegs. Gott sah es und hieß die Erde, das Blut und die Tränen, die sie getrunken hatte, in Rosen aus Stein zu verwandeln. So kommt es, daß hier Steinrosen gefunden werden, nirgendwo sonst auf der Welt, nur hier in Oklahoma, wo der Pfad der Tränen endete.»

Slaughterville hieß der nächste Ort auf meiner Karte. Joe bot an, mich hinzufahren. In Regengaze gehüllt war der Tag dahergekommen, in Schauern ging er dahin. Joes Wagen pflügte Wasserschneisen auf der 77. Ich schwieg. Er nahm es als Einverständnis, mich nicht in Slaughterville abzusetzen, sondern weiterzufahren nach Purcell. Ich stieg aus, dankte, durchquerte den Ort, lief ein paar Regenmeilen hinaus, sah den Reklamemast von «Ruby's Inn» in der Ferne und gab, als ich endlich davorstand, auf. Hier, im Motel in jener Ecke der Welt, wo sich die Route 77 und die Interstate nach Texas flüchtig berühren, blieb ich tagelang hängen.

Ich konnte von Glück sagen, dort gelandet zu sein. Es regnete sich ein, und nichts deutete darauf hin, daß es je enden würde. Ich lag stundenlang auf dem Bett und hörte dem Regen zu, wie er auf das parkende Blech draußen vor dem Motelzimmer klatschte, manchmal ließ er nach, fingertrommelte nur noch ein bißchen auf den Autos, richtete ich mich aber auf, um besser hinaushorchen zu können, stopfte, was herumlag, in den Rucksack und trat aus der Tür, um weiterzugehen, dann klatschte er wieder los mit ganzer Wucht, und ich ging wieder hinein und ließ mich aufs Bett fallen.

Mein neuer Regenmantel taugte nichts. Darum saß ich hier fest. Eine Armbewegung, und sein Reißverschluß riß von unten bis oben auf. Auf die Regenmäntel dieser Firma war stets Verlaß gewesen, aber jetzt kehrte dort ein neuer Besen alle Bedenken fort und kaufte billige Reißverschlüsse ein, die gleich kaputtgingen. Ich konnte den Mantel bei kräftigem Regen nicht gebrauchen, aber wegwerfen wollte ich ihn auch nicht, die Strecke, die mir bevorstand, war sehr lang.

Um mich abzulenken, kramte ich ein Buch hervor, das ich im « Dusty Bookshelf » gekauft hatte, der Literaturhandlung von Manhattan, ein Buch über die Große Depression der dreißiger Jahre. Am 6. Oktober 1932 ist die Farmerin Theresa von Baum pleite. Frost, Sturm und Hagel zur falschen Zeit haben sie und ihr Mann mit harter Arbeit überstanden, Heuschreckenplagen, die Wirren des Marktes, den Preisverfall. Als ihr Mann stirbt, macht sie weiter mit den Söhnen. Nun will ein Gläubiger, dem sie vierhundert Dollar schuldet, sein Geld. Die örtliche Bank hilft, bis auch sie bankrott ist. Der Gläubiger erscheint auf der Farm. Er will sie versteigern lassen, um sein Geld zu kriegen. Die Auktion wird festgesetzt — auf den 6. Oktober 1932. Zweieinhalbtausend Farmer kommen. Sie haben ein Komitee gewählt, zwölf Mann. Das Komitee sagt, diese Farm geht nicht vor die Hunde, sie bleibt im Besitz der Farmerin. Es bietet dem Gläubiger hundert Dollar an. Der sagt, na gut, ich verschiebe die Auktion. Ich komme wieder. Das Komitee sagt, nein, du versteigerst hier gar nichts. Wir versteigern jetzt auf unsere Art. Zehn Kühe, ein Traktor, diverses Gerät, das Haus, die Scheune, das Land, das alles geht weg für eine Handvoll Cent, gesammelt in der Menge — hundertzwei Cent kommen zusammen. Hundertzwei Cent für die Farm mit allem, was darauf lebt und steht. Sie werden Theresa von Baum überreicht. Sie kauft sie dafür zurück. Ende der Auktion. Der Gläubiger sieht zu. Er zieht die

Menge in Betracht, zweitausendfünfhundert Farmer, steigt in sein Auto und fährt zurück in die Stadt.

«Penny Auction» hieß die Methode. Sie war in Oklahoma und anderen Plains-Staaten verbreitet in den Jahren des Scheiterns und der Verzweiflung. Eine «Penny Auction», das war so etwas wie eine «Boston Tea Party» mit den Mitteln der Prärie. Auch das war Amerika, an einem Punkt, an dem nichts mehr half, was sonst geholfen hatte – die Erinnerung daran, daß nicht das Gesetz dieses Land begründet hatte, sondern ein paar Männer, die es in ihre Hände nahmen.

Darum die Feier des siegreichen Gesetzes. Keine Kirche war die höchste Erhebung all der kleinen Städte, durch die ich kam – der Courtyard war es. Diese festen Burgen des Gesetzes waren oft wuchtige neoromanische Bauten, die an den wilhelminischen Stil erinnerten, vor allem aber daran, wie Amerika entstanden war: Am Anfang war das Gewehr, der Revolver. Erst danach kam das Recht.

Wenn ich es im Zimmer nicht mehr aushielt, schritt ich die schmale, überdachte Veranda des Motels ab. Es war dreiflüglig um den riesigen, zur Straße hin offenen Parkplatz herumgebaut, mein Zimmer lag am äußersten Ende des linken Seitenflügels. Am äußersten Ende des rechten, jenseits des Parkplatzes, lag mein einziger Trost, «Ruby's Diner». Im Diner saß ich gern, trank Kaffee, hörte und sah dem fallenden Regen zu, lauschte den regengleich rauschenden Stimmen hier drinnen. Manchmal kam der Sheriff auf einen Kaffee vorbei. So vergingen die Tage.

Man wußte inzwischen, der da immer allein in der

Nische frühstückt, ab und zu seinen Kaffee trinkt und abends hinüber zum Mexikaner geht, ist Deutscher. Es gab Pferdezüchter in der Gegend, immer wieder kamen Händler aus dem Ausland. Kurz und gut, man hielt mich für einen Pferdemann, und ich beließ es dabei. Es war einfacher so, keine umständlichen Erklärungen. Es gab mir Zeit, über den Pickup nachzudenken, der draußen auf dem Parkplatz stand – zum Verkauf. Er gefiel mir. Kein Protztruck mit Doppelreifen hinten und doppelter Sitzreihe vorn, nein, ein blauweißer Dodge Bighorn, genau richtig für mich. Ein paar tausend Dollar, und er wäre meiner. Er wartete auf mich, ich konnte es förmlich spüren, wenn ich an ihm vorüberging, mittlerweile fuhr meine Hand über seinen großen Spiegel, über sein Blech, soweit war es schon.

Abends lief ein Horrorfilm im Fernsehen, ein Wanderer war darin die Horrorfigur. Ich lag auf dem Bett, schaute ihn an und dachte an morgen früh. Er würde der Neigung der Einwohner von Purcell, für einen triefnassen Wanderer in fußlangem Mantel und Kapuze zu halten und ihm die Autotür zu öffnen, sollte sie je bestanden haben, den Rest geben.

Am anderen Morgen schüttete es so unerbittlich wie an den Tagen zuvor. Der Pickup wartete, Purcell wartete, meine Pferdekäuferlegende begann zu bröckeln, mein Gang über die Veranda hatte immer mehr den Charakter eines Hofgangs angenommen – ich mußte mich entscheiden: kaufen oder laufen. Ich warf den Mantel über und ging hinaus. In verzweifelter Lage, das hatte ich irgendwann verstanden, muß man beides können, warten und losschlagen. Gewartet hatte ich seit Tagen, jetzt war ich bereit loszuschlagen. Mit einem Ingrimm, der erst hatte wachsen müssen, stürzte ich mich in den Regen, und ich wußte, es würde viele Stunden dauern, bis Aussicht war, irgendwo anzukommen.

Es war Mittag, als ein Pickup hielt.

«I give you a ride to Wayne, man.»

Der das gesagt hatte, ein baumlanger Kerl, hockte zusammengefaltet am Steuer. Neben ihm saß noch einer, vorn war kein Platz für mich. Ob es mir etwas ausmache, auf der Ladefläche zu sitzen, rief er. Es machte mir nichts aus, natürlich nicht. Ich sprang auf, er fuhr los. Ich hielt mich fest, er fuhr schnell.

Wayne war eine Westernkulisse im Regen, grob aus Brettern zusammengenagelt, sonst nichts. Auf die Hauswände waren die Dienstleistungen einer Frontstadt der gesetzlosen Gründerzeit gemalt. «Waffen und anderes Werkzeug» bot mir einer an. Ein Friseur, der auch Zähne zieht. «Hangin' Judge» — unklar, ob eine Bar so hieß oder ein Allround-Richter. Es gab kein Dach zum Unterstellen, nicht einmal ein schmales. «Geh weiter», hatte der Lange mir zugerufen, als ich von der Pritsche sprang, «ich bring meinen Freund heim, geh einfach weiter die Straße runter, ich fisch dich in einer halben Stunde auf.»

Er hielt Wort. Die halbe Stunde war noch nicht herum, da hielt er neben mir, in einem anderen, zivileren Auto. «Hi, I'm Jason.» Ich stieg ein, und eine etwa einstündige Fahrt begann, die mir immer noch lebhaft vor Augen steht. Gibt es das — eine knappe Stunde Freundschaft, unterwegs zwischen einer Westernkulisse und einem Motel irgendwo in Oklahoma? Es scheint so.

Noch nie sei er östlich des Mississippi gewesen, sagte Jason, aber durch Amerika gelaufen, «zu Fuß». Er grinste herüber. «Regen in Kalifornien, Tag für Tag, und keiner nahm mich mit. Meine Sachen haben gestunken, ich habe gestunken, du kennst das.»

«Wo war es am besten?»

«Kalifornien ist Mist, Arizona ist Mist, New Mexico auch. Colorado ist ganz gut, Wyoming ist gut. Am besten ist es in Oklahoma. Hier bin ich gelandet, und hier bleibe ich. Wie ist Deutschland? Die Mauer ist weg, was? Hab ich jedenfalls gehört. Wälder, schnelle Autos, Bier – so ungefähr, wie?»

Ich gab ihm Auskunft, so gut ich konnte, dann sagte ich noch, Bayern sei ungefähr wie Texas. «Die mögen es nicht, wenn man ihnen sagt, was sie tun sollen.»

«Ja», rief er, «so ist Texas! So ist auch Oklahoma, darum bin ich hier. Es gibt Gesetze, klar, aber ob ich Waffen im Auto habe, ist meine Sache.» Er sah mich an und lachte. «Nein, nein, ich habe keine Waffe hier drin – aber im Pickup. Dich also nehmen Leute mit, wenn du zu Fuß gehst?»

«Ja, oft sogar, nur in letzter Zeit nicht. Wie war's bei dir damals, als du zu Fuß unterwegs warst?»

«Hart. Wenn du eine Weile allein auf der Straße bist, siehst du auch so aus, es wird mit jedem Tag schlimmer, keiner hält für dich an. Einmal hielt doch einer, ich konnte es nicht fassen, so ein Hippietyp, aber reich, schönes, teures Auto, ich glaube, ein deutsches. Der Typ nimmt mich ein ganzes Stück mit, bis Tucson, und lädt mich sogar noch zum Essen ein. Dann zahlt er, legt das Geld hin, geht noch mal zur Toilette, die

Kellnerin kommt nicht, er kommt auch nicht gleich wieder, ich sitze da am Tisch, das Geld liegt vor mir, ich hab's nicht gleich genommen, ich dachte, gib ihnen eine Chance, es war so eine Art Spiel, ich gab ihnen zwei Minuten, dann habe ich mir den Hundertdollarschein geschnappt und bin raus. So einer war ich. Manchmal denke ich, er hat es extra getan. Gewundert hat er sich sicher nicht. Ich glaube, man sah es mir damals an, was ich für einer war. Ist eine Weile her, so was würde ich heute nicht mehr machen. Trotzdem — mich nähme keiner mit, wenn ich wie du an der Straße stünde — ich bin halber Indianer, hab ein dunkles Gesicht.» Er riß eine Bierdose auf. «Auch eins?»

«Gern, danke. Ein Plainsstamm?»

«Nein, ein kalifornischer Stamm, kennst du sicher nicht. Mein anderer Großvater war Weißer. Ein kleiner Farmer in Oklahoma, in den dreißiger Jahren floh er nach Kalifornien, um dort Holzfäller zu werden, in der Zeit der großen Dürre und Depression — ein Okie. Weißt du, was das ist?»

«Ja, ich habe ein Buch darüber gelesen. Und was machst du?»

«Ich bohre nach Öl, arbeite für eine Ölfirma, ein paar Meilen weiter siehst du eine unserer Anlagen, ich zeig sie dir. Dieses Jahr haben sie meinen Lohn halbiert.» Er sagte unschöne Dinge über den Präsidenten, er schade der heimischen Ölindustrie, ihm habe er das zu verdanken.

Wieder hockte er in dieser sonderbaren Haltung am Steuer, und jetzt sah ich, es war die Haltung eines Reiters. Er ritt seine Autos. Vorgebeugt saß er da, wie ein Fährtensucher im Sattel. Er war ein Riese, er paßte einfach nicht in Autos. Und weil er kurze Hosen trug, sah ich die kleinen Tätowierungen auf den Unterschenkeln, sie fielen kaum auf, wie blaue Äderchen liefen sie über seine dunkle Haut.

«I was a hoodlum», sagte er plötzlich. Ich blieb an dem eigentümlichen Wort hängen, ein Wort, ich hatte gedacht, man verwende es nicht mehr. *Hoodlum* — mir schien, es schwang ein moralisches Urteil darin mit, wie in Lump oder in Zuchthäusler, das sagte man auch nicht mehr. Über Verbrecher wurde entweder juristisch-sachlich gesprochen oder im selbstverliebten Gangsterjargon, aber nicht mehr moralisch, und daß einer sich im nachhinein selbst so bezeichnete, kam so gut wie nicht vor. Ein *hoodlum* war kein ganz schlimmer Fall, eher ein Dieb als ein Räuber und Mörder, aber doch ein notorischer Dieb.

«Ja, das war ich», fuhr Jason fort, «drogenabhängig, ein Dieb. Alles hätte ich für Drogen getan. Weißt du, ich fahr ganz gern ein bißchen herum heute. Meine Frau ist krank, und wenn ich nicht daheim bin, steck ich mich nicht an. Ich muß arbeiten, muß nach Nebraska, Öl bohren. Fünf Monate lang mit zehn Männern in einem Haus. Wenn ich arbeite, schläft ein anderer in meinem Bett, das stinkt mir, aber ich beklage mich nicht, ich muß Geld verdienen.»

Manchmal tauchte eine der schneeweißen Turmnadeln auf, die wie Dachreiter auf den kleinen Kirchen von Oklahoma saßen. Wenn ich sie sah, dachte ich an die weißen Spitzkapuzen des Ku-Klux-Klan. Die Überblendung der Bilder war ungerecht, aber ich konnte mich ihrer nicht erwehren.

«Wir fahren durch den Bible Belt, wie?»

«Ja, Bible Belt. Weißt du, was die Bibel ist?» Er besann sich, schüttelte den Kopf, schlug mir auf den Oberschenkel und lachte: «Sorry, ich rede mit dir wie mit einem Idioten. Noch ein Bier?»

«Schon gut. Wie lange willst du das noch machen, Öl bohren, wie alt bist du eigentlich?»

«Zweiunddreißig. Aber ab dreißig zählt man besser nicht mehr. Und du, hast du Kinder, eine Frau?»

«Ja.»

«Und sie läßt dich gehen?»

«Ich arbeite für meine Familie, so wie du, aber ab und zu muß ich sie bitten, mich gehen zu lassen. Du gehst ja auch monatelang nach Nebraska.»

«Ja, ab und zu brauch ich das. Da — siehst du? Da stehen welche, da auf der Weide, wilde Mustangs. Die mußt du als Fohlen kaufen, kosten um die zweihundert Dollar, später kriegst du sie nicht mehr gezähmt.» Er liebe Pferde, sagte er, und er liebe es, jagen zu gehen, Hirsche, Fasanen, Truthähne.

Ich bewunderte Oklahoma. Es hatte aus dem jungen, drogensüchtigen Dieb und Gauner einen Jäger und Vater gemacht, einen Mann. Und nach allem, was wir so überstürzt geredet hatten und redeten, überraschte es mich nicht, als er sagte, er habe als Junge stundenlang über Atlanten gesessen, über Landkarten. Das kannte ich gut, es war mir genauso gegangen.

«Bist du ein Landmensch oder ein Städter?» fragte Jason.

«Ich komme vom Land und bin in die Stadt gegangen.»

«Bei mir ist es umgekehrt, von der Stadt aufs Land.» Und nach einer Pause: «Meine Kinder und meine Frau haben mich gerettet. Jemanden zu haben, der dich liebt. Glaubst du an Jesus Christus?»

Wir fuhren an einem Trucker-Parkplatz vorüber, er zeigte hin.

«Da – die warten auf ihre *fags*. Weißt du, was *fags* sind?»

«Nein.»

«Das ist ein Parkplatz von schwulen Truckern. Die bestellen sich telefonisch ihre *fags* dahin, ihre Typen, verstehst du's jetzt?» Er schaltete einen Gang herunter, der Wagen rollte langsamer, ein Motel kam in Sicht. «Ich setz dich da ab, muß jetzt wenden, ich muß nach Hause.»

«Danke, Jason.»

«Dank mir nicht. Du bist meine gute Tat dieses Jahr.»

Der Schuß

Lange bevor ich Amerika betrat, war ich dort gewesen, an einem Fiebertag 1963. Um das fiebernde Kind zu schonen und weil man ohnehin fand, es steigere sich zu sehr in solche Dinge hinein, war ihm die Nachricht vorenthalten worden, aber der Junge hörte das Geflüster im Haus, etwas stimmte nicht. Er wartete, bis alles zu Bett gegangen war, wartete die volle Stunde ab und schlich die Treppe hinunter zum Radio. Es war gleich die erste Meldung — das also war geschehen: Kennedy tot, erschossen in Dallas, in einer offenen Limousine.

Dort stand ich jetzt, am Fenster im sechsten Stock des «Texas School Book Depository» in Dallas, jenem Fenster, hinter dem Lee Harvey Oswald — so heißt es — gewartet, gezielt und abgedrückt hatte, als die Continental-Limousine, ein Geheimdienstmann am Steuer, das Ehepaar Kennedy auf dem Rücksitz, unten durch die Elm Street fuhr. In der kleinen Ausstellung über das Attentat wurden Filme, Fotos und Zeitungsseiten von damals gezeigt, vors Fenster hatte man Kisten gestapelt, damit die Besucher sich ein Lagerhaus vorstellen konnten, in dem in den frühen sechziger Jahren Schulbücher vorrätig gehalten wurden, die Phantasie griff es dankbar auf. Ich sah Oswald sich seinen Weg durch die Kisten zum Fenster bahnen, sich dahinter verschanzen, das Gewehr anlegen. Jemand führte Leute herum, gerade referierte er die wichtigsten Verschwörungstheorien, es waren um die zehn, alles war dabei. Mafia Süd, Mafia Nord, Geheimdienste, und alles, was feststand, bald fünfzig Jahre nach dem Präsidentenmord, war: Kennedy wurde an jenem Tag in Dallas erschossen. Der Rest — unklar.

In jener Nacht blieb der Junge am Radio hängen. Sie spielten getragene Musik und irgendwann ein Lied, das anders war. Als er die ersten Zeilen hörte, gesungen von einer Stimme, der er bereit war zu folgen, egal wohin, da wurde ihm leichter ums Herz, schwer und leicht zugleich und doch mehr leicht als schwer. Der Junge sog jeden Ton, jedes Wort auf und fürchtete sich vor dem Moment, wenn das Lied verklingen würde. Kennedy war tot. Kennedy, von dem er so gut wie nichts wußte, nur daß er ein Held war, ein strahlend weißes Lachen, ein König, anders als die anderen. So, wie das Lied anders war, das zur Mitternacht im Radio lief. Kennedy war tot, aber das Lied lebte. Er verstand nicht viel, nur Wortfetzen, aber die Stimme ließ ihn ahnen, was er noch nicht verstand. «Two drifters, off to see the world.» «Two drifters» auf dem Rücksitz der Limousine in der Elm Street da unten. Einer war nun vorausgegangen, der andere würde nachkommen, eines Tages würden sie sich treffen — am «Moon River», auf einer mondbeschienenen Lichtung an der Biegung des Flusses. «Waiting 'round the bend, my huckleberry friend.»

So nahm das Mondflußlied den Jungen bei der Hand und tröstete ihn, tröstete die ganze Welt, so war ihm zumute, als ob die ganze Welt das Lied hörte in jener Nacht. Gewöhnliche Lieder erzählten von etwas, das geschehen war, dieses flüsterte von dem, was geschehen würde, wenn die Sterne günstig stünden und wir das Versprechen hielten. Daran mußte ich denken, als ich an Oswalds Fenster stand und hinab auf die Elm Street schaute. Das war es, ein Lied. Amerika war ein Lied, an der Biegung des Flusses wartete die nächste Strophe. Es gibt besungene Länder und unbesungene, erzählte und unerzählte. Amerika ist ein Drittes — das sich selbst besingende, forterzählende Land. Bräche die amerikanische Erzählung ab, bräche Amerika ab. Andere Länder exportieren Öl, Amerika exportiert sein Lied, es heißt «Amerikanischer Traum». Aber ist darauf noch Verlaß, oder versiegen die Quellen? Der Friseur von Manhattan hatte ziemlich düstere Strophen hinzugefügt.

Ein paar Tage zuvor hatte ich am Red River gestanden, der Grenze zu Texas. Ungezähmt war der Fluß und rot von der roten Erde, durch die er brach, eine Brücke führte vom nördlichen zu seinem südlichen Hochufer. Die ersten texanischen Ortsnamen auf meiner Karte waren wenig mehr als Ortsschilder, das Land war eine einzige, gewaltige Viehweide, darauf grasten schwarze, braune, weiße Rinder, Pferde, Maulesel. Alles war größer und reicher als bisher, die Häuser, die Ranches, die Entfernungen. In einem Saloon in St. Jo hörte ich jemanden sagen, einen älteren Cowboy: «Wir waren Cowboys ein Leben lang, so war es eben, so sind wir aufgewachsen. Und wenn sie über uns sagen: Kaum ausbezahlt, schon wieder pleite — na und? Wir tun es nicht fürs Geld, ganz sicher nicht, wir tun's ...» — und hier stockt meine Übersetzung, denn der Mann fuhr fort: «... *for the glory.*» Wie soll man das in eine Sprache übertragen, die kein Wort dafür hat, keines, dem ein Gefühl dafür entspräche, was das Wort sagen will?

Wie ausgetrocknet der Geist des Jungen war, wie es ihn dürstete. Das Mondflußlied durchflutete ihn, Gegenden des Bewußtseins, die er selbst kaum kannte. Er schloß die Augen, Wörter galoppierten heran. Appaloosa. Appalachen. Apache Code. Andere Wörter näherten sich knisternd, flüsternd – «a hiss», wie Ron das Rauschen des Präriegrases im Sommerwind genannt hatte. Mississippi. Missis. Miss you. Dazu spielte Musik. Kennedy, das weiße Siegerlachen, der weiße Held des Gelingens. Wo er auftauchte, vertrieb er die Düsternis und gab den Blick frei auf den hellen neuen Tag. Amerika, hellichtes Land, bewohnt von hellichten, gut ausgeleuchteten Seelen, bereit, den Tag zu pflücken – was kostet die Welt?

Warum Amerika? Die andere Himmelsrichtung schied aus – es war die Richtung, in der die Männer verschwunden waren. Der Osten lag auf der Seele, bange Ahnung, Verlust. Verriegelt, verrammelt, er sendete nichts – nur schwache Signale von Düsternis und Untergang. Es gab Relikte, eine Schublade, einen Karton, eine Vitrine in jeder Familie, unscharfe Fotos mit Zakkenrand. Erbstücke, die niemand wollte. Die Vase mit den aufgemalten Türmen und dem Namen einer tief östlichen Stadt. Ließe man sie fallen, endlich auch sie, dann wäre sie tot, die Vase und die ganze düstere, alte Sache, dann fiele die Tür ins Schloß. Warum Amerika? Sie hatten die Lieder.

Die Bemerkung meines Vaters fiel mir ein: «Zu Fuß wäre ich damals nach Amerika gegangen.» Sein Damals war die Zeit nach dem Krieg. Ein junger Mann von achtzehn, zwanzig Jahren und der Wunsch, raus hier, raus aus dem Schlamassel, dahin, wo alles leicht ist und jung, wo die Sieger wohnen. Damals ist Amerika so geworden. Erst sein Sieg hatte die Schatten von ihm genommen, die Große Depression in den Städten, die Große Dürre in der Prärie und die Verzweiflung der kleinen Farmer, die Armutswanderungen verachteter Okies nach Kalifornien. Erst nach dem Krieg nahm Amerika die Aura ewiger Jugend an, Auftreten und Sprache des geborenen Siegers.

Ein Kennedy mußte kommen, Amerika war bereit für einen Helden, der vor allem eines war: herrlich jung wie der Sieg. Und die Welt war ebenfalls bereit, sie wollte bezaubert werden. Und er bezauberte sie. Stupor mundi. Himmelhoch zielende Präsidentenreden und Mondmissionen, Saturnraketen, Straßenkreuzer, Flugzeugträger, Konfettigewitter — unnachahmlicher Blend von Erwähltheit und Jugend, von hohem Ton und Kaugummi. Amerika rief, wir können alles, und die Welt glaubte es. Sie wollte es glauben. Die spätere Empörung über Amerika war nicht zu verstehen ohne diese Sehnsucht.

Jahrzehnte darauf wartete ich auf dem John-F.-Kennedy-Flughafen im winterlichen New York auf ein überfälliges Flugzeug. Seit vielen Stunden warteten wir, es war Nacht geworden darüber. Gegen Mittag hatte es begonnen zu schneien, die startenden Flugzeuge mußten enteist werden, aber das erklärte nicht das lange Warten, handelte es sich doch um ganz gewöhnlichen Schneefall, nicht um eine Naturkatastrophe. Ich stand am Fenster der Wartehalle und schaute aufs Flugfeld hinaus, hoffend, jede neue Maschine, die vorüberrollte, möge unsere sein, und wurde jedesmal enttäuscht.

Neben mich trat ein Herr im Gehrock, mit Stock und Knauf und Ring, unverkennbar ein deutscher Künstler, ein Wartender auch er, und es zeigte sich, daß er seinem malerfürstlichen Gepräge zum Trotz über einen wachen praktischen Sinn verfügte, der es ihm gestattete, in solcher Lage einen ingenieurmäßigen Blick auf die Dinge um sich herum zu werfen. Kühl beobachtete er, was auf dem Flugfeld geschah oder eben nicht geschah, und kommentierte die großspurigen Ansagen, die hier drinnen von Zeit zu Zeit über Lautsprecher an uns Passagiere gerichtet wurden, mit stechendem Spott. In einem sonoren, unnachahmlich leutseligen Ton versicherte man uns ein ums andere Mal, alles zu tun, um das kleine Problem in der nächsten halben Stunde zu lösen und uns sicher heimzubringen, «home for christmas». Und auf einmal wußte ich, hier am Fenster standen zwei aus der Nation genialer Ingenieure und schauten der Nation genialer Verkäufer dabei zu, wie sie es hinkriegten, uns alle bei Laune zu halten seit so vielen Stunden, ohne daß erkennbar etwas anderes funktionierte als der Lautsprecher. Kopfschüttelnd schauten wir zu — und staunend. Wir bauten Maschinen, einige der besten der Welt. Sie aber verkauften Träume, die erfolgreichsten der Welt. Damit waren sie weit gekommen. Aber wie weiter?

Waxahachie

Nach Waxahachie gehen hieß den Süden betreten in seiner ganzen Herrlichkeit und Maienblüte. Wäre ich blind gekommen, blind für die rotflammenden Kastanien, für die Magnolien und Judasbäume in den schattigen Straßen und hätte kein Auge gehabt für die Lilien-Exaltationen und Rhododendron-Detonationen in den Vorgärten und die stillen Herrenhäuser dahinter, für ihre säulengestützten Giebelfriese und das jubelnde «He is risen!» in einem von ihnen — Waxahachie, allein die liedhafte Süße dieses Namens hätte es mir verraten: Du bist hier! Hinter dir liegt der Westen, der Norden. Hier ist Süden, das Land von Rosenduft und Waxahachie.

Als ob die amerikanische Sprache mit ihrem großen Vorrat an einsilbigen Wörtern und ihrem Naturtalent für kurze, eingängige Hits, Schlagzeilen und Werbesprüche sich auch einmal austoben müsse in verschwenderischer Vokalität — so flog ab und zu ein solcher meist indianischstämmiger Name auf, ein solches Zauberwort. Bevor Amerika gezähmt und in Nutzland verwandelt worden war, hatte es hier einen Papagei gegeben, die einzige nordamerikanische Art. Wie dieser bunte Louisianasittich flatterte Waxahachie über der Schar einsilbiger, wenn es hoch kam, zweisilbiger Spatzenstädte ringsherum. Joplin. Ferris. Frost. Fort Worth, Dallas, Hurst.

Mitten in Waxahachie stand das Gerichtsgebäude

aus rotem Texasgranit und davor, auf sein Gewehr gestützt, ein junger konföderierter Soldat aus grauem Stein. «Den Toten und den Lebenden von Ellis County zu Ehren» war in den Sockel gemeißelt. «Sie trugen das Grau. Banner mögen sinken, doch Heldentum lebt ewig.» Ellis County war hier, das Grau war die Uniform der Südstaatenarmee gewesen, das Denkmal hatten «die Töchter der Konföderation» gestiftet. Es ging mir wie immer vor Sockeln des Heroismus – wurde einer Niederlage gedacht, stand alles in einem anderen Licht, als ob erst ein Tropfen Bitterstoff das Pathos erträglich machte und, mehr als das, anziehend, anrührend, wahr.

Ich ging die Straße der Herrenhäuser hinab und auf eines zu, jemand hatte mir gesagt, man vermiete dort Zimmer. Ich schellte mehrmals vergebens, aber schließlich erschien doch noch die Dame des Hauses. Sie habe sich, sagte sie, einen Film angeschaut und mich darum nicht gleich gehört. Obwohl nicht mehr jung, trug sie ein tailliertes Kleid und verschwenderisch blonde Locken. Sie bat mich einzutreten und stellte mir mangels lebender Bewohner des Hauses – «nur meine Enkel sind zu Besuch, aber jetzt gerade unterwegs» – einige bedeutende Möbel vor. Den großen Lesetisch in der Halle mit Handbibliothek unter der Platte – «edwardianisch, aus London». Im Zimmer dann machte sie mich mit dem einladend ausladenden Bett bekannt – «spätes 19. Jahrhundert» – und mit dem ehrwürdigen Deck Chair – «original von der ‹Queen Elizabeth›». Ein Messingschild, «First Class only», bestätigte es.

Das Zimmer war ganz der Erinnerung an Kreuzfahrten auf der «Queen» gewidmet. Fotografien zeigten die reiselustige Familie, in Deckstühlen ruhend, die Herren in Halbschuhen, Kniestrümpfen und Knickerbockern, die Damen in den sachlich-eleganten Kleidern und Topfhüten der zwanziger Jahre. Die Kinder fuhren auf Dreirädern übers Deck, an Rettungsbooten entlang. Bevor sie sich zurückzog, erwähnte die Dame ein deutsches Ehepaar, das einmal hier in diesem Zimmer logiert habe, und fand ein freundliches Wort für die Deutschen: «Such a charming people.»

«Ein rares Kompliment, Madam.»

«Doch, doch — ein so charmantes Volk!» In der Tür schon, kehrten ihre Gedanken zum jetzigen Gast zurück. «Nun ist es Ihr Zimmer, Herr Reiseschriftsteller.» Mit einem spöttischen Blick ließ sie mich allein.

Wie es oft ist in solchen Häusern, gab es auch in diesem ein liebenswertes Durcheinander von Edlem und reinem Kitsch, an dem einmal ein Herz gehangen hatte, war es erfüllt von sonderbaren Düften und Stimmen. Und wie so oft war es in eine eher gnädige als vornehme Dunkelheit gehüllt. Ich lag auf dem Bett, mein Blick schweifte über Erinnerungen. Große Muscheln und kleine, jahrhunderttrübe Karaffen auf dem Fensterbrett, winzige Mokkatassen. Ein zerschrammter japanischer Armeefeldstecher, das blanke Messing trat zutage. Ein schwarzer Bierdeckel aus dem Hotel George V. in Paris. Ein rosa Glitterhase. Auf dem Schrank eine Sammlung nicht sehr wertvoller chinesischer Vasen. Dann dämmerte ich weg, das letzte, das ich zu hören meinte, war eine Frauenstimme, eine andere, nicht ihre, und rief und wimmerte nicht ein Kind?

Davon wachte ich auch wieder auf. Rief und wimmerte

nicht ein Kind in der Dunkelheit hinter der gläsernen Tür, vor die ich den Vorhang gezogen hatte? Es flehte und rief leise einen Kosenamen, den ich nicht verstand. Nun näherte sich eine Frauenstimme, sie suchte das Kind zu trösten und wiederholte immerzu wie ein Trostlied den einen Satz: «What happened to your daddy?» Ich stand auf, um nachzusehen, zog den Vorhang zur Seite, und mir war, als renne ein Kind fort, ein kleiner Junge, und irgendwo werde eine Tür geschlossen. Ich zog den Vorhang wieder zu. In die Geheimnisse dieses Hauses zu dringen, stand mir nicht an, war ich doch nicht einmal sicher, ob ich die Stimmen im Halbschlaf nur geträumt hatte. Als ich später die dunkle Treppe zur Veranda hinunterging, hörte ich cremige Filmmusik — sie war in ihrem Zimmer, in ihrem Film.

Die Veranda wurde mein Lieblingsplatz, die üppig blühenden Pflanzen, ein Korbsessel auf den ochsenblutroten Fliesen. Von ihm aus betrachtet, veränderte sich die Welt. Kleine Dinge wurden noch kleiner, die großen Linien klarer. Wolken segelten am blauen Himmel dahin. Lilien blühten und verblühten. Farne wucherten aus Urzeiten her, Schlingpflanzen hüllten die Veranda in ein mildes, dämmriges Licht, überhaupt hatte die brennende Texassonne Mühe, in die belaubte, säulengestützte Kühle von Waxahachie zu dringen.

Es war später Nachmittag, als ich die Veranda verließ, um durch die Seitenstraßen und Gassen von Waxahachie zu streifen. Bambushaine schirmten die Herrenhäuser ab. Täuschte es, oder erging es ihnen ähnlich wie dem Haus, in dem ich heute nacht schlafen würde,

standen sie nicht alle ein wenig verlassen in der abend-
kühlen Pracht ihrer Gärten? «Nurtured in the cul-
ture of the Old South», das fiel mir ein. Ich hatte es auf
dem Sockel des letzten Präsidenten der Republik Texas
vor dem Yankeesieg im Bürgerkrieg gelesen, auch ihm
hatte Waxahachie ein Denkmal am Gericht gesetzt. Aufgewachsen in der Kultur des Alten Südens, genährt von
ihr — was war das?

Vielleicht der Leichenwagen, schwarz gestrichen, ausgeschlagen mit lila Samt, mit einem Skelett auf dem
Kutschbock, ich erblickte ihn, als ich um eine Ecke bog,
er stand als Dekoration vor einem Restaurant. Kein
Wirt des Nordens, der bei Trost wäre, käme auf die Idee,
für sein Gasthaus mit Gevatter Tod zu werben, dazu so
theatralisch. Im Norden wurde der Tod versteckt und
verschwiegen, das schwarze, altböse Schaf der glücklichen Familie. Es hatte eine Weile gebraucht, bis ich die
Friedhöfe, an denen ich vorüberging, als solche erkannt
hatte, sie sahen aus wie harmlose Parks und hießen alle
Memorial. Hier aber saß der Alte, dem bislang kein Lebender entging, knochenweiß auf dem Bock und lud
alle ein, es sich noch einmal recht gut gehen zu lassen
drinnen im Restaurant, und bedeutete ihnen, er warte
gern.

Als ich zurückkehrte, fand ich sie auf der Veranda. Sie
stand da und rauchte und sprach von ihrem Haus auf
den Cayman-Inseln und von ihrer großen Familie, die
nicht mehr hier war. Rang sie mit der Einsamkeit und
dem Alter? Ja, aber sie hielt sich gut. Ich wußte immer
noch nicht, ob sie allein in diesem großen Haus lebte
und von Enkeln auf Besuch nur phantasiert und ich

Geisterstimmen gehört hatte oder ob ich wirklich ein Kind hatte rufen hören. Sie rauchte und schwieg. Versuch es einfach, sagte ich mir.

«Geht es dem Jungen besser?» Nicht zu ihr gewandt sagte ich es, sondern in den Garten hinein.

Sie erwachte aus der kleinen Trance und drückte die Zigarette aus. Der spöttische Ausdruck erschien wieder auf ihrem Gesicht. «Ob es ihm gutgeht? Hören Sie, ich habe fünf Kinder geboren und großgezogen, ich habe dreizehn Enkel. It's not my first rodeo!» Weg war sie.

Der Abend kam, in den Herrenhäusern an der West Main Street gingen die Lichter an. Nicht illuminiert wie zu einem Empfang waren sie, meist leuchtete ein einziges Licht zwischen den hohen Säulen und Bäumen hervor, als leuchte es jemandem heim. Als warte man auf einen, der, wer weiß, doch noch kommt, und sei es nach hundert Jahren.

Flucht aus Dallas

Von Waxahachie ging ich nach Italy, von dort nach Milford und von Milford hinunter nach Hillsboro. Was sah ich? Texas, ein blühendes, grünes Hügelland. Eine Wellblechhalle an der Straße, von fern eine Fabrik, von nahem die «Frontier Cowboy Church». Und an einen zweiten Sheriff geriet ich, außer der Pistole trug er eine Menge Sheriffwerkzeug am Gürtel, doch auch er war kein Unmensch und nahm mich, nach der unvermeidlichen Spreizprozedur an seinem Wagen, ein paar Meilen weit mit.

In Italy zeigte man ein Foto von Bill Clinton mit einer dunkelhaarigen Praktikantin, die von dort stammte, es hing im Café. In Milford verkaufte man mir eine Flasche Wasser. Ein paar Meilen weiter plötzlich ein vielfüßiges Traben – Rinder rannten auf mich zu. Ich zählte sie – sechzehn. Wenige Meter von mir blieben sie wie auf Kommando stehen, in einer Front, sahen mich reglos an. Dann, auf ein neues Zeichen hin, das nur sie hörten oder sahen, rannten sie in ihre Weide hinein. Dann wieder ein jäher Halt. Kehrt marsch! Vierundsechzig Hufe trommelten auf mich zu, ein Kavallerieangriff ohne Reiter. Knapp vor dem Ziel wieder das unhörbare, unsichtbare Kommando: Stillgestanden! Da hielt ein Auto, ich stieg ein.

Am Steuer saß eine sittsam gekleidete, schmale, etwas nervös wirkende Schwarze von ungefähr vierzig Jahren.

Etwas war los mit ihr, aber was? Ich erfuhr es bald, sie konnte es nicht für sich behalten. «Hab ich Sie nicht schon vor Stunden auf der Straße gesehen», begann sie, «sind Sie derselbe?»

«Immer derselbe. Außer mir läuft hier keiner die Straße entlang.»

«Woher kommen Sie?»

Ich sagte es ihr.

«Habt ihr gute Kirchen dort?»

«Gute Kirchen — ich denke schon.»

«Das Ende der Zeit ist nahe.»

«Meinen Sie?»

«Ja, wir leben in der Endzeit.»

«Warum?»

«Vulkanausbrüche, Naturkatastrophen — wissen Sie, was ‹rapture› ist? Nein? Dann müssen Sie in unsere Kirche kommen.»

Ich versprach es, und sie beschrieb mir, wo die Kirche ungefähr lag, weitab von jedem bewohnten Ort. «Es ist schwer zu finden, ich hol Sie morgen abend ab.»

Ich mochte nicht einen ganzen Tag auf sie warten, ich wollte weitergehen. «Am späten Nachmittag bin ich in ‹Carl's Corner›, das müßte halbwegs die Gegend Ihrer Kirche sein.»

Bevor sie mich bei einem Motel an der Autobahn absetzte, wühlte sie in ihrer Handtasche, fand einen Kontoauszug, darauf schrieb sie ihre Telefonnummer und gab ihn mir. Darunter stand «Sister Alice».

Im Motel bat ich um ein paar Minuten am Computer, suchte nach der Bedeutung von *rapture* und fand: die Begeisterung; das Entzücken; die Entzückung; der Freudentaumel; die Verzückung. Und *rapture of the deep*, den Tiefenrausch. Die Nacht war stickig und laut. Die Autobahn schien durch mein Zimmer zu führen, in der Wand rauschte alle paar Minuten die Wasserleitung, die Klimaanlage lärmte. Erst als ich den Stecker zog und das Fenster aufstieß, fand ich etwas Schlaf.

Am Nachmittag des folgenden Tages tauchte aus dem sanften texanischen Hügelland eine Westernkulisse auf, Saloon und Tanzsaal in einem, ein mächtiger Bretterbau – «Carl's Corner». Alles daran und darin war texanisch, die Männer, die Hüte, die Drinks, die Fahnen mit dem einen, einsamen Stern und die Frauen auch. Eine saß allein an einem der Holztische, in Shorts, vor sich einen Laptop und ein Glas Schnaps, das von Zeit zu Zeit aufgefüllt wurde. Auf der kleinen Bühne probte ein Countrysänger. Ich bat die über und über tätowierte Barfrau um einen Kaffee.

«Gern, honey, ich koch ihn dir frisch.»

«Danke. Ist Carl da?»

«Hab ihn heute noch nicht gesehen.»

«Willie?»

«War letztens hier, war 'n schöner Abend.»

Mit Fotos von Willie waren die Holzwände gepflastert. Willie mit Freunden. Willie an der Bar. Willie allein mit seiner Gitarre und seinem rückenlangen Zopf auf der Bühne. Sie wurde «Willie's Corner» genannt, hier trat er gelegentlich auf. Eines späten Abends in irgendeinem Motel war er unerwartet im Fernsehen aufgetaucht. Ein Mann in Hemd und Hosenträgern fragte ihn alles mögliche: «Was halten Sie von Sarah Palin?» – «Ich mag sie sehr, persönlich. Politisch weiß ich nicht so recht.» – «Sind Sie ein Konservativer?» – «Auf manchen Gebieten, ja, da bin ich ein Konservativer», hatte Willie Nelson Larry King geantwortet und sich über seinen Zopf gestrichen.

So, wie er war, war es auch hier, ganz und gar texanisch, texanischer ging es nicht – übertexanisch. Die Männer, die mit ihren Frauen an den Holztischen beim Bier saßen, waren in Willies Alter. Sie alle, die Hüte, die Fahnen, die Läufe, die der Countrysänger auf seiner Gitarre ab und zu spielte, Lieder über «loose women», «drinks», «outlaws», «lonely nights», das alles in einem richtigen Saal, aus rohen Brettern gefaßt – ein lebender Texastraum. Ein Gesicht im Türspalt riß mich heraus. Sister Alice. Zeit, in die Kirche zu gehen. Ich bat um die Rechnung, die Tätowierte lächelte. «Kaffee ist umsonst bei uns, honey. Komm mal wieder vorbei.»

Nach kurzer Fahrt bog Alice von der Straße auf eine holprige Piste ab, und irgendwann hielten wir vor einer weißen Kirche mitten im Buschland. Eine kleine Gemeinde sammelte sich drinnen, keine dreißig Personen, alle schwarz. Ein Schlagzeug stand da, eine Elektrogitarre, ein Verstärker, dazu lagen Rassel und Tamburin bereit. Eine Frau begann zu singen, «Jesus, I come to ye!», die anderen fielen ein, dazu rhythmisch klatschend. Sister Alice stieß mich an, es ihnen gleichzutun.

Endlich erschien der Apostel, ein älterer, schlanker, sakral, dabei aber elegant gekleideter Mann im schwarzen Gehrock. Auf dem Kopf trug er ein schwarzes Suharto-Käppi, auf der Brust ein grünschimmerndes großes Kreuz. Teilnahmslos erst, ohne einen Blick für seine Gemeinde, saß er auf einem Stuhl, in der Hand die Gitarre. Nun standen nacheinander einzelne auf, um ihren Glauben zu bezeugen. «Ich war ein Mädchen von der Straße. Als Gott kam eines Tages, da zog ich mich anständig an, wie eine Lady, o ja, wie eine Lady. Plötzlich war Kleidung da, vorher nie. Letting it all hang out, ihr wißt, was ich meine, so lief ich früher rum.» Sie endete mit einem tiefempfundenen Dank: «Yeah! Thank you, Jesus!»

Neben mir stand jetzt Sister Alice auf, um mich vorzustellen. Der Apostel hatte kein Auge für sie oder für mich. Versunken wie ein Musiker saß er da und begleitete jede neue Bezeugung mit kleinen Improvisationen auf der Gitarre, und ich meinte zu verstehen, wo ich war. Auf einer Rettungsinsel. Um Rettung ging es allenthalben. Nicht einer hier, den sein Glaube nicht gerettet hatte, in einem sehr handfesten Sinn. Gerettet vor der Straße, den Drogen, den Banden, vor einem Leben im Elend und einer Kugel im Kopf.

Von Alice wußte ich, daß der Mann, der sich von den Seinen Apostel nennen ließ, Straßenprediger in Dallas gewesen war. An einer Ecke nicht weit von der, an der man Kennedy erschossen hatte, pflegte er viele Jahre lang gegen die Sünde anzupredigen, besonders gegen die schlimmste von allen: die Trägheit des Herzens, die Ignoranz. Er begann nun selbst zu sprechen, beschwörend, dann wieder witzig und locker wie ein Entertainer. Er stellte eine Szene aus seiner Straßenpredigerzeit damals in Dallas nach, holte eine Frau aus der Gemeinde nach vorn und ließ sie jene Frau aus seinem sündigen Vorleben spielen, die den Apostel an seiner Berufung irrezumachen und vom rechten Weg abzubringen versucht hatte – ja, auch er hatte ein Vorleben. Er predigte, wie er damals gepredigt hatte, flüchtete sich in seine Predigt, wich der Frau aus, predigte links und rechts an ihr vorbei. Sie aber stellte sich nahe vor ihn, sprach ihn immer wieder an: «Kennst du mich denn nicht mehr? Ich kenne dich gut – he, komm schon!» Die Frau aus der Gemeinde fand immer besser in ihre Rolle, überzeugend spielte sie die Verführerin. Hier brach er das Spiel ab und war in wenigen Sätzen bei der Offenbarung des Johannes, bei der Endzeit, dem großen Finale.

Auf der Rückfahrt erzählte mir Alice, warum sie alle aus South Dallas geflohen waren, hierher in die grünen Hügel. Jede Nacht Schießereien im Viertel, Bandenkriege und sie mittendrin. «Sie brachen ins Haus ein und veränderten Dinge dort, einfach, um uns zu zeigen, wir können euch jederzeit finden und töten.» Und Johnny, der mit uns fuhr, erzählte von seiner Zeit als Unfallwagenverwerter in Dallas. «Alle paar Tage ein Toter, auf den Highways ein Wrack nach dem andern. Viele fuhren wie Verrückte, es gab ständig neue Wracks, und ich habe sie abgeschleppt, es war ein gutes Geschäft, das kann ich dir sagen, da konntest du viel Geld machen. Aber es ging nicht mehr. Wenn du nicht in die Bandenkriege hineingerissen werden willst, kannst du nur weg, raus aus Dallas. Du bist allein. Du änderst nichts, gar nichts. Du kannst nur gehen, das haben wir getan.» Er schwieg. Dann fragte er: «Kennst du die Bibel? Weißt du, was Sodom und Gomorrha ist – ja? Dann weißt du, was Dallas war in diesen Jahren!» Er formte die Hand zur Pistole, ließ sie zucken wie vom Rückstoß und ahmte das Geräusch von Schüssen nach: «Paff! Peng!»

Der Hurrikan

Waco — es genügte, den Namen der Stadt zu nennen, um Bilder von Wahn, Verhängnis, Tod heraufzubeschwören, Fernsehbilder von der Belagerung, der Erstürmung, dem blutigen Untergang der Davidianersekte. Waco war die Hitze in Stein, staubiggelb und staubigrot, die Fassadenfarben des tiefen Südens, erste Palmen. Die Hitze sammelte sich jeden Morgen auf den Plätzen und vollendete ihre schrankenlose Herrschaft jeden Nachmittag. Ich lief einen Zickzackkurs von Vordach zu Vordach, von Schatten zu Schatten, es war nur eine Frage der Zeit, bis ich das teure, klimatisierte Hotel betreten würde, zu dem ich so schlecht paßte, in dessen Nähe ich aber die ganze Zeit herumlungerte.

Waco schien noch ausgestorbener als andere Städte, seine Bars und Cafés waren noch abgedunkelter als sonst. Buchstäblich niemand ließ sich auf den Straßen blicken, außer ein paar ahnungslosen dünnen Studentinnen in der Universitätsgegend, als läge etwas in der Luft und man bliebe besser in Deckung. Man unterhielt ein Texas-Ranger-Museum und beschwor auch sonst die Vergangenheit, aber auch ohne das, so wie es war, gab Waco mir das Gefühl, in eine sirrende, lauernde Stadt zu kommen, trotz ihres modernen Anstrichs, nicht viel anders als vor hundertzwanzig Jahren. Ich schnippte meine Bedenken fort und betrat das Hotel — der einzige staubige Gast unter lauter festlich gekleideten Hochzeitsgästen, denn eine große Hochzeit würde an diesem Abend stattfinden, aber man gab sich Mühe, mich das Befremden über mein Aussehen nicht spüren zu lassen, dafür war ich dankbar.

Derweil kündigte das Fernsehen einen Hagelsturm an. Mehrere Tornados waren auf dem Weg nach Waco, ihr Vorankommen wurde minutengenau beobachtet. Ein *storm chaser* berichtete live von der Front, einer jener Tornadoverrückten, die in die Wirbelstürme hineinfuhren, um ihnen so nahe wie möglich zu sein. Nach einer Weile ging ich wieder hinaus. Der Himmel war gleißend blau, die Hitze stand im Zenit. Nur ein kleines, lächerlich kleines Gewölk kroch herbei, als habe ein Kind einen schwarzen Klecks ins totale Blau gemalt. Doch der Klecks wurde größer und größer, bald nahm er ein Fünftel, ein Viertel, ein Drittel des Himmels ein. Niemand machte sich etwas daraus, die Leute nicht, die sich jetzt, gegen Abend, blicken ließen, um auszugehen, die Sonne nicht und der Himmel auch nicht, er blieb gleißend blau, die Sonne brannte weiter auf Waco nieder, und die Leute schauten nicht einmal hinauf. Sie hatten recht, so gelassen zu bleiben, das Gewölk verzog sich so schnell, wie es heraufgezogen war — ein Vorzeichen nur.

Ein Freitagabend war es, alle hatten sich feingemacht, die einen gingen zur Hochzeit, die anderen in den Club auf der Südseite des Platzes, dort trat ein beliebter Countrysänger auf, von dem ich noch nie gehört hatte. Herren im Smoking und Damen in Abendroben stiegen die große Treppe zum Hotelfoyer herab wie Stars in einer Fernsehshow, gefolgt von ihren Töchtern in giftgrünen oder roten Roben. Draußen auf dem Platz mischten sich Hochzeitsgäste und Konzertbesucher. Junge Männer mit Cowboyhüten und Cowboystiefeln parkten ihre schweren Pickups, Mustangs und Hummers und drängten in die Musikhalle. Erst recht hatten sich ihre jungen Frauen herausgeputzt für diesen Abend. Eine kam mit schwarzem Cowboyhut, geschmückt mit schwarzem Flor und Federn, eine andere schulterblattfrei, ins linke Schulterblatt hatte sie sich ein prächtiges Kreuz stechen lassen, ins rechte den Schriftzug « Christian Montana », und ich stand daneben und rang mit der gelernten, antrainierten Verachtung für derlei wie mit einem Fremdkörper im Blut. Natürlich, die protzigen Autos, der Cowboykult, das Jahr 2010. Ich brauchte ein paar Minuten, um zuzugeben, daß es mir gefiel. Es war da, es lebte, fand zusammen. Nur ein verstockter Narr hätte die Freude der jungen Männer und Frauen an diesem Abend und den Glanz in ihren Gesichtern übersehen können, eine Freude, gemischt mit ruhigem Stolz auf ihr Sosein, dessen sie sich und einander versicherten, einfach indem sie kamen. Was war falsch daran? Nichts.

Kurz vor Mitternacht fielen die ersten Tropfen. Es wetterleuchtete. Keiner der Hochzeitsgäste im Hotel nahm das ernst. Dann brach der Sturm herein mit Regen, Donner, Blitz, ein Gewitter gebar das nächste. Bizarre Lichtgebilde zuckten über den schwarzen Nachthimmel, der Regen ging in ein Schütten und Dreschen über, dieses in ein wüstes Brausen, das an den Gesetzen der Schwerkraft zerrte. Die Hochzeitsgesellschaft, vor Minuten noch ganz manierlich und ihrer Sache sicher – ein Marineoffizier ganz in Weiß, Damen in Galakleidern, junge wie alte, robuste und zerbrechliche, Herren im Frack, Kellner, die zu retten suchten, was nicht mehr zu retten war, einen gedeckten Tisch, ein Blumenbouquet, ein Tablett voll Champagner – das alles wurde vom Sturm einfach weggepeitscht. Ein Herr kam gerannt, ich erkannte ihn wieder, festlich gekleidet war er mir, verschwitzt und staubig, wie ich gekommen war, vor Stunden im Aufzug begegnet, jetzt schrie er, zerzaust und klatschnaß: «It's a hurricane!» Eine alte Dame am Stock, ganz in Rosa, ganz dürr, vermutlich die Prinzipalin einer der Familien, eben noch Mittelpunkt etlicher jüngerer Damen, die sich respektvoll um sie geschart hatten, packte der Sturm und riß sie zu Boden, ein hilfloses Greisenbündel in seiner Hand; die Herren, die ihr aufhalfen, sah ich barfuß herbeirennen, im Hemd, die Lackschuhe abgeworfen, den Frack verloren. Nun fuhr ein großer Wagen nach dem andern vor, wer Glück hatte, fand seinen, sprang hinein oder wurde hineingestopft, Blitz auf Blitz fuhr in die Schwärze über dem Durcheinander. Hochzeitsgeschenke flogen durch die Luft. Eine Kleiderstange auf Rädern taumelte ein Stück übers Pflaster, bevor sie stürzte, der Wirbelsturm trampelte auf Abendkleidern und Schals, nasse Lappen nur mehr, herum wie besessen.

Aber der Hurrikan blieb nicht Sieger. In Sekunden hatte er Kleider, Geschenke, Dekorationen und Pläne zerfetzt, in weniger als fünf Minuten die große, prachtvolle Hochzeitsgesellschaft fortgefegt. Und weniger als zehn Minuten darauf sammelte sich deren Rest drinnen in der Bar – und wie es nicht selten nach Katastrophen geschieht, herrschte eine aufgeräumte, beinah fröhliche Stimmung. Wir sind triefnaß und barfuß, und die Hochzeit ist ruiniert, aber wir leben noch. Ich mußte an Kleists hippieske Szene nach dem Beben von Lissabon denken, nicht viel anders war es hier. Alles lagerte um die Bar oder in Sitzgruppen der Lobby. Man hob das Glas, kopfschüttelnd, staunend, lachend – gerettet.

Waco

Warmer Wind wehte, machte blühende Wiesen nervös, trug Unruhe ins satte Grün der Bäume, ließ die schwarzblaue Haut der Sümpfe erschauern. Und als fehlte dem Bild etwas, war mitten ins Grasland die weiße Kirche gesetzt. Auf dem schön geschwungenen Weg hier heraus, junge Bäume säumten ihn, siebzig oder achtzig, jeder gepflanzt für einen Toten, war ich der Frau begegnet. Wie alt war sie? Schwer zu sagen, nicht jung, nicht alt. Etwas früh Verhangenes war um sie, etwas von einer mädchenhaften Witwe. Sie sprach wenig und das wenige gleichmütig wie eine, die den Untergang hinter sich hat. «Nur die Molkerei ist noch original», sagte sie jetzt und zeigte auf einen Scheunenbau dort hinten im Gras. Die Molkerei hatte zum Mount Carmel gehört, dem Hauptquartier der Davidianersekte, aber nichts glich mehr den fehlfarbenen Bildern in den Fernsehnachrichten vom April 1993, als hier draußen so viele umgekommen waren, wie Bäume am Weg standen. Auf einem Stein, errichtet von Überlebenden, stand eine Kurzfassung der Katastrophe:

«Am 28. Februar 1993 wurden eine Kirche und ihre Mitglieder, bekannt als Branch Davidians, von Agenten des ATF und des FBI angegriffen. Stolze einundfünfzig Tage hielten die Davidianer und ihr Führer David Koresh stand. Am 19. April 1993 wurden die Davidianer und ihre Kirche bis auf den Grund niedergebrannt.

Zweiundachtzig Menschen starben während der Belagerung, darunter achtzehn Kinder, nicht älter als zehn Jahre.»

«Ich denke», sagte sie, «David Koresh war von Gott gesandt. Gottes Werkzeug, um zu zeigen, was Menschen tun, wie weit sie gehen.»

«Wie weit gehen sie?»

«Sie machen ein Idol aus sich, setzen sich an Gottes Stelle. David Koresh sagte von sich, er sei gekommen, um das Buch der sieben Siegel zu öffnen. Aber in der Offenbarung steht etwas anderes. Ein anderer wird kommen und das Buch öffnen. Wir machen weiter.»

«Weiter?»

«Gottesdienste. Wer kommt, der kommt. Möchten Sie Charles treffen? Er weiß alles, er leitet das jetzt.»

Sie ging voraus zu dem kleinen Holzhaus, es stand etwas abseits, sagte, ich solle draußen auf der Treppe warten, und verschwand darin. Nach ein paar Minuten kam ein Einbeiniger heraus und brachte mich mit der Frage in Verlegenheit, was ich wünsche. Aus meiner schlingernden Antwort schien er sich aber nichts zu machen, und während der Stunden auf der Holztreppe, die nun folgten, sah ich, warum. So einsam, wie ich gedacht hatte, war es nicht. Auch andere fanden hier heraus, um die blühenden Wiesen des Untergangs der Davidianer zu besichtigen, und die Ahnungslosigkeit der Besucher, was göttliche und weltliche Geheimnisse anlangte, war nichts, das einen Mann wie Charles hätte irritieren können. Setzte doch ein Denken, das um ebendiese Geheimnisse kreiste und um die Erwähltheit weniger, welche die Schrift richtig zu lesen und das

264

Verborgene zu deuten wußten, die Blindheit der Masse voraus.

Er habe Koresh 1984 getroffen, begann er, und ihm vor der versammelten Gemeinde ins Gesicht gesagt: «Es wird ein Mann kommen, der setzt sich an die Stelle des Heiligen Geistes, der sagt, er sei Fleisch geworden – dieser Mann bist du!» Da habe Koresh ihn, Charles, umarmt und, an die Gemeinde gewandt, gesagt: «Was dieser Bruder lehrt, ist die Wahrheit.» Er sah mich eindringlich an. «Und es erschüttert mich: Auf Tag und Stunde neun Jahre danach geschah es hier, wie in Ezechiel 9 geweissagt. Neun! Neun ist die Zahl der Vergeltung des Herrn.»

Das Buch Ezechiel, Kapitel 9. Was der Prophet den Juden zu verkünden hatte, war eine wüste, mörderische Vision – den Rachefeldzug des Herrn gegen sein Volk, die Strafe für Greueltaten und Götzendienst, die Reinigung Jerusalems mit dem Blut der Erschlagenen. «Alt und jung», spricht der Herr durch Ezechiel, «Mädchen, Kinder und Frauen sollt ihr erschlagen und umbringen.» Und Charles führte mich tiefer hinein – auch er hatte seinen Davidianern Prophetien zu verkünden gehabt – in die Details der Apokalypse. Hatte Ezechiel nicht von fünf bewaffneten Männern gesprochen, sie kämen durchs Nordtor nach Jerusalem, um die Rache des Herrn auszuführen? «Und so war es hier am 19. April 1993, fünf Männer der Delta Force waren da. Wissen Sie, was die Delta Force ist? Die Armee des Präsidenten, nur er befiehlt ihr.» Ein Hauptmann der Delta Force habe später ausgesagt, Charles gab die Aussage wieder: «Wir hatten Koresh vor uns, wir fragten über Funk: gefangennehmen oder töten? Die Antwort war: töten. »

Charles sah mich an, jenes Leuchten in den Augen, das überlegenes Wissen verleiht: «Und wen fragten sie über Funk? Es kann nur Clinton gewesen sein. Koresh war Waffenhändler, Clinton war Waffen- und Drogenhändler, Koresh war ihm im Weg, er mußte erledigt werden. Niemand hier hat sich selbst getötet. So waren die Leute von Mount Carmel doch nicht. Sie haben sich gesagt, die uns belagern, sind Feinde. Einundfünfzig Tage lang haben die sie gefoltert mit extrem lauter Rockmusik, mit Schreien in der Nacht — die Belagerten haben sich gesagt, wir bleiben lieber hier drinnen und warten ab. Nein, niemand hier hat sich selbst getötet, das ist Propaganda. »

«Wo waren Sie damals — hier in Mount Carmel? »

«Nicht hier. Aber ich wollte helfen. Siebenmal habe ich das FBI angerufen, Hilfe angeboten, Vermittlung, siebenmal wurde das abgelehnt. »

Noch tiefer ging es ins Verborgene hinein. Charles breitete alles vor mir aus und ließ mich einen Blick werfen in die geheime Geschichte der Welt. Koresh habe zwei Hacker gehabt, die das geheime Waffendepot der Regierung entdeckt hätten, ja, die Regierung habe im ersten Irakkrieg viele Waffen erbeutet und in Oklahoma City gehortet. Er kam auf Massenimpfungen zu sprechen und auf den Plan, die Menschheit auf fünfhundert Millionen zu schrumpfen. «Schweinegrippe? Das ist albern. Sie wollen uns etwas einimpfen. » Dann lachte er auf wie einer, dem plötzlich eine witzige Episode einfällt. «Der Richter im Strafprozeß! Er war so stolz auf sein schönes Court House aus Holz. Wissen Sie, was geschah?» Er lachte wieder und schlug aufs hölzerne Treppengeländer. «Es ist abgebrannt! Genau wie sie unsere Häuser hier abgebrannt haben.»

Am größten aber, so schien es, war sein Haß auf den Papst und die Katholische Kirche, sie war ihm Satan auf Erden, mehrmals fragte er mich mißtrauisch, ob ich etwa katholisch sei und ein Spion. Wie er die Schrift las, allem voran die Propheten und die Johannesoffenbarung, sprach sie ohne Umschweife zu und von den Seinen und gab den Ereignissen um Mount Carmel und dem Auftreten des David Koresh ihren Sinn, wie auch dem Tod so vieler Brüder und Schwestern und Kinder. Er las die Schrift als Drehbuch des Epos «Die Davidianer – Untergang und Auferstehung». Denn es war noch nicht aller Tage Abend: «Ich glaube nicht, daß Koresh verdammt ist. Ich glaube, er wird großes Zeugnis geben, wird sagen, ich bin nicht Gott, ich bin ein Mensch wie alle. Das wird er sagen müssen. Gott wird ihn zu sich nehmen. Sehen Sie, das mit den Frauen – die Leute hier haben ihn als Messias gesehen, den sündigen Messias, und er hat es zugelassen. Sie haben ihm ihre Frauen und Töchter angeboten, und er hat sie genommen. Er sagte, er werde das Buch der sieben Siegel öffnen, aber das kann nur – sie.»

«Sie?»

«Der Heilige Geist, er ist weiblich.» Koresh, fuhr er fort, sei ein Werkzeug Gottes gewesen. «Gott hat uns gestraft. Er straft zuerst die Seinen, heißt es in der Schrift. Und wenn er uns schon so hart straft, wie wird er erst die strafen, die überhaupt nicht an ihn glauben!»

Betäubt ging ich von dannen, betäubt von der stundenlangen Lektion auf der Holztreppe und von der Erkenntnis, daß ein Pfad von Wittenberg zum Mount Carmel führte. Von der Idee, fortan solle die Schrift und nur noch die Schrift gelten, zu einem exegetischen Wahn, einer Auslegungsobsession, die in der Bibel eine mit Geheimtinte geschriebene Blaupause erkannte, die man nur über die eigene Sektenglut halten müsse, um Gottes Plan für ebendiese Sekte lesen zu können wie ein offenes Buch.

Schon wahr, Amerika war das Land wenn nicht der Freien, so doch derer, die frei sein wollten, sie alle brachen aus unfreieren Ländern hierhin auf, bis heute. Aber es brachen auch die nach Amerika auf, die in älteren, in Lebensdingen gelasseneren, in Glaubensdingen gefestigteren Ländern niemand vermißte — all die verrückten Sektierer. Auch ihnen bot Amerika einen Platz in seinen Prärien, seinen Wüsten, seinen Städten, auch mit ihnen hatte es sich vollgesogen.

Die Betäubung wich nicht, nicht auf der Double EE Ranch Road, die ich bald wieder erreichte, nicht auf dem Lake Felton Parkway, nicht im Café im Nirgendwo, einem Brettersaloon wie dem in «Carl's Corner», in dem Willie Nelson verkehrte, nur kleiner, ärmlicher. Ich bestellte Kaffee und Burger und fragte mich, warum ich Charles nicht gefragt hatte, wie er sein Bein verloren hatte. Die Antwort war, ich hatte ihn eigentlich gar nichts gefragt. Er hatte gesprochen, sehr lange über sehr vieles, und mich in den Kokon seiner Rede eingesponnen. Erst als ich vom Saloontisch aufstand, in den heißen, blauen Tag hinausging und in einer fernen Ecke des Himmels die kleine Wolke erblickte, wich die Betäubung von mir. Seitdem der Hurrikan in die Hochzeit von Waco gefahren war, hatte ich ein Auge auf kleine Wolken.

Das Rock-'n'-Roll-Gespenst

Ich ergriff wieder mein Leitseil, die 77, ging über den Brazos River nach Süden, auf Austin zu, und sah Gegenden, in denen die Hurrikans der Hochzeitsnacht noch derber gewütet hatten als in Waco. Ganze Bäume waren aus der Erde gerissen und Dächer von den Häusern. Manchmal hielt jemand neben mir an, manchmal lange nicht. Eine Familie aus Gujarat führte das Motel von Cameron. Als die Hitze und die Geschäftigkeit des Tages sich legten, sah ich die Inder auf dem Rasen vor ihrem Wohnhaus sitzen, ihre Abendmahlzeit im Freien kochen und sie auf Decken und Matten miteinander einnehmen, ganz so hatte ich es vor Jahren in Gujarat gesehen.

An einem Sonntag ging ich nach Rockdale. In einer Kirche, die unmittelbar an der Straße lag, endete eben der Gottesdienst, und wieder sah ich Leute zum Mahl vereint, aus ihren Pickups trugen sie Körbe voller Essen in ihre Kirche. Ein paar Meilen weiter südlich störte ich zwei Geier beim Lunch, sie hatten sich über ein totgefahrenes Gürteltier hergemacht. Wenn mir die Hitze und das auf- und abschwellende Brausen der Autos zuviel wurden, bog ich auf einen der Pfade ab, die zu einem Fluß führten oder in den Wald. Oder ein unwiderstehlicher Name lockte von der Straße fort. Pleasant Creek. Allen Creek, ich hatte Alien Creek gelesen. Texas blühte und glühte. Wenige Wochen, und die ganze Pracht würde verdorrt sein, aber noch lag ich in den

Farben des Südens, auf gelb und rot blühenden Wiesen, und sprach gelb-rote Texasnamen vor mich hin: Indian Paintbrush. Indian Blanket. Texas Dandelion. Evening Rain Lily. Mexican Hat.

Dann wieder lief ich, allein auf der Straße, im Brausen des Windes, wie benommen nach Süden, ohne Namen, ohne Gedanken, und mehr als einmal packte mich ein gelinder Schrecken, wenn ich aus diesem Zustand hochfuhr. Wo bin ich? Tanglewood waren ein paar Häuser und ein paar Männer, die ein Stück Land umgruben, den Fremden, der an ihnen vorbeilief, beachteten sie nicht.

In Lexington überfiel mich das Heimweh bei «Johnny on the Square». Ich ging hinein, sah, was ich lange nicht mehr bewußt gesehen und noch länger nicht mehr gekostet hatte, und das Wasser lief mir im Mund zusammen. Ich bestellte einen Teller voll und biß in den ersten weichen Ballen hinein. Außerhalb Berlins hießen sie Berliner, in Berlin Pfannkuchen. Kräppel hießen sie, wenn meine Großmutter sie buk und mir einen Teller voll hinstellte, so einen wie jetzt. Ich verbrachte eine glückliche Stunde bei «Johnny».

In vielen Cafés hing der Slogan, den ich schon so oft gesehen hatte: «We support our troops!» Hier hing Johnny, der Soldat, an der Wand – eine Fotografie zeigte ihn mit einem irakischen Kameraden, heimkehrend aus einem Einsatz, darunter stand: «Ein langer, heißer Tag. Wir gerieten unter Feuer, kamen aber halbwegs heil davon.»

In Austin war es so heiß, daß ich begann, die Hitze zu riechen – nicht etwa einen durch Erhitzung freigesetzten Geruch, nein, die Hitze selbst stieg mir in die Nase, ein extrem warmer, extrem trockener Anhauch. Von der Sixth Street erwartete ich nichts, aber meine Skepsis wurde enttäuscht. Ein Hochzeitsgast hatte mir von dieser Straße vorgeschwärmt in jener stürmischen Nacht in Waco, ein Autohändler, der sich an der Hotelbar an seine Jugend erinnerte. «Nach Austin wollen Sie Glücklicher? Ja, in die Sixth Street müssen Sie — na, das wird eine lange Nacht.»

Was wird schon sein, dachte ich, eine weitere Stadt, ein weiteres Viertel, das sich als Bumsfallerabude prostituiert, und alles sah danach aus, als ich am späten Nachmittag durch die Straße lief. Bier floß, dazu plärrte Biermusik aus den offenen Bierschwemmen, eine an der anderen, alle dafür da, daß Männer noch Jahre später Anekdoten von ihrem grandiosen Besäufnis damals in der Sixth Street erzählen konnten. Fünf Minuten, und ich war weg. Als ich aber spätabends auf dem Rückweg noch einmal durch die Straße lief, blieb ich vor einer offenen Tür stehen. Drinnen spielte auf einer kleinen Bühne eine Band den Blues, der Sänger war ein älterer Mann, eine vollkommen unauffällige, ja biedere Erscheinung in Kleidung und Aussehen, aber Jesus, was für eine Stimme! Und die Gitarristen! Kerle vom Land, Typ *ranch hands*, denen man weit eher zugetraut hätte, einen Traktor zu reparieren als Saiten zu zupfen mit ihren groben Händen. Hinter dem Schlagzeug saß allem Anschein nach ein pensionierter Versicherungsangestellter. So etwas hatte ich noch nie gesehen und gehört. Fassungslos folgte ich dem furiosen Auftritt der grauen Herren. Als sie endeten, war es, als habe man auch ihnen den Strom abgedreht; ihrer Instrumente und ihrer Musik entledigt, verwandelten sie sich in ein paar alte Männer auf der Suche nach einem Feierabendbier.

Kaum war die Truppe abgetreten, betrat der nächste Musiker die Bühne. Ich verstand das Prinzip. Alle, die auf der Bank vor der Bühne hockten wie Hühner auf der Stange, waren Musiker. Sie kamen hier herein, stellten sich hinten an, warteten geduldig auf ihre halbe Stunde Ruhm, und wenn sie dran waren, gaben sie alles. Danach ließen sie den Hut herumgehen. Nun gaben die Gäste, je nachdem, wie es ihnen gefallen hatte. Und dann verschwanden diese wundervollen Musiker wieder in der Nacht, aus der sie gekommen waren.

Der nächste — ein dicker Glatzkopf, sein schwarzes T-Shirt faßte den Bauch nicht, er quoll darunter hervor. Es war egal, ganz egal. Er legte los auf seiner Mundharmonika, als ginge es um Kopf und Kragen. Um das einzige, alles entscheidende letzte Wort vor seinem Richter. Um nichts als die Wahrheit, ums nackte Leben. Die junge Band nach ihm — schnelle, harte Texasmusik, Johnny Winter, frisiert bis zum Anschlag und darüber hinaus — war nicht minder hingerissen von dem Dicken, sie baten ihn auf die Bühne, und der Sänger überließ ihm für ein paar Stücke das Mikrophon. Kein Neid, keine Spur davon. Ehre, wem sie gebührt. Respekt. Reine Musik.

Noch einer hockte auf der Bank, der Verhockteste von allen, der letzte. Nur die nackte Gitarre in der Hand, war er von der Straße hereingekommen, kein Mensch, kein Lebender mehr, ein Nachtmahr in Schwarz, Ausgeburt eines wüsten Traums. Strähnen seines dünnen, pechschwarz gefärbten Haars hingen herab, ab und zu fuhr seine knochige Hand hoch, um den Flor zu richten. Die Sonnenbrille mit den insektenaugenartig kleinen Gläsern, das Gesicht wächsern und bleich wie der Tod. Was wollte er hier, spielen? Er sah nicht so aus, als habe er noch die Kraft dafür, als sende sein Hirn mehr als das Testbild. Jetzt stand er auf, stöpselte die Gitarre ein, stellte sich, krumm und dürr, wie er war, ans Mikrophon, richtete abermals den Strähnenflor und spielte und sang los wie der Teufel. Laut, hart, schnell. Unfaßbar schnell. Als er fertig war, war es, als sei die Nacht explodiert und sinke und schwebe als Nachtstaub auf uns noch immer Benommene herab. Die Rock-'n'-Roll-Ruine ließ den Hut herumgehen, steckte das Geld in die Hosentasche und wankte hinaus. Ich trank mein Bier aus und ging auch. Die Nacht war warm.

Am Tag darauf lief ich so viele Meilen, wie ich noch niemals gelaufen war, morgens lief ich los, lief den ganzen Tag bis in die Nacht. Schmetterlinge lagen zu Tausenden an der Straße. Weil sie so leicht waren, zerfetzten die Autos sie nicht beim Aufprall wie die größeren Tiere, heil lagen sie da, ein Schmetterlingstuch. «Adult Videos», Automärkte und BBQ-Restaurants. Schwarze Angusrinder auf den Weiden und grellbunte mexikanische Töpferware am Straßenrand. Del Valle und Wyldwood und über mir die Sonne, der gleichgültige Stern. Als sie über den westlichen Wäldern stand, erreichte ich Blue Heron und das erhoffte Quartier für die Nacht, aber die Lady wies mich ab. Ihr Sohn sah mich kommen, rief seine Mutter, sie erschien am oberen Absatz einer langen Treppe, schritt sie herab, betrachtete mich dabei. Ein paar Stufen über mir blieb sie stehen, hielt den Blick, sagte «Sorry, I have no room available», wandte sich um und schritt die lange Treppe wieder hinauf.

Ich ging weiter, und zum ersten Mal begegnete ich einem Menschen zu Fuß. Er kam mir entgegen, langsam und wacklig, und nachdem ein Haus auf einem Tieflader vorübergefahren und die Sicht wieder frei war, sah ich ihn endlich von nahem. Einer von der Straße, angetrunken. Er warnte mich, es seien eine Menge «fucking cops» unterwegs, ich solle mich vor ihnen in acht nehmen. Ein kleiner Streit entstand, er drängte mich, auf der anderen Straßenseite zu laufen, das sei legal, hier sei es illegal, das war Unsinn und führte zu nichts, er brach es ab und fragte: «Willst du 'n Bier?» Das hieß: «Hast du 'n Bier?» Er schaute lüstern auf meinen Rucksack. «Nein», sagte ich und wandte mich ab.

Als die Sonne in die Wälder sank, fand ich ein Mäuerchen, an das ich den Rucksack lehnen und auf dem ich eine Weile sitzen und ausruhen konnte. Zuvor war ich an einem Stuhl-Outlet vorbeigegangen, und die Pein eines Hungrigen vor einem unerreichbaren Stück Brot konnte nicht größer sein als meine vor diesen Stühlen auf dem Rasen hinter dem Zaun, auf die ich so gern sinken wollte.

«Geh nicht nach Matamoros!», sagte der Wirt des Motels, in das ich in der Dunkelheit gestolpert war, als er meinen Plan hörte. «Jeden Tag Tote. Du fährst Taxi dort, und der Fahrer dreht sich um und tötet dich, damit mußt du rechnen. Früher fuhren unsere Jugendlichen zu jedem Ferienbeginn nach Mexiko, jetzt stehen Schilder an der Grenze, die sie warnen, Mexiko zu be-

treten. Nein, nicht nur Ciudad Juárez ist lebensgefähr-
lich. Matamoros ist gefährlicher. Geh nicht hin!»

Der nächste Tagesmarsch fiel mir schwer, der lange Tag
davor saß mir in den Knochen. Smithville erreichte
ich mit Mühe und Not. Ein, zwei Stunden saß ich in
«Rob's Restaurant» herum, nur um nicht wieder hinaus in die Hitze zu müssen, dann hatte Rob Mitleid und
sagte: «Warum nicht einen kleinen Ausflug unternehmen?» Er holte seinen alten offenen Sportwagen aus
der Garage, und wir fuhren los. Wir fanden leicht ins
Gespräch, Rob war im selben harten Winter in Berlin
gewesen, in dem ich dort hingezogen war.

«Wie gefällt dir Texas?», fragte er.

«Man hat mich gewarnt.»

«Aha. Hattest du Vorurteile?»

«Na ja, es hieß, Texas ist Bush-Land. Ich dachte, na
gut, ich bin zwar kein Bush-Mann, aber es wird schon
gutgehen.»

«Ich hatte riesige Probleme in Kalifornien. Alle dort
hassen Bush. Wenn ich gesagt hab, ich bin aus Texas,
ging es gleich los. Ich sagte, langsam, Leute, ich habe
Bush nie gewählt, trotzdem bin ich in manchen Dingen
konservativ.»

«Wie meinst du das?»

«Die Leute denken, Geld ist die Lösung. Wer keins
hat, denkt das. Ich glaube das nicht. Es gibt ein paar
Dinge, die wichtiger sind. Meine Kinder zum Beispiel.
Sie sind ein Segen.»

Dann ließen wir das Reden sein und die Sonne schei-
nen und fuhren nach Süden, nach La Grange.

Alles ist weg

Mit La Grange war es sonderbar, ich blieb hängen und wußte nicht, warum. Einen Tag blieb ich und noch einen, und es lag nicht daran, daß La Grange ein hübsches texanisches Städtchen war. Es lag – ja, an was? Das Wetter schlug um, bedrohlich schwarze Wolken zogen auf, aber auch sie waren nicht der Grund, daß ich zum Manager ging, wieder ein Mann aus Gujarat, um meinen Aufenthalt noch einmal zu verlängern. «The Oaks» hieß das Motel – ganz zu Recht, denn die Eichen von La Grange waren nicht irgendwelche menschengepflanzten Bäume, sie waren die eigentlichen Bewohner der Stadt.

Jahrhunderte bevor es La Grange gab, hatten sie hier gestanden. So souverän waren sie geworden, so ausladend ihre Kronen, so mächtig ihre Stämme, daß eine moderne amerikanische Kleinfamilie daran gescheitert wäre, eine dieser uralten Lebenseichen oder Sumpfeichen mit vereinten Armlängen zu umfangen. Und keineswegs standen sie als brave Alleen den Menschen Spalier. Sie standen, wo es ihnen beliebte, auch auf den Straßen der kleinen Stadt. Nicht sie paßten sich der Stadt an – die Stadt mit ihren Häusern, Straßen und Gärten paßte sich den Eichen an. Alle machten einen Bogen um die uralten Bäume. Was kümmerten sie die Wege der Menschen, sie waren lange vor ihnen hier gewesen.

Vor dem Friseurladen saß ein Mann, er hatte nur Augen für legendäre Autos. «Studebaker, 1952/53», murmelte er, als ein giftgrünes Exemplar vorbeifuhr, und etwas später: «Chevy, 1950.» Ich murmelte meinerseits etwas Belangloses und schaute den Träumen aus Amerikas besten Jahren nach. Warum blieb ich? Mein Streunen durch die Stadt, mein Herumsitzen am Marktplatz, der unerklärliche Magnetismus von La Grange, die Eichen, das aufziehende Unwetter, das alles bedrückte mich oder vielleicht etwas anderes, ich wußte es nicht.

Unerwartet sprach mich der Mann an, der die Autos beobachtete. «Sie machen mir eine Freude», sagte er, «weil Sie mit mir reden.» Wir hatten kein Wort gewechselt. Er warte auf seine Frau, sie werde gleich vom Einkaufen kommen. «Begleiten Sie uns doch. Wir fahren Sie ein bißchen herum und zeigen Ihnen Texas.» Verblüfft von soviel Freundlichkeit, sagte ich ja. So verging der Tag. Die beiden waren ganz reizend. Sie fuhren mich herum und zeigten mir mancherlei, zum Abschied schenkte er mir eine fein gearbeitete indianische Pfeilspitze aus dunklem Stein.

Ich hatte etliche solcher «arrowheads» gesehen, viele Amerikaner gruben sie aus und verwahrten Schuhkartons voll in ihren Garagen, die Erde der Plains mußte gedüngt sein mit Pfeilspitzen. Aber diese war besonders. Sie hatte nicht nur zuverlässig töten sollen, den Bison oder den Feind – sie hatte schön sein sollen dabei. Schwer zu sagen, wie alt sie war. Vielleicht aus Siedlertagen, vielleicht aus der Steinzeit.

An einem grauen Morgen riß ich mich von La Grange los. Die Luft war so feucht, daß bald nichts an mir mehr trocken war, und so blieb es, mit jedem Tag wurde es heißer, dunstiger. So dicht hing der Dunst über Weiden und Wäldern, daß die Geier jetzt wenige Meter über mir kreisten, weit unter ihrer gewohnten Flughöhe, um freie Sicht auf die Straße zu haben, auf frisches Aas. Der letzte Ort lag Stunden hinter mir, der nächste viele Stunden voraus, bald würde das Unwetter über mir losbrechen, irgendeinen Schutz gab es nicht, aber das war nicht das Schlimmste. Ich besaß nichts mehr außer dem, was ich am Leibe trug, dem Paß in der Hemdtasche und den paar hundert Dollar in bar in der Hosentasche, die ich mir zuletzt besorgt hatte. Früh am Morgen, bevor ich La Grange verlassen hatte, war ich noch einmal zu den Eichen gegangen. An eine hatte ich den Rucksack gelehnt, den schleppst du heute noch lange genug, sagte ich mir. Ich lief von Baum zu Baum, und immer lockte mich ein noch prachtvollerer, erstaunlicherer, ich lief weiter und weiter in die Eichen hinein und vergaß die Zeit. Als ich merkte, daß ich auch den Rucksack vergessen hatte, kehrte ich um, aber ich fand ihn nicht mehr.

Je verzweifelter ich suchte, desto verworrener wurde La Grange. Je verbissener ich mich auf den Weg konzentrieren wollte, den ich gegangen war, auf Merkmale der Eiche, an die ich den Rucksack gelehnt hatte, auf Zeichen, die ich mir doch eingeprägt hatte, desto irrer wurde ich an jeder Baumsilhouette, an jeder Straße, in die ich bog. So viele Eichen, so viele Zeichen. Im Rucksack war fast alles, was ich bei mir hatte. Ich gab nicht auf – aber es war sinnlos. Suchend, herumirrend hatte ich inzwischen jede Orientierung verloren. Vielleicht hatte jemand den herrenlosen Rucksack mitgenommen, vielleicht in bester Absicht. Vielleicht stand der Rucksack immer noch hinter der Eiche, in deren Obhut ich ihn gelassen hatte, und ich war dreimal daran vorbeigelaufen.

Der dunkle Tag wurde noch dunkler, jetzt brach das Unwetter los. In Sekunden war alles triefnaß an mir. Seit La Grange, seit ich ohne Rucksack lief, hatte niemand mehr für mich angehalten. Kein Wunder, jetzt war ich der, den mir die Warner ausgemalt hatten — ein Hobo, ein Freak, ein Niemand ohne Gepäck auf der Landstraße irgendwo in Amerika.

Dann geschah das Erstaunliche. Ein Pickup hielt, ich rannte hin. Der Fahrer bedauerte, vorne bei ihm sei alles vollgestopft, ob mir die Ladefläche recht sei. Sie war mir recht, was sonst. Ich sprang auf. So gut es ging, drückte ich mich zwischen die Fahrerkabine und den Kranaufbau, mit dem ich mir den Platz teilte, aber beide schützten mich nicht, denn der Regen kam nicht von irgendeiner Seite, er ging senkrecht auf mich nieder. Naß wie ein Fisch hockte ich auf der Ladefläche und wärmte mich an dem Gedanken, daß das Unwetter bald vorüber sei.

Als wir den nächsten Ort erreichten, hielt mein Retter an einer Tankstelle und ließ mich abspringen. Ich sagte ihm, was mir passiert war. Nur ein Satz, kein Wort zuviel, und was tat er, ein einfacher Handwerker? Er fragte: «You need money?» Ich dankte ihm und schüttelte den Kopf, nein, Geld war nicht, was ich jetzt brauchte, die Scheine in der Hosentasche waren klatschnaß, aber ich würde sie schon wieder trocknen. Er wünschte mir Glück und fuhr weiter. Ich ging in die Tankstelle und fragte den Mann an der Kasse nach einem Motel, einem billigen, ich mußte meine nassen Dollars einteilen. Er sah mich von oben bis unten an, und obwohl sich hinter mir eine Schlange bildete und mancher es sicher eilig hatte, ließ er sie alle warten und telefonierte so lange, bis er eine Adresse hatte, die schrieb er mir auf.

Ich dankte auch ihm und ging weiter in Richtung Stadt. Wieder hielt ein Auto. «Need a ride?» – «Danke, nicht nötig, ich will nur zu diesem Motel.» Ich winkte mit dem Zettel. Der Fahrer aber ließ nicht locker, drei Motels gebe es hier, es mache ihm nichts aus, mich kurz herumzufahren und sie mir zu zeigen. Es endete damit, daß er mich in die nächste Stadt fuhr. Unterwegs nannte er mir seinen Beruf. Undertaker. Leichenbestatter.

Der Handwerker, der mich aus dem Unwetter auflas. Der Mann in der Tankstelle, der mir half, unbekümmert um seine Kunden. Und nun der Bestatter. Sie machten nicht viele Worte, sie boten dem nassen Kerl von der Landstraße an, was sie gerade zu geben hatten, tippten an ihren Hut und waren fort. Komme, was wolle, das würde ich Texas nicht vergessen.

Das Paradies

In Corpus Christi sah ich den ersten wilden Pelikan meines Lebens, er schwebte über dem Karibischen Meer — weiße Segel, Palmen, die langgeschwungene Küstenlinie, im Dunst sich verlierend. Alles abwerfen, in die Wellen rennen, wie hatte ich mich danach gesehnt in den Monaten auf der Straße. Ich sah an mir herab. Da war nicht mehr viel abzuwerfen. Ich rechnete. Mein Geld war längst wieder trocken; wenn ich mich einschränkte, würde es reichen bis zum Rio Grande. Der Pelikan zog seine Bahn. Er flog nach Süden.

Ich hatte das Paradies gesehen, gestern in Osttexas, die alte 77 führte mitten hindurch. Die ersten Menschen, sagt man, lebten in einer warmen Savannenlandschaft. So war es dort. Sanfte Hügel, immer wieder Eichenhaine, ein gesegnetes Land. Bei Tage lag ein milchgrüner Lichtschleier über allem, und wenn es Abend wurde und sich die Konturen klarer und die Farben kräftiger zeigten, trat die Komposition dieses lebenden Landschaftsbildes hervor, und das Blendwerk des Tages löste sich auf in ungezählte Schattierungen von Rot, Gold, Grün.

Ich durchstreifte die Schöpfung in einem frühen Stadium, noch waren Himmel und Erde nicht ganz geschieden, es gab Übergänge. Ein paar Stunden lang durfte ich mir einbilden, der einzige Mensch im Paradies zu sein. Wieder war Amerika leer, aber nicht wie die Prärie, hier war es eine erwartungsvolle, eine an Farben,

Schatten und Tieren reiche Leere — die Leere vor der Ankunft des Menschen. Einige Pfade und Hügel hatten schon Namen. Hamanns Road. Henning Hill. Duderstadt Road. Ich lief und lief und kostete es aus, aber als ich auf andere Menschen stieß, war ich doch froh, nicht länger der einzige im Paradies zu sein.

Im Schatten ausladender Bäume saßen noch drei von unserer Art. Sie sahen aus wie gutgelaunte alte Männer, die wissen, daß das Ende immer nahe ist, und sich die Zeit bis dahin auf die angenehmste Weise vertreiben — im Paradiesgarten unter großen Bäumen sitzen und miteinander ein kühles Bier trinken. Sie bedeuteten mir, mich zu ihnen zu gesellen. Ihr Anführer, ein Hüne, stand auf und gab mir seine Pranke.

«Hi, I'm Moe.»

Moe's Ranch — so hieß das Plätzchen, so hatte ich es auf dem selbstgemalten Schild an der Straße gelesen. «Die kleinste Ranch der Welt», sagte Moe stolz, «anderthalb Morgen.» Dann stellte er mir die beiden anderen vor: «Mein Bruder. Ein Freund. Wir sitzen hier, trinken Bier und schauen zu, wie der Tag vergeht. Und denken an Willie.»

«Willie?»

«Willie Nelson, kennst du ihn nicht? Ich sah ihn zum ersten Mal an dem Abend, bevor ich nach Vietnam ging. Das war in San Antonio, damals war er ein kurzgeschorener junger Redneck.» Das seien Äußerlichkeiten, fuhr er fort. «Willie war immer der gleiche, so wie seine Musik. Sollte ich sagen, was Texas ist, fällt mir als erstes Willie Nelson ein. Sag mal, in Berlin ist die Mauer gefallen, wie?»

«Vor zwanzig Jahren, ja.»

«Man kann da jetzt einfach so hin und her laufen?»

«Ja, einfach so.»

Moe musterte mich. «Wo hast du das Hemd her, das du da trägst, aus Berlin etwa?»

«Ich hab's oben in La Grange gekauft.»

Er nickte erleichtert. «Dacht ich's mir. So ein feines Cowboyhemd gibt's nur hier in Texas. Hätte mich gewundert, wenn du's woanders herhättest.»

Vor Goliad endete das Paradies. In der brütenden Hitze der Stadt dösten Erinnerungen an General Santa Anna und den mexikanischen Krieg, über den Gräbern der texanischen Patrioten wirbelten schwarze Schmetterlinge wie Ascheflocken. Am spanischen Fort verkaufte eine alte Frau indianische Pfeilspitzen und Patronen aus dem Krieg mit Santa Anna, pfundweise, kistenweise. Die Erde sei voll davon, sagte sie, jedes Jahr schwemme der Regen neue hervor.

Schon Refugio war gespenstisch gewesen. Verlassene Herrenhäuser, die Läden geschlossen, ihre schlanken Säulen überwuchert, die Federation Street ein Spalier spanplattenvernagelter Häuser, Schaufenster, von einer dicken Staubschicht bedeckt. Den Marktplatz hatten die Eichkatzen ganz für sich. Plötzlich Posaunenstöße. Kurz, kurz, kurz, dann durchdringend lang, sehr nah. Ein rostbrauner Zug fuhr ein paar Meter vor mir über die Purisima Street, er schien kein Ende zu nehmen. Eine Glocke bimmelte die ganze Zeit, eine Ampel zeigte Rot, aber da war niemand, der die Warnung hätte beherzigen können. Wer im Auto durch Refugio fuhr, hielt nicht an, es gab keinen Grund dafür, nicht mal einen Becher Kaffee.

Ganz flach wurde jetzt das Land, die Nähe des Meeres war spürbar — als Endmoräne schob sich Amerika auf seine südliche Grenze zu, auf den Rio Grande. In Robstown sah ich ein Pferd auf dem Schrottplatz grasen, Driscoll war eine Ansammlung verfallener Wellblechhäuser, alles war rostig, staubig, nackt. Die wenigen Dinge wurden bei ihren rohen Gattungsnamen genannt, als sei ein Eigenname der Mühe zuviel. Die Bar von Bishop hieß «Bar», der Diner hieß «Diner», und der blaßblaue Himmel hätte einen frischen Anstrich gebraucht.

Die kleinste Ranch der Welt hatte ich besucht, nun war es Zeit, die größte der Welt zu sehen. Anderthalb Morgen nannte Moe sein eigen, die King Ranch maß ungefähr eine Million. Nach allem, was ich über sie gehört hatte, war sie weit mehr als eine Ranch — eine Seinsweise, ein Staat im Staate Texas. Ihr Name ging auf ihren Gründer zurück, den wildgelockten, langbärtigen Schiffskapitän Richard King. Von seinen mittellosen Eltern an fremde Leute weggegeben, schlug er sich als junger Mann an den Küsten und auf den Flüssen Floridas und Alabamas und schließlich in Texas durch, bis seine Stunde kam: Im Bürgerkrieg mit dem Norden organisierte King den Nachschub der Südstaaten und machte damit ein Vermögen. Er brauchte es, er hatte eine grandiose Idee.

Sie war ihm bei einem Hundertmeilenritt durch das äußerste Südtexas gekommen — durch den Landstrich, der mir nun bevorstand und der zu Kings Zeit die Wüste der Wildpferde genannt worden war und von den Mexikanern El Desierto de los Muertos, die Wüste der

Toten. King hatte dort Wasser gefunden und viel Wild und sich in den Kopf gesetzt, dieses brüllend heiße, völlig menschenleere Land zu besitzen und eine Ranch daraus zu machen — die größte von allen. Eine Wüste, die soviel Wild ernährt, sagte er sich, kann auch meine künftigen Rinderherden ernähren.

Er hatte noch viele andere Ideen. Eine war, über die Grenze nach Mexiko zu gehen, um dort Vaqueros für seine Ranch anzuheuern. Nur Mexiko kannte damals derart riesige Haziendas, wie er sie sich vorstellte, nur mexikanische Cowboys hatten Erfahrung damit. Auch darin ging King aufs Ganze, er heuerte ein ganzes mexikanisches Dorf an, überzeugte die Mexikaner samt ihren Familien, ihm nach Texas zu folgen, und siedelte sie auf seinem Land an, in seiner Wüste.

Sie blieben ihm treu, von Generation zu Generation. Kineños wurden sie genannt, und sie nannten sich selbst so — Kings Leute. So kam es, daß die King Ranch nicht nur ihre eigenen Rinderrassen, Pferde und Rennpferde züchtete, sondern auch ihre eigenen Cowboys heranzog. Die Kineños ritten für die Ranch ein Leben lang, und auch wenn sie alt waren, gab ihnen die Ranch, was sie brauchten. Kein Kineño mußte sie zu Lebzeiten verlassen. Eine derart eng und persönlich mit der Ranch und ihren charismatischen Ranchern verbundene, im Grunde erbliche Cowboytruppe zu haben, hatte nicht wenig zum Aufstieg der King-und-Kleberg-Dynastie beigetragen. Bis vor wenigen Jahren war hier Cowboy auf Cowboy gefolgt, der Vater auf den Großvater, der Sohn auf den Vater, der Enkel auf den Sohn — sieben Generationen lang.

Ich kam mittags nach Kingsville, zur heißesten Zeit des Tages, das Thermometer zeigte über hundert Grad Fahrenheit. Der Kapitän war überall. Daß die Ranch immer noch King Ranch hieß, war längst nicht alles. Auch die Stadt war nach ihm benannt, Kingsville, und ihre Hauptstraße, King Avenue. Und was nicht nach King benannt war, trug den Namen der deutschstämmigen Nachfolger des Gründers – Kleberg. Kleberg Avenue hieß die zweite Hauptachse von Kingsville, und der Verwaltungsbezirk, in dem die Ranch lag, Kleberg County. Und so fort. Andere Straßennamen würdigten andere Angehörige der Dynastie, und sogar der Friseur an der Ecke hatte seinen kleinen Laden « King » genannt und die Kosmetikerin den ihren « King Nails ».

Die Hitze leerte die East Kleberg Avenue, alles floh in die Häuser. Wie es weitergehen sollte, wußte ich nicht. Vor mir lagen achtzig Meilen Halbwüste, die schnurgerade Autopiste von Kingsville nach Brownsville – der Weg durch die Wüste der Wildpferde, die immer noch eine Wüste der Toten war. Von Illegalen aus dem Süden hatte ich gehört, die die Polizeikontrollen auf der Straße meiden und sich durch das staubtrockene Buschland schlagen wollten. Nicht wenige fand man tot auf, verdurstet, vor Erschöpfung zusammengebrochen. Ich nahm mir vor, es so zu halten wie bisher, mich treiben, es auf mich zukommen zu lassen, etwas anderes blieb mir gar nicht übrig, und zog mich in das einzige offene Café zurück.

Als es zur Siesta schloß, ging ich in den einzigen Laden, der jetzt noch aufhatte, den Saddle Shop der Ranch. Hier fiel mir ein kleiner, alter Mann auf, der sehr respektvoll gegrüßt und behandelt wurde. Er trug eine große Brille, einen Hut, ein hochgeschlossenes Cowboyhemd und statt einer Krawatte eine gebundene Schnur, in silbernen Spitzen auslaufend, wie ich es schon oft bei älteren Texanern gesehen hatte. Ich fragte den Verkäufer, wer der Mann sei, die Antwort war: «Das ist Beto.» Er schien ein ausgezeichnetes Gehör zu haben, er drehte sich um, als sein Name fiel. Eine kurze Unterhaltung folgte, an ihrem Ende lud er mich für den nächsten Morgen auf die King Ranch ein.

Der neue Tag war so heiß wie der vorige und wie die, die folgen würden. Beto begrüßte mich am Ranchtor. Wenn ich erwartet hatte, ein lebhaftes Treiben mit Cowboys und Herden vorzufinden oder doch wenigstens etwas von dem zu sehen, was ich mir unter einer Ranch vorstellte, wurde ich enttäuscht. Beto zeigte mir einen der Plätze, an denen das Vieh durch enge Gatter geschleust wurde, um das Brandzeichen zu setzen, ich sah Rinder im Schatten von Mesquitebäumen sich drängen, dicht an dicht, und auch das alte Herrenhaus der Dynastie mit seinen siebzehn Schlafzimmern und zweiundzwanzig Kaminen, in dem niemand mehr lebte. Es werde nur noch für Familienfeste genutzt, erklärte mir Beto. Von den legendären Cowboys der King Ranch jedoch sah ich nur einen – ihn. Beto. Einige Stunden lang waren wir unterwegs, und langsam gewann ich eine Vorstellung davon, wie groß die Ranch wirklich war. Viel zu groß, um sie an einem einzigen Tag auch nur annähernd zu erfassen oder gar zu überschauen, was dort geschah.

Beto erzählte von einer untergegangenen Welt, aber sie lag noch zum Greifen nahe, der Untergang war nicht lange her. «Um fünf Uhr früh standen wir auf, auch wir kleinen Kinder. Stall ausmisten, Vieh füttern, Frühstück, dann zur Schule, danach das gleiche wieder. Die Cowboys draußen in ihren Unterkünften hatten ihre eigenen Köche. Ein Mann brachte ihnen frühmorgens die gesattelten Pferde, die Cowboys sattelten sie nicht selbst. Ihre Arbeit währte den ganzen langen Tag, von Sonnenaufgang bis zum Abend. Kälber von der Herde fortnehmen. Pferde zureiten. Zäune reparieren. Tausende Stück Vieh zur Bahnstation treiben. Brandzeichen setzen. Achthundert Kälber schafften sie mit dem Brandeisen pro Tag, zweimal, dreimal täglich wechselten sie die Pferde. Jeder Cowboy hatte seine eigene Art, die Arbeit zu tun, keiner redete ihm hinein. Sie folgten ihren Vätern, die auch Cowboys gewesen waren, sie machten es so, wie die es gemacht hatten. Wann welche Arbeit an der Reihe war, welcher Handgriff, wie die Herde zu führen war, wie Wind und Wetter zu lesen und vorherzusehen waren, das alles tat jeder auf seine Weise.»

Beto hatte eine ganz besondere Aufgabe gehabt, er war der «Showman» der King Ranch gewesen. Sie belieferte nicht nur die Schlachthäuser mit Tausenden von Rindern, sondern auch andere Rancher mit Zuchtvieh und Samen. Der Showman hatte die delikate Aufgabe, bei Auktionen die Prachtexemplare der King Ranch vorzuführen, riesenhafte, schwere Tiere — und so, daß nichts passierte, kein Bulle tobte und ausbrach.

«Ist jemals etwas passiert?»

Er schüttelte den Kopf.

«Und warum waren die Bullen bei Ihnen so handzahm?»

Der alte Mann lächelte. «Tender loving care. Versuch es nie mit Gewalt, das geht schief, der Bulle ist hundertmal stärker als du. Und ich habe sie nicht nur hier auf der Ranch vorgeführt.» Er holte Fotos hervor. Beto mit dem Bullen «Macho» im Flugzeug, Beto mit ihm auf Hawaii. Und noch ein Foto, ein älteres. Sein Vater mit einem enormen Bullen in einem Aufzug, einem geräumigen Lift, in Chicago. Natürlich, die Kineños, die Erbfolge. Schon Betos Vater war Showman gewesen, er hatte die Aufgabe von ihm übernommen. «Seit 1940 stehe ich auf der Gehaltsliste der King Ranch», sagte er mit ruhigem Stolz. «Siebzig Jahre. Sie finden keinen, der länger draufsteht.» Er bekreuzigte sich. «Gott hat es so gewollt.»

Beto wußte, daß seine Zeit vorüber war, die Zeit der Kineños — und die Zeit der herrlichen, selbstherrlichen, der von ihren Leuten verehrten, für ihre Leute lebenslang sorgenden Rancher. Rancher, die mit ihnen ritten und zupackten, wo es nötig war, die ein wildes Pferd zähmen konnten, so gut wie ihre Cowboys, die es mit einem wildgewordenen Stier aufnahmen und ihn mit dem Lasso bezwangen — die all das selbst konnten und wagten, was sie von ihren Leuten selbstverständlich erwarteten, Tag für Tag. Ab und zu jedenfalls taten sie es, ritten und schwitzten und arbeiteten mit ihren Cowboys, so daß diese sahen, der Alte kann es noch. Er ist der Herr, el señor, aber er ist auch einer von uns. Er trägt die gleichen Stiefel, den gleichen Hut und erträgt die gleiche Hitze, die gleichen Härten, und trinkt, wenn er bei uns ist, seinen Kaffee aus derselben, über dem Feuer baumelnden Blechkanne.

Der letzte Kleberg, den Beto von ganzem Herzen verehrte, «Mister Bob» nannte er ihn so vertraut wie respektvoll, war vor einigen Jahren entmachtet worden. Die King Ranch war kein Mythos mehr, sie war eine Weltfirma geworden, geführt von bezahlten Managern im fernen Houston. Sie war wie alle. Beto griff nach seinem Ring am Finger, einem dicken Goldring. Er hatte ihn zu seinem Jubiläum von Mister Bob geschenkt bekommen, wie jeder Cowboy, jeder Kineño der King Ranch. Mister Bob hatte für Betos Vater ein Haus bauen lassen und später, als Beto heiratete, eines für ihn daneben.

«In der alten Zeit», sagte Beto, «hast du nur glückliche Leute gesehen. Sie arbeiteten den ganzen Tag, und abends sprachen sie darüber, was tagsüber passiert war. Ein mißlungener Lassowurf. Ein wilder Stier. Ich war oft dabei. Sie kamen staubig aus der Hitze, duschten, aßen, dann spielten sie Karten, mal sang einer, mal griff einer zur Gitarre. Sie gingen früh zu Bett und standen früh auf. Heute höre ich viel von unglücklichen Leuten. Ich sage meinen Enkeln, mach deine Arbeit, das macht dich glücklich. Wirklich, ich habe damals nie unglückliche Leute gesehen.» Ihm fiel etwas ein, er mußte lachen: «Vor zehn Jahren kam einer auf die Ranch, ein Fotograf, er wollte echte Vaqueros fotografieren. Ich sagte ihm, Junge, du kommst zehn Jahre zu spät. Heute tragen sie Basecap und Turnschuhe, das gab es früher nicht. Ein echter Cowboy trug Stiefel und Sporen und Hut und sein Halstuch. Sie stammten alle von hier und blieben hier, von Städten hielten sie nichts. Jetzt wollen ihre Enkel studieren und gehen fort in die Stadt, und aus den Städten kommen junge Kerle hierher, manche bleiben. Viele Cowboys heute sind Jungs aus der Stadt.» Er tauchte aus seinen Erinnerungen auf und machte eine Handbewegung, wie um eine Fliege zu verscheuchen. «Ach was. Trotzdem können sie so gut sein wie die vor hundert Jahren. Laß dir nichts erzählen von einem alten Mann.»

Auf dem Rückweg sprachen wir über Klapperschlangenbisse. Früher, sagte er, habe man sich das Gift gegenseitig ausgesogen und es ausgespuckt. «Da wußtest du dann, ob du einen Freund hast.» Wie seltsam es doch sei, fuhr er fort, daß Rinder, wenn sie gebissen würden, zum nächsten Weg liefen oder zum Wassertrog, «sie suchen Hilfe» — da sahen wir nicht weit von uns einen Roadrunner und bald darauf noch einen dieser scheuen, immerzu rennenden Vögel und nach einer Weile noch drei. «Fünf», rief er, «das ist selten, das bringt dir Glück!»

Die Wüste

Dem Buschland zu beiden Seiten der Straße war seine Herkunft anzusehen, die Wüste. Was grün war, lag unter einer Schicht aus Staub. Nur hier und da stach frisches Gelb heraus – die Kakteen blühten. Amerika dünnte aus, es ging auf die Grenze zu, immer mehr Pickups mit mexikanischen Kennzeichen rasten nach Süden, beladen mit allem, was in Amerika gebraucht oder sonst billig zu haben war. Dinge, die man auf Autos laden konnte, und Autos selbst. Immer häufiger sah ich Tow-Trucks – ein Truck aus Mexiko hatte einen amerikanischen am Haken und schleppte ihn ab wie eine Beute. Daß ausgerechnet so einer halten würde, hatte ich nicht erwartet, aber es war so.

Der Fahrer war Mexikaner und sah wie ein Filmheld aus, nicht wie ein Gebrauchtwagenjäger, ein strahlender Held mit weißen Zähnen und seidig-schwarzem Haar. Seidig-schwarz lackiert war auch sein Pickup, auf der Tür stand in goldener Schnörkelschrift «Trust No One». Die Ladefläche war hoch bepackt, und neben sich mochte er mich nicht sitzen haben, da war, so schien mir, das Motto auf der Wagentür vor. Er deutete auf den Truck im Schlepptau. «Spring hinten rauf, da ist Platz.» Ich ließ es mir nicht zweimal sagen, ich wußte, was jetzt kam, nichts als die Wüste, und daß sein Angebot ein ganz unwahrscheinlicher Glücksfall war.

Er raste los. Ich suchte mir einen Platz neben einem

gebrauchten Riesenkühlschrank. Der Filmheld raste durch das riesige Gebiet der King Ranch, raste in drei Sekunden durch Riviera, in zweien durch Sarita, dann raste er durch nichts mehr als Hitze und Staub. Ranchzäune säumten die Piste, Mesquitebäume und Rinder darunter, der Himmel war aus blaßblauem Löschpapier, mit schwarzen Strichen bekritzelt — Stromdrähte von Mast zu Mast.

Die Sonne grillte mich auf der Ladefläche. Meine Wasserflasche war längst leer, der Durst groß. Ich riß die Tür des zerbeulten XXL-Kühlschranks auf und fand eine vergessene Flasche Bier. Ein Schlag mit der flachen Hand, und der Kronkorken flog über die Blechkante. Es schmeckte scheußlich, hefesuppenwarm, aber ich konnte den trockenen Mund wässern, ich trank widerwillig und gierig zugleich, trank in kleinen Schlukken und dachte daran, was ein Freund von Beto, den wir draußen auf der Ranch getroffen hatten, über die Wüste erzählt hatte. Das Land war nicht mehr wüst, Kapitän Kings Traum war in Erfüllung gegangen, und doch hatte der alte Name seine Wahrheit und seinen Schrecken nicht eingebüßt: El Desierto de los Muertos. Der Cowboy hatte von dem Tag erzählt, als er den jungen Kerl unter dem Mesquitebusch fand. Keiner von der Ranch, ein Fremder, vielleicht siebzehn Jahre alt, vielleicht auch jünger, pechschwarzes Haar, dunkles Gesicht. Er war vom Pferd gesprungen, die Waffe in der Hand, hatte den Jungen angerufen und ihn, als er nicht reagierte, sacht mit der Stiefelspitze angestoßen. Auch jetzt regte er sich nicht. Der Cowboy legte ihm zwei Finger an die Halsschlagader — nichts. Der Junge war tot, wahrscheinlich verdurstet, wie andere vor ihm. Vor Wochen oder Monaten aus irgendeinem Dorf in Guatemala aufgebrochen, aus irgendeiner Armut in San Salvador, hatte er es geschafft, illegal über diese magische Grenze zu kommen, die Hoffnung von Elend trennte, war dem Rat gefolgt, sich von der Straße fernzuhalten mit ihren scharfen Kontrollen, auf der ich gerade südwärts fuhr, hatte sich zu Fuß nordwärts aufgemacht durchs Buschland unter der Sonnenglut, hatte langsam begriffen, daß er die alte Wüste unterschätzt hatte, war schließlich nur noch vorwärts getaumelt und, als er nicht mehr konnte, unter einem Mesquitebusch niedergesunken. Nicht weit entfernt hatte der Cowboy eine leere, in der Hitze aufgedunsene Plastikflasche gefunden.

Die Luft flirrte. Land, Himmel, alles verschwamm zu einem farblosen Hitzebrei, der meine Augenlider und Poren verklebte. Die Erlösung ließ sich Zeit. Dann endlich tauchten Palmen auf, viele Palmen, die Piste verwandelte sich in eine hochgelegte Straße, einen wörtlichen Highway. Sollte das schon Raymondville sein? Dann lag die Halbwüste hinter uns. Es war wohl Raymondville gewesen, denn jetzt kam eine Art von Mischwald, die auf eine Stadtlandschaft hindeutete – Palmen, gemischt mit ebenso schlanken Reklamemasten, das mußte Harlingen sein. Bis hoch hinauf nackte Palmstämme ragten beiderseits des Highway in den Himmel, und dazwischen bis hoch hinauf nackte Reklamemasten. Was bei den einen die Wedel waren, war bei den anderen die Botschaft.

Immer mehr Tow-Trucks waren hier unterwegs, alles raste und glitt auf die Grenze, auf Mexiko zu. Was da in Sicht kam, war das schon Brownsville? War ich am Ziel? Der Filmheld bog rechts ab, der Kühlschrank und ich taumelten hinterher, es ging jetzt in die Stadt hinein, und da sah ich das Schild: «750 feet to Mexico». Er hielt, ich sprang ab. Sein Filmplakatlächeln erschien im Seitenfenster. Ich klopfte auf die goldene Schrift an der Fahrertür – «Trust No One».

«Ist das von Ihnen?»

«Nein, ich hab den Truck so gekauft – aber es ist die Wahrheit. Der Gringo, dem das Auto vorher gehörte, war ein kluger Mann.» Er zeigte ein breites Lächeln. «Trau keinem, amigo, trau keinem.»

«Warum haben Sie mich dann mitgenommen?»

Er lachte schallend und schlug mit der Hand aufs Türblech. «You *are* No One! Adiós, amigo!»

Weg war er.

Das warme Bier im Blut, der eklige Nachgeschmack auf der Zunge, in den Straßen die brüllende, brennende Mittagshitze, die ölig-scharfen Gerüche aus den Bars, die sich vor Ramschläden und Wühltischen drängende, voranboxende Menge, kein «Excuse me, Sir!» mehr, nur ein Rempeln und Schnalzen: weg da – das war Brownsville. Wer hier, in den Straßen nahe der Grenzbrücke, unterwegs war, tat es nicht zu seinem Vergnügen, er hatte etwas zu schleppen, hatte etwas gekauft oder zu verkaufen. Die Läden hießen «Aztec Finance», «La Casa del Nylon», «Casa Hindú», «Juanito el Conquistador». Und wieder und wieder der Patron von allem, «La Santísima Muerte» – der verehrungswürdige hochheilige Tod, ein Illegaler auch er.

Mit den Kleinhändlern, den Drogenhändlern, mit

all denen, die über den Fluß kamen, um sich in Amerika zu verdingen, auf einer Ranch, in einer Bar, einer Villa, war auch der mexikanische Tod über den Rio Grande eingewandert. Auf Schritt und Tritt trat er mir in den Weg. Vor einem Laden, vollgestopft mit lockenden, winkenden Skeletten, blieb ich stehen, auch weil er Schatten bot. Im Schaufenster hing das Hochgebet an den Tod:

Du, der du auf den Augenblick wartest, deine Schwingen über mich zu breiten, bewahre mich, solange meine Stunde nicht geschlagen hat, vor dem Bösen und vor allen mir verborgenen Gefahren. Beschütze mit deinem mächtigen Mantel all jenes, das erst entsteht, behüte mich vor dem bösen Willen, damit ich die Gunst erlange, an deinem Altar zu beten. Führer durch das Leben, barmherziges, leitendes Licht, lebe mir fort.

Der Ladenbesitzer kam heraus und stellte mich zur Rede, als ich es abschrieb, aber seine Tochter besänftigte ihn. «Laß ihn, Vater, er schreibt nur was ab. Nur ein Schreiber, Vater.» – «Ein Schreiber.» Sein Gesicht verfinsterte sich. «Das sind die, die nehmen und nicht bezahlen.» Er schloß den Laden ab. Dann stiegen die beiden in einen teuren Geländewagen und hupten sich durch die Gasse davon.

Adiós!

Ich mußte den Hefesuppengeschmack loswerden und ging etwas trinken. Der Barmann musterte mich. «Du bist nicht von hier. Hast du schon ein Hotel?» Ich nickte. «Brauchst du ein Auto? Nein? Einen, der dir die Stadt zeigt oder — eine? Auch nicht? Was machst du hier?» Er ließ nicht locker. «Gehst du rüber nach Matamoros?» Ich nickte wieder. «Okay, ein Rat, der ist umsonst. Wenn du rüberwillst, dann geh nicht mehr heute. Warte bis morgen. Geh früh. Sei mittags um zwölf wieder hier. Vormittags schlafen die Mörder. Wenn sie aufstehen, mußt du weg sein. Ich bin aus Matamoros, ich mach's selbst so. Es ist traurig. Ich würde gern mal wieder da sein, bei der Familie, verstehst du, nicht nur ein paar Stunden. Brauchst du nicht doch ein Hotel?»

Es war zwei Uhr nachmittags, als ich zur Grenze ging. Ich erwartete eine schwer gesicherte Anlage, schärfste Kontrollen, Probleme aller Art. Ich dachte an die Nordgrenze, wie man mich dort behandelt hatte, und erwartete nichts Gutes. Es kam verblüffend anders. Ein amerikanischer Grenzer stand herum und machte keine Anstalten, etwas von mir zu wollen. Ich fragte ihn, ob ich über die Brücke nach Mexiko gehen könne. Er zeigte auf den Durchlaß, ein Drehkreuz wie im Hallenbad, und sagte: «Sixty-five cent.» Ich verstand nicht. Er sagte es noch einmal, langsam wie zu einem Deppen. Ich angelte die Münzen aus der Hosentasche, hatte sie passend, warf sie in den Schlitz, drückte mich durch und ging über den Rio Grande nach Mexiko, für fünfundsechzig Cent.

Vom Fluß sah ich nicht viel, er war unscheinbarer, als ich ihn mir vorgestellt hatte, außerdem war die Grenzbrücke, wie manche mittelalterlichen Holzbrücken, übertunnelt und vergittert, nur hier und da erhaschte ich einen Blick. Am anderen Ufer wehte eine riesige mexikanische Fahne. Noch durch den Kordon der Taxifahrer und fliegenden Händler, eine kurze, heftige Attacke, und ich verschwand in den Straßen von Matamoros.

Erst kam ich ins stille Viertel der Kliniken und Praxen aller Art, hier wurden amerikanische Zähne, Gelenke, Herzen, Bäuche, Gesichter und was es sonst zu versorgen oder zu verschönern gab, preisgünstig hergerichtet. Ich lief ziellos weiter, erreichte das Zentrum, aß «huevos rancheros» im schattigen Patio des Hotel Colonial, lief wieder weiter, offenbar im Kreis, irgendwann stand ich erneut vor der Mexikofahne. Ich ließ mich auf einem Mäuerchen nieder, unter einem Baum, und tat, was Moe und seine Freunde taten, drüben im Paradies — dasitzen und zusehen, wie der Tag vergeht.

Kleine Menschen — nach und nach kam mir zu Bewußtsein, was ich doch die ganze Zeit sah. Ich sah wieder kleingewachsene Leute, ich hatte sie nicht mehr gesehen, seitdem ich in Amerika war, in Amerika gab es nur große. Kleine Leute, verwachsene auch, versehrte, entstellte, hinkende, sie alle waren auf einmal wieder da. Viele von ihnen sammelten sich an diesem Platz nahe der Grenze, um Gringos, die herüberkamen, etwas anzudrehen oder etwas von ihnen zu erbetteln.

Ein Mann schleppte eine Kiste Heilige und Kruzifixe herbei. Eine junge Frau wischte Autofenster, aufreizend nachlässig, mit einem dreckigen Lappen. Steckte man ihr Geld zu für die Reinigung oder wegen ihrer knappen Bluse? Der Alte im Rollstuhl neben mir rauchte und sog einen Zigarettenstummel ganz zu Ende, dann zog er sich die Socke vom Fuß, über den dicke lila Striemen liefen, aufgemalt sahen sie aus, aber das konnte täuschen. Die einen bereiteten sich auf ihre Auftritte vor wie Schauspieler, andere saßen müßig auf dem Mäuerchen, schauten zu, rauchend, auf irgendetwas wartend, wie ich. Worauf ich aber wartete, wußte ich nicht; war ich denn nicht am Ziel? Ich hatte Amerika gesehen, das Reich dieser Zeit, wie ein Gesalbter war der Amerikadepp hindurchgegangen, wie ein Unberührbarer, niemand hatte die Hand gegen ihn erhoben, man las ihn von der Straße auf, aus Regen und Hitze, gab ihm zu trinken, wenn er durstig war, und teilte bereitwillig die Erinnerungen — das Amerikalied in immer neuen Strophen. Und nun saß ich auf dem mexikanischen Mäuerchen der Müßigen und Wartenden, einer von ihnen, einer ohne Gepäck. Ein Mann trat auf mich zu, einen verhängten Kasten in der Hand. Blitzschnell griff er hinein, holte etwas heraus, drückte es mir in die Hand — es lebte, ein kleiner Vogel, ein Kolibri. Der Vogelhändler hielt die Hand auf, sein dunkles Indiogesicht zeigte keine Regung. Ich gab ihm einen Schein. Das Herz in meiner Faust raste, die Frage in meinem Kopf pochte: Wohin? Wozu?

Ein Priester schlenderte über den Platz und setzte sich neben mich. Er gehörte weder zu den einen noch zu den anderen hier. Er hatte nichts vor, und er schaute nichts an. Er saß nur da in seiner zerschlissenen Soutane, die dunklen Augen auf nichts gerichtet. Nach einer Weile nahm er einen verstohlenen Schluck aus einer kleinen Flasche. Als er sah, daß ich ihn beobachtet hatte, bot er mir einen Schluck Mezcal an und gönnte sich selbst auch noch einen. Ich fragte ihn, ob hier wirklich soviel geschossen werde.

«Ja», sagte er.

«Nachts?»

«Jederzeit.»

«Man sollte nachts nicht rausgehen?»

«Man sollte nie rausgehen.»

«Sie gehen aber raus.»

«Die kennen mich. Manche von denen kommen zu mir, um zu beichten. Man darf nicht zuviel darüber nachdenken, sonst wird man verrückt.» Er bot mir noch einen Schluck an. «Beten. Oder wissen Sie etwas Besseres? Beten und ab und zu ...» Er setzte die Flasche an, sie war leer, er warf sie fort. «Kommen Sie», sagte er, «wir gehen.»

«Wo gehen wir hin?»

«Beichten. Sie sehen aus, als könnten Sie's brauchen.»

Ich danke all denen, die mir unterwegs halfen, auch denen, die nicht in diesem Buch erscheinen. Ich danke Professor Markus Kreis für den entscheidenden Hinweis zur Reise von Black Elk. Und ich danke der Villa Massimo in Rom für die Zeit der Stille, die ich am Ende brauchte.

Wolfgang Büscher, geboren 1951, ist Autor der «Zeit».
1998 erschien sein Buch «Drei Stunden Null», 2003
«Berlin–Moskau», 2006 «Deutschland, eine Reise»
und 2008 «Asiatische Absencen». Er erhielt zahlrei-
che Preise, unter anderem den Kurt-Tucholsky-Preis
für literarische Publizistik, den Wilhelm-Müller-Lite-
raturpreis und 2006 den Ludwig-Börne-Preis.